Alastair Bonnett

Multiple Rassismen

Alastair Bonnett ist Bestsellerautor und Professor für Sozialgeografie an der Newcastle University. Er forscht und schreibt zu Rassismus, Identität und Weißsein ebenso wie zu untergehenden und neu geschaffenen Inseln, Karten und obskuren Orten.

Alastair Bonnett

Multiple Rassismen

Für eine globale Perspektive auf ein globales Phänomen

Aus dem Englischen übersetzt von Felix Schüring

UNRAST

Bibliografische Information der Deutschen Bibliothek
Die Deutsche Bibliothek verzeichnet diese Publikation in der Deutschen Nationalbibliografie; detaillierte bibliografische Daten sind im Internet über https://www.dnb.de abrufbar.

Alastair Bonnett
Multiple Rassismen
Für eine globale Perspektive auf ein globales Phänomen
Aus dem Englischen übersetzt von Felix Schüring
1. Auflage, März 2024
ISBN 978-3-89771-388-8

www.unrast-verlag.de – kontakt@unrast-verlag.de
Mitglied in der assoziation Linker Verlage (aLiVe)

Titel der Originalausgabe:
Multiracism. Rethinking Racism in Global Context

Diese Ausgabe wird in Abstimmung mit Polity Press Ltd., Cambridge, veröffentlicht.

Umschlag: Felix Hetscher, Münster
Satz: Andreas Hollender, Köln
Druck: Multiprint, Kostinbrod

Inhalt

Danksagung

Danke an Ian Law und Anoop Nayak, an Jonathan Skerrett und Karina Jákupsdóttir von Polity, an Tim Clark für sein Lektorat sowie an die vielen Studierenden, die an der Newcastle University an meinen Seminaren teilgenommen haben, insbesondere an ›Geographies of Race and Nation‹ und ›International Perspectives on Race and Racism‹. Danke auch an Rachel Holland für die Idee des Titelbildes. Ich habe von ihnen allen viel gelernt. Ein Hinweis: Alle in diesem Buch vertretenen Meinungen sind meine eigenen.

Vorwort zur deutschen Ausgabe

Debatten über Rassismus weisen eine merkwürdige geografische Dimension auf. An vielen Orten dieser Welt wird über Rassismus in Bezug auf zwei Orte diskutiert: das jeweils eigene Land und die USA. Amerika schwebt über dem ganzen Thema, mal als Orientierungspunkt, mal als Inspiration und mal als begrenzende Scheuklappen. Die weltweite Pluralität von Rassismus wird zwar häufig anerkannt, aber sie ist selten Gegenstand genauerer Nachforschungen und die Implikationen dieser Pluralität werden kaum verstanden. Eine der Herausforderungen beim Schreiben dieses Buches war, dass es so wenig Forschung – gleich welcher Sprache – gibt, die sich dem Rassismus in Asien und Afrika zuwendet.

In den vergangenen zehn Jahren hat sich eine neue Generation von Aktivist:innen und Forscher:innen herausgebildet, die über Rassismus an Orten wie China und Marokko schreiben. Allerdings zeigt sich die Entwicklung nur in einigen Dutzend Ländern, und sie hat noch nicht die Brille – das international vorherrschende Paradigma – verändert, durch die Rassismus heutzutage betrachtet wird. Die Amerikanisierung dessen, was bezeichnender- und problematischerweise manchmal ›the race debate‹[1] genannt wird, schreitet weiter voran. In *Multiple Rassismen* versuche ich zu zeigen, dass die Behandlung der USA als ein Standardmodell für das Reden über Rassismus und für einen antirassistischen Aktivismus, als Musterbeispiel für Reaktion und Widerstand, zu einer Universalisierung amerikanischer *racial* Identitäten führt, vor allem des *Weiß*seins und des Schwarzseins. Eine weitere Konsequenz dessen ist, dass Englisch in diesen Debatten zur Standardsprache geworden ist – ein wichtiger Aspekt, den ich, das merke ich mittlerweile, im Buch hätte tiefgehender behandeln sollen. Diese Einsprachigkeit stellt für die Internationalisierung der ganzen Debatte eine echte Herausforderung dar. Sie bedeutet, dass die meisten Aktivist:innen und Forscher:innen von Vornhinein von der ›internationalen Debatte‹ ausgeschlossen sind, einer Debatte, die überhaupt nicht ›international‹, sondern vielmehr euro-amerikanisch, anglo-amerikanisch und häufig auch einfach nur amerikanisch ist.

Wenn einem Großteil des Planeten keine Aufmerksamkeit zuteilwird, gedeihen verschiedene Formen der Diskriminierung, die jedoch für die Außenwelt völlig unsichtbar bleiben. Manchmal aber erreicht diese Diskriminierung ein Ausmaß, das trotz allem schwer zu ignorieren ist. Die Behandlung der Jesid:innen in Syrien, der Uigur:innen in China und der Rohingya in Myanmar sind dafür aktuelle Beispiele. Es ist bezeichnend, dass die internationale Reaktion angesichts solcher Verfolgungen häufig eine von offen eingestandener Ignoranz ist. Kolonisierung, Globalisierung und Amerikanisierung haben die Welt kleiner gemacht, aber die Menschen im Westen sind nach wie vor über die vielen Identitäten und Konflikte in Asien und Afrika nicht nur schlecht informiert, sie begegnen ihnen häufig auch mit völliger Gleichgültigkeit. Wie das angesichts von Jahrhunderten der Kontrolle, die Europa über diese Kontinente ausübte, sein kann, erschließt sich mir nicht. Als Brite ist es mir ein Rätsel, warum die Menschen in Großbritannien so fasziniert von den USA sind, dagegen aber völlig uninteressiert an den Ländern, in denen Großbritannien noch bis vor Kurzem eine bedeutende Präsenz hatte, wie beispielsweise Indien, Bangladesch oder Malaysia. Indien, China und in geringerem Umfang auch andere asiatische und afrikanische Staaten gewinnen zunehmend an Einfluss. Die Geschichte, die Politik und die Konflikte dieser Länder prägen das Weltgeschehen.

Multiple Rassismen zeigt die Komplexität von Rassismus auf. Rassismus lässt sich nicht auf einen einzelnen Ursprung zurückführen und die Bedeutung des Wortes ›Rassismus‹ variiert, abhängig davon, wer und wo man ist. Doch nur, weil Rassismus auf unterscheidliche Weise und an unterschiedlichen Orten zutage treten kann, sind Pauschalisierungen wie »alle sind rassistisch« oder »Rassismus ist immer gleich schlimm« noch lange nicht gerechtfertigt. Machtunterschiede bedeuten, dass einige Formen von Rassismus verheerender sind als andere. Ich habe es mir in diesem Buch nicht zur Aufgabe gemacht, eine universell gültige Definition von Rassismus vorzubringen oder die verschiedenen historischen Entwicklungen des Begriffs aufzudröseln. Ich will nicht noch eine weitere westliche Theorie des Rassismus für global gültig erklären, sondern stattdessen versuchen, die vielen verschiedenen Formen des Rassismus zu identifizieren, zu vergleichen und zu verstehen, die so viel menschliches Leben auf dieser Welt prägen und zerstören.

Einleitung: Rassismen neu denken

Das zentrale Argument dieses Buches ist, dass Rassismus eine komplexe Geschichte aufweist, mit vielfältigen historischen Wurzeln und Wegen. Dabei werden auf diesen Seiten Beispiele von Rassismus in Asien und Afrika vorgestellt, um zu untersuchen, wie die Pluralität des Rassismus mit der Pluralität der Moderne zusammenhängt.

In dem akademischen Feld der *Ethnic and Racial Studies* überwiegen Untersuchungen, die dem Rassismus im Westen nachgehen. Viele dieser Untersuchungen nehmen an, Rassismus sei eine spezifisch westliche, europäische und *weiße* Ideologie und Praxis. Diese Annahme spiegelt die Erfahrung des Rassismus im Westen wider, führt jedoch mitunter dazu, dass Rassismus darüber hinaus und damit im Großteil der Welt ignoriert, heruntergespielt oder gar vollumfänglich geleugnet wird, was wiederum Versuche in vielen Regionen der Erde erschwert, Gleichberechtigung zu erkämpfen. So war sich beispielsweise Chinas ehemaliger ›Oberster Führer‹ Deng Xiaoping sicher: »Seit das Neue China 1949 begründet wurde, hat es niemals irgendeine Form der ethnischen Diskriminierung im Land gegeben«.[1] Diesen Punkt führte später der chinesische Premierminister Zhao Ziyang weiter aus, als er erklärte, Rassismus gebe es »überall auf der Welt, außer in China«.[2] Eine damit verbundene und offiziell vertretene Position ist, dass ›Anstiftung von außen‹ der Grund für Rassismus und ethnische Spannungen im Land sei.[3] Doch entgegen der Behauptung seiner Nichtexistenz lässt sich Rassismus in China viel eher als weitverbreitet charakterisieren. Dikötter legt nahe, dass die Leugnung dieser Tatsache »eine rhetorische Strategie [ist], die genutzt wird, um die Einführung eindeutiger Definitionsmerkmale für rassistische Diskriminierung im Rechtssystem des Landes hinauszuzögern«.[4] Auch in anderen Ländern finden sich vergleichbare Muster der Leugnung trotz überwältigender Gegenbeweise. Es ist beispielsweise einerseits möglich, zu lesen, dass Rassismus »in Indien wild um sich greift«, und andererseits, dass er dort nicht existiert, denn »›Rassismus‹ wird verstanden als etwas, das *weiße* Menschen uns antun«.[5] In einigen Fällen wird die Existenz von Diskriminierung geleugnet, indem ethnische oder *racial* Unterschiede überhaupt nicht anerkannt werden. Die Haltung der pakistanischen Regierung, wie sie 1977 in ihrem Bericht an die UN zum Ausdruck kam, lautet: »Es gibt [in Pakistan] keine *racial* oder ethnischen Minderheiten, nur religiöse Minderheiten.«[6] Da jedoch ethnische Spannungen ein zentrales Merkmal pakistanischer Politik sind, mutet diese Behauptung etwas bizarr an. Zum Teil spiegelt sich darin die der Ethnizität übergeordnete Rolle des Islam bei der Gründung des pakistanischen Staates wider, zugleich aber verweist dies auf eine lange Tradition der Verweigerung von unbequemen Tatsachen.[7] Diese Art der Verweigerung ist häufig verbunden mit einer populistischen politischen Agenda. Verweise auf den türkischen Völkermord an den Armenier:innen zu Beginn des 20. Jahrhunderts wurden beispielsweise von immer neuen türkischen Regierungen mit laut erhobenen Vorwürfen eines vermeintlichen ›Türkei-Bashings‹ gekontert. Als die Schweizer Bundesversammlung 2003 den Völkermord an den Armenier:innen offiziell anerkannte, flog Doğu Perinçek, ein einflussreicher linksnationalistischer türkischer Politiker, mit einem Gefolge aus 160 Akademiker:innen und Staatsbeamt:innen in die Schweiz, um eine Reihe von Vorträgen zu halten, in denen er argumentierte, der Völkermord sei »eine internationale [und] imperialistische Lüge« und dessen Verbreitung hänge mit einem »rassistischen Hass« auf sein Land zusammen.[8] In anderen Kontexten wiederum wird Rassismus zwar als solcher anerkannt, jedoch auf solch begrenzte Art und Weise definiert, dass dessen Bedeutung stark geschmälert wird. Takezawa beispielsweise argumentiert im Falle Japans, dass »der Diskurs über Rassismus sehr eng geführt wurde«, um spezifische und begrenzte Probleme, wie die »Diskriminierung von Ausländer:innen«, ansprechen und zugleich die weitverbreitete Vorstellung eines ethnisch homogenen Japans weiterhin unangetastet lassen zu können.[9]

Die Bestimmung von Rassismus als ein spezifisch westliches Projekt und somit als etwas, das auf eine einzelne geografische und politische Quelle zurückzuführen sei, erklärt sich durch die weltverändernde Wirkung des westlichen Kolonialismus sowie durch die Versuche der intellektuellen Begründung einer weltweiten europäischen Vorherrschaft und deren Durchsetzung ab dem 17. Jahrhundert. Auch wenn ich mich auf Asien und Afrika konzentriere, zeigt dieses Buch, wie der von westlichen Nationen und Imperien ausgehende Rassismus weltweit und in vielen unterschiedlichen Kontexten rassistische Haltungen und Handlungsweisen ausgelöst und geschaffen hat. Und während verschiedene Rassismen zwar verglichen werden können, sind sie doch nicht gleich in ihren Auswirkungen. Der westliche Rassismus war deshalb so bedeutend, weil der Westen im Vergleich zu anderen Orten mehr Macht besaß. Doch Macht verschiebt sich und damit auch die Macht verschiedener Rassismen. Um zu erklären, was ich damit meine, betrachten wir erneut das Beispiel Chinas. Zu Beginn des 20. Jahrhunderts ließ sich etwas beobachten, was als ›rassifizierte chinesische Moderne‹ bezeichnet werden könnte (auch wenn diese Bezeichnung nicht ganz unproblematisch ist, da China ebenso wenig wie der Westen eine singuläre oder homogene Form des Rassismus oder der Moderne aufwies), allerdings besaß das Land wenig Macht, andere Gesellschaften jenseits der eigenen Grenzen zu beeinflussen. China war arm und uneins. Heute jedoch ist China eine Weltmacht. Chinas Infrastrukturinitiative einer ›neuen Seidenstraße‹, bei der in Asien, Afrika, Amerika und Europa neue Straßen, Häfen und vieles mehr gebaut werden, wirkt sich auf das Leben eines Großteils der Weltbevölkerung aus.[10] In den letzten vierzig Jahren gab es eine deutliche Verschiebung weg von der Dominanz des Westens und der politischen Rivalität entlang der Achse Washington-Moskau, hin zu einer neuen, polyzentrischen Machtverteilung. Darüber hinaus lebt heute die Mehrheit der Weltbevölkerung in Ländern mit mittlerem oder hohem Bruttonationaleinkommen.[11] Der Anbruch eines ›asiatischen Jahrhunderts‹ zeigt sich überzeugend bei einem Vergleich des starken Wirtschaftswachstums in den Ländern Ost-, Südost- und Südasien mit den kleinen Wachstumsraten, die für viele westliche Länder typisch sind. Ich bezweifle, dass viele Menschen, wenn sie, sagen wir, aus den neuen urbanen Zentren Chinas mit ihren spektakulären Skylines in meine Heimatstadt – die eher heruntergekommene post-industrielle Stadt Newcastle im Nordosten Englands – reisen würden, das Gefühl hätten, sie wären soeben aus der ›Dritten Welt‹ in die ›Erste Welt‹ getreten. Man könnte besser von einer Reise aus einem neuerlich aufgestiegenen Zentrum hin zu einem ehemals bedeutenden Teil der Weltwirtschaft sprechen. Einfluss und Macht haben sich verschoben und der vertraute Gedanke von einem ›reichen Westen‹ und dem ›armen Rest‹ ist zu einem Anachronismus verkommen, vielleicht gar zu einer »nostalgischen Fantasie«.[12] Wir können diese Beobachtung auch umformulieren und noch erweitern: Allein auf die Macht des Westens und auf Unterdrückung und Widerstand jenseits des Westens zu fokussieren, ist nicht bloß veraltet, es ist eurozentrisch.

Eine ›post-westliche‹ Wende scheint bei Forschungen mit globaler Ausrichtung unausweichlich zu sein, allerdings bieten sich auch viele Möglichkeiten, eine solche Neuausrichtung zu missbrauchen.[13] Friend und Thayer, die am Beispiel Chinas über die neue Reichweite nicht-westlicher Einflüsse schreiben, artikulieren eine der westlichen Reaktionen, die wir – so nehme ich an – in den kommenden Jahren vermehrt beobachten werden. Sie zeigen mit dem Finger auf »den Aufstieg einer Supermacht, in der intolerante Ansichten als legitime Meinungen im Diskurs akzeptiert werden«.[14] Friend und Thayer argumentieren, dass chinesische Einflüsse deshalb ein Problem darstellten, weil der chinesische Rassismus ein Problem darstelle. Sie behaupten gar, Rassismus sei vielmehr ›deren‹ Problem denn ›unseres‹ und dass sich die Überlegenheit des Westens in dessen antirassistischer, multikultureller und kritischer Kultur zeige:

> »Die zentrale Frage für die Zukunft des Friedens und die Stabilität der internationalen Politik ist, wie China den Rest der Welt sieht und ob die vom Westen geschaffenen Normen, insbesondere gegen Rassismus und Ausbeutung, auch unter einer chinesischen Hegemonie aufrechterhalten werden könnten. Bei dem, was wir über die chinesischen Gedanken diesbezüglich wissen, fällt die Antwort im Hinblick auf die Aufrechterhaltung einer globalen Kultur des Antirassismus nicht positiv aus.«[15]

Diese Gedanken sind Ausdruck eines neues Narrativs kosmopolitischer Überlegenheit, in dem die internationale Legitimität von Macht an die – vermeintlich einzigartig westliche – Fähigkeit geknüpft ist, Rassismus zu hinterfragen. Ich gebe seit mehr als drei Jahrzehnten Uni-Seminare zu internationalen Perspektiven auf Rassismus und eines der ersten Dinge, die ich meinen Studierenden beibringe, ist, dass sie Phrasen wie ›wie China den Rest der Welt sieht‹ und ähnliche Konstruktionen nicht verwenden sollten (andere Beispiele wären: ›was Kenia denkt‹; ›was Japan tut‹). Derartige anthropomorphe nationale Verallgemeinerungen sind manchmal schwierig zu vermeiden, aber sie werden spätestens dann zu einem Problem, wenn sie den Kern des eigenen Arguments bilden. Eine weitere Versuchung, von der ich meine Studierenden fernzuhalten versuche, ist, Nationalstaaten danach zu ordnen, wie rassistisch sie sind. Wichtig ist nicht, ob China ›rassistischer‹ oder ›weniger rassistisch‹ ist als andere Orte, wichtig ist, dass das, was China tut, folgenschwerer ist, was damit auch auf seine Traditionen der Diskriminierung wie auch seine Traditionen der sozialen Gerechtigkeit zutrifft.

Dem Konzept der multiplen Rassismen [multiracism], das ich in diesem Buch verwende, liegen zwei zentrale Anliegen zugrunde – ein empirisches und ein theoretisches. Das empirische ist die regionale, nationale, internationale und transnationale Erforschung ethnischer und rassistischer Diskriminierung in Asien und Afrika. Ich ordne dieses Material thematisch nach historischen, religiösen, politischen und wirtschaftlichen Ausdrucksformen von Rassismus in verschiedene Kapitel. Eine weltweit vergleichende Forschung zu diesen Themen ist nicht gänzlich neu, aber sie bleibt größtenteils vereinzelt und befindet sich noch immer nicht im Mainstream der *Ethnic and Racial Studies*. Zwei bedeutende frühe Studien, die vergleichend vorgingen, wurden bereits 1948 veröffentlicht: Cox' Kritik der Vorstellung, dass die ›*race relations*‹ in den USA eher einen Kasten- denn einen Klassencharakter aufweisen würden, sowie Furnivalls kolonialadministrative Forschung zum ›Pluralismus‹ in Südostasien.[16] In späteren Jahrzehnten folgten eine Reihe von post-imperialen Überblicksarbeiten.[17] Doch all diese Arbeiten konzentrierten sich entweder auf europäische und US-amerikanische Kontexte oder/und auf *weiße* Aktionen und nicht-*weiße* Reaktionen. Pierre van den Berghe bemerkte 1967, dass im Verlauf »der vergangenen drei Jahrzehnte« die Literatur zu ›*race relations*‹ von amerikanischen Studien dominiert worden war. Er fügte hinzu, dass der »Mangel an soziologischer Literatur« bezüglich »wichtiger *multi-racial* oder multiethnischer Gesellschaften«, wie etwa Indonesien, »entmutigend ist«.[18] In den darauffolgenden fünfzig Jahren sollte sich daran wenig ändern.

Asien und Afrika beherbergen etwa 80 Prozent der Weltbevölkerung. Sie sind weder peripher noch eine ›Dritte Welt‹, sondern kulturell, wirtschaftlich und politisch zentral. Die Notwendigkeit einer Internationalisierung der *Ethnic and Racial Studies* erklärt Suzuki folgendermaßen:

> »Die Forschung muss sich zwingend von den auf die USA und Europa fokussierten Modellen und Paradigmen von *race* befreien, um (1.) objektiv die Realitäten von *racial* und ethnischen Phänomenen in der nicht-westlichen Welt analysieren zu können, ohne dies durch eine vorangenommene Perspektive *Weißer* Vorherrschaft zu tun, und (2.) um eine konstruktive Feedbackschleife zu schaffen, die Selbstreflexion ermöglicht angesichts der gegenwärtigen Dominanz der US-amerikanischen und europäischen Ansätze im Zeitalter der Migration, in

welchem die Welt von unterschiedlichen rassistischen Ideologien und multiplen Formen des Ethnozentrismus heimgesucht wird.«[19]

Die geografische Vielfalt von Rassismus wird gemeinhin anerkannt. 1990 drängte Goldberg auf eine Abkehr von singulären Vorstellungen von Rassismus, hin zu einer Beschäftigung mit *Rassismen*: »Die Annahme eines einzigen, monolithischen Rassismus wird ersetzt durch eine Kartierung der vielfältigen historischen Formen von Rassismen.«[20] Allerdings war diese geografische Wende nicht dazu gedacht, die Idee von Rassismus als »europäische Erfindung« und »europäisches Phänomen« zu verwerfen, sondern es ging vielmehr darum, sie empirisch zu untermauern.[21] Tatsächlich versäumen selbst vorgeblich internationale Arbeiten in den *Ethnic und Racial Studies* es regelmäßig, Afrika oder Asien miteinzubeziehen. Ein Beispiel: Keines der dreiundvierzig Kapitel des *Routledge International Handbook of Contemporary Racisms* wirft einen Blick auf eine Region jenseits von Europa oder den Amerikas.[22] Das Gleiche gilt für den von Bowser herausgegebenen Band *Racism and Anti-racism in World Perspective*.[23] In anderen ›internationalen‹ Sammlungen finden wir nur einen oder zwei Aufsätze zu Rassismus in Asien oder Afrika.[24]

Der westlich-zentrierte Blick auf Rassismus ist derart verbreitet und beständig, dass wir von einem Paradigma sprechen können. Ein Paradigma ist eine Weltsicht, die die Grenzen einer Debatte reguliert und auf Gegenbeweise mit der Weigerung reagiert, diese anzuerkennen, indem sie diese als außerhalb der Norm darstellt oder als lediglich Ergänzung marginalisiert. In den *Ethnic and Racial Studies* bleibt das ›Paradigma des westlichen Rassismus‹ größtenteils aufgrund der Art und Weise bestehen, wie Rassismus theoretisiert wird: Er wird verstanden als ein Produkt der Moderne und die Moderne wiederum wird verstanden als eine Schöpfung des Westens. Bevor ich mich dieser Theorie selbst widme, muss ich auf einige der neueren empirischen Arbeiten eingehen, die diese Theorie heute zunehmend infrage stellen. In den letzten Jahrzehnten wurden gleich eine ganze Reihe von Studien veröffentlicht, die sich zuvor vernachlässigten Regionen, Ländern und auch geschichtlichen Epochen gewidmet haben. Was diese Studien häufig teilen, ist die Schlussfolgerung, dass ein alleiniger Fokus auf westliche Formen des Rassismus zu kurz greift. Law benennt die Vorstellung, »dass Rassismus eine rein europäische Erfindung sei« als Beispiel »überragender Arroganz«.[25] Ähnlich formulieren es Berg und

Wendt: »Die Vorstellung, dass der Westen den Rassismus dem Rest der Welt einfach übergestülpt hat, nach einem Top-Down-Prinzip, spiegelt womöglich eher eine eurozentrische Interpretation einer eurozentrischen Ideologie wider.« Dunaway und Clelland fordern einen Ansatz, der »die Analyse globaler ethnischer/rassistischer Ungleichheit dezentriert, indem die nicht-westliche Semi-Peripherie in den Vordergrund gerückt wird«.[26] Dikötter sorgt sich darum, dass der »eurozentrische Bias« in den *Ethnic and Racial Studies* bedeute, »die anhaltende Macht von moralischen und geistigen Traditionen in Asien, Afrika, Amerika und im Nahen Osten zu irgnorieren«. Auf diese Weise, so schreibt er, wird ein Großteil der Weltbevölkerung dargestellt

> »als rein passive Empfänger:innen von fremden Gedanken und Dingen, wenn wir doch vielmehr die zentrale Bedeutung menschlicher Handlungsmacht anerkennen sollten, da historische Akteur:innen auf der ganzen Welt Rassismus auf ihre jeweils spezifische Art interpretiert, adaptiert, verändert und sogar abgelehnt haben.«[27]

Der »Mangel an Literatur zu den Problemen von Rassifizierung und Rassismus in nicht-*weißen* Kontexten« ist zwar weithin bekannt, doch wird sich seiner kaum angenommen.[28] Spickard schreibt in der Einleitung des von ihm herausgegebenen Sammelbandes zu internationalen »*racial* und ethnischen Systemen«, dass die größte Herausforderung darin bestand, »Menschen mit Fachkompetenz zu genügend Orten zusammenzubekommen«.[29] In einem anderen Sammelband zu *race* und Rassismus in Ostasien macht Dikötter einen ähnlichen Punkt und erklärt: »Der gegenwärtige Stand der Forschung und das vorhandene Fachwissen zu diesen Themen ist gefährlich unterentwickelt.«[30]

Gefährlich »unterentwickelt« – aber manchmal auch schlicht gefährlich. In vielen Ländern dieser Welt kann über Rassismus zu schreiben dazu führen, bedroht oder inhaftiert zu werden, manchmal auch Schlimmeres. Das ›Verschwinden‹ von Aktivist:innen und Forscher:innen, die sich gegen die Diskriminierung von Minderheiten einsetzen, ist weit verbreitet. Andere hingegen treibt es deshalb ins Exil.[31] Selbst in traditionell eher offenen Ländern wie Indien, der Türkei und Malaysia wird kritische Forschung und Lehre momentan aus den Universitäten verdrängt.

Dikötter bemerkte zu seinem 1992 erschienenen Buch *The Discourse of Race in Modern China*, dass es »die erste systematisch durchgeführte historische Analyse eines rassistischen Überzeugungssystems außerhalb Europas« war.[32] Auf ähnliche Weise wird die von Ian Law herausgegebene Buchreihe »Mapping Global Racisms« (die Untersuchungen zu Rassismus in Russland, China und Indien beinhaltet) als »der erste Versuch einer umfassenden Bestandsaufnahme globaler Rassismen« benannt.[33] Kowner und Demels gewichtige zweibändige Sammlung *Race and Racism in Modern East Asia* wird ebenfalls als Pionierleistung gehandhabt.[34] Diese Studien sind verbunden mit der jeweiligen regionalspezifischen Literatur zur Geschichte ethnischer Gruppen und zu Minderheitenrechten und bauen zum Teil auf ihr auf. Und auch wenn sie meist nicht unmittelbar zu den *Postcolonial Studies* gezählt werden, existieren doch Überschneidungen mit dem postkolonialen Projekt der Provinzialisierung westlicher Geschichte und Geschichtsschreibung und/oder sie setzen sich mit der Aushandlung und Entstehung neuer Ethnizitäten in nicht-westlichen Kontexten auseinander.[35] Empirisch dichte und komplexe Arbeiten wie Verkaaiks Ethnografie über ethnische Ausgrenzung im urbanen Pakistan, Ergins Geschichte des Rassismus und der Moderne in der Türkei und Hansens Untersuchung der »Namensgebung und Identität« im »postkolonialen« Bombay sind Beispiele für eine neue, post-eurozentrische Forschung, die die Geografie ethnischer und rassistischer Diskriminierung neu fasst.[36]

Jede Auseinandersetzung mit der Diversität von Rassismus ist auch eine Auseinandersetzung mit der Diversität von Diversität. Was ich damit meine, ist, dass die Bedeutung von ›Diversität‹ – wie sie jeweils bezeichnet wird, wie sie aussieht und welchen Einfluss sie hat – nicht überall gleich ist. Beispielsweise haben Menschen in den USA und immer öfter auch in Europa Schwierigkeiten damit, Diversität in afrikanischen oder asiatischen Ländern wahrzunehmen, da sie es gewohnt sind, Diversität als Diversität von Hautfarbe zu denken. Mehr als einmal habe ich gehört, wie *weiße* Brit:innen China als »homogen« beschrieben haben, ja sogar Indien – Letzteres, weil die Menschen dort »alle braun« seien. Derartige Darstellungen sind nicht nur ein peinlicher Fauxpas, sondern eine grundlegende Missdeutung der Situation. Für ein weltweites Verständnis von Rassismus ist es wichtig zu verstehen, dass Unterschiede an unterschiedlichen Orten unterschiedlich aussehen.

Das theoretische Hauptargument dieses Buches ist, dass, wenn wir unser Verständnis von Rassismus pluralisieren wollen, wir ebenso unser

Verständnis der Moderne pluralisieren müssen. Moderne Denk- und Handlungsweisen, wie die massen- und dauerhafte Kategorisierung von Menschen in Fortgeschrittene und Primitive, Wertvolle und Entbehrliche, Dazu- und Nicht-Dazugehörige, bilden den Kern von Rassismus. Auch wenn die Verbindung zwischen Moderne und Rassismus komplex ist, ist sie unbestreitbar. Massaker an und Versklavungen von ethnischen Gruppen weisen eine lange Geschichte auf, aber nur eine moderne Welt konnte die industrialisierten, durchbürokratisierten und verwissenschaftlichten rassistischen Grausamkeiten des Holocausts und des atlantischen Sklavenhandels hervorbringen. Unter Verweis auf neuere historische und soziologische Arbeiten, die darlegen, dass die Moderne nicht singulär, sondern plural ist, argumentiere ich, dass es ebenso wie verschiedene Modernen auch verschiedene Rassismen gibt. Daraus folgt, dass, um multiple Rassismen zu verstehen, wir die Geografie sowohl des Rassismus als auch der Moderne neu denken müssen. Das Bild, das ich hier zeichne, ist eines von diversen modernen Rassismen, die sich kreuzen und vermischen, eine Landschaft in Bewegung, in der Ausgangspunkte verworren und klare Grenzen zweifelhaft sind. Modernen und Rassismen existieren nicht im luftleeren Raum. Diese Beobachtung verdeutlicht und erklärt, warum uns – obwohl der empirische Fokus dieses Buches außerhalb ›des Westens‹ liegt – westliche rassistische Ideologien und Praktiken auf Schritt und Tritt begegnen werden.[37] Die als westlich und *weiß* bestimmten Rassismen und Modernen haben andere Formen von rassistischen Modernen beeinflusst, hervorgebracht und ermöglicht. Aber dabei waren sie niemals allmächtig und sie müssen zunehmend im Kontext von und im Austausch mit anderen rassistisch und ethnisch aufgeladenen Modernen verstanden werden, die einen anderen Ursprung und eine andere Gestalt aufweisen.

Im Augenblick werden die Rassismuserfahrungen zahlreicher rassifizierter und ethnisierter Gruppen auf der ganzen Welt in den internationalen Medien kaum beachtet und auch im akademischen Feld der *Ethnic and Racial Studies* wird ihnen lediglich eine geringe und unsystematische Aufmerksamkeit zuteil. Diese Erfahrungen reichen von alltäglicher Marginalisierung bis hin zu Genozid und Versklavung. In den Textkästen auf den folgenden Seiten finden sich Beispiele, die diese Bandbreite veranschaulichen sollen. Dabei sollen diese Beispiele keineswegs repräsentativ für Rassismus ›jenseits des Westens‹ stehen, aber sie zeigen, warum es wichtig ist, ihn ernst zu nehmen. Die ersten drei sind Beispiele genozidaler Praktiken und/oder umfassender ethnischer Unterdrückung in der Gegenwart und der jüngeren Vergangenheit.

Westpapua, Indonesien

Indonesien hält Westpapua seit 1963 besetzt und seit mehr als einem halben Jahrhundert wachen indonesische Regierungen über die Besiedlung und Kolonisierung des Gebiets. Die rassistische Unterwerfung Westpapuas führte zu 150.000 bis 500.000 toten Westpapua und wurde als »Auslöschung eines Volkes« beschrieben.[38] Die Hohe Kommissarin der Vereinten Nationen für Menschenrechte berichtete 2019 über »die tief verankerte Diskriminierung und den Rassismus, denen die indigenen Papua ausgesetzt sind, unter anderem durch das indonesische Militär und die Polizei«, und sie forderte »sofortige und unabhängige Untersuchungen von zahlreichen Fällen mutmaßlicher Tötungen, rechtswidriger Festnahmen sowie grausamer, inhumaner und erniedrigender Behandlung der indigenen Papua durch die indonesische Polizei und das indonesische Militär in Westpapua und den Provinzen Papuas«.[39]

Irak, Syrien und der ›Islamische Staat‹

Der 1999 gegründete sogenannte ›Islamische Staat‹ (›I.S.‹) strebt die Errichtung eines reinen islamischen Kalifats an. Da jedoch ethnische und religiöse Zugehörigkeiten einander häufig überlappen, nahm das Streben des ›Islamischen Staates‹ nach religiöser Reinheit die Form rassistischer Gewalt an. Zahlreiche ethno-religiöse Gruppen sind ihm zum Opfer gefallen, wobei es klare Hinweise auf Genozid, die Etablierung von Sklavenmärkten, die Existenz von Sexsklavinnen und die weitverbreitete Anwendung von Folter und Vergewaltigung gibt. Die Situation wird im Titel eines Berichts von *Amnesty International* treffend zusammengefasst: *Ethnic Cleansing on a Historic Scale*, eine ethnische Säuberung von historischem Ausmaß. Trotz der angeblichen Niederlage des ›I.S.‹ leiden verschiedene Minderheiten noch immer unter der Verfolgung durch seine Anhänger:innen sowie durch die anderer radikal-islamistischer Gruppen. Eine der am systematischsten verfolgten Gruppen ist die der Jesid:innen. Der kürzlich verstorbene spirituelle Führer der Jesid:innen, Baba Scheich, erklärte die Gründe für die Flucht seiner Gemeinschaft:

»Die Menschen sind aus Angst vor Übergriffen oder aus Angst vor Rassismus gegangen. Das macht es schwierig, den Glauben zu bewahren.«[40] Die Verfolgung der Jesid:innen wird von den Vereinten Nationen und dem Europäischen Parlament als Genozid anerkannt.

Xinjiang, China

Seit vielen Jahrzehnten unterdrückt der chinesische Staat diverse ethnisch geprägte nationalistische Bewegungen. Außerhalb Chinas ist das bekannteste Beispiel dafür sicherlich das der tibetischen Unabhängigkeitsbewegung. In den vergangenen Jahren hat die Angst vor Loslösungsbestrebungen den bereits existierenden Versuch der Dekulturation einer anderen ethnischen Gruppe, der Uigur:innen, sowie einiger anderer muslimischer Gemeinschaften in der Provinz Xinjiang noch weiter intensiviert. Das religiöse, kulturelle und soziale Leben wurde unter umfassende Kontrolle gestellt, Moscheen wurden zerstört, Bücher, Bärte und Gebetsteppiche verboten und Überwachungskameras in privaten Wohnräumen installiert. Dieses Vorgehen wurde als »Apartheid mit chinesischen Charakteristika« beschrieben.[41] 2018 bestätigte ein Menschenrechtsgremium der Vereinten Nationen, dass Berichte über eine Million Menschen, die in Xinjiang in ›Umerziehungslagern‹ gefangen gehalten würden, glaubhaft seien.[42] 2020 schließlich offenbarten Satellitenbilder fast 400 solcher Lager in der Region Xinjiang.[43]

Dies sind nur drei Beispiele für großangelegte rassistische Unterdrückung in Gegenwart und jüngerer Vergangenheit. Doch es ist vernünftig, dabei zu fragen: »Ist das, was hier dargestellt wird, Rassismus oder doch etwas anderes?«, beziehungsweise.: »Bezieht sich die Diskriminierung auf ›Rasse‹ *oder* Ethnizität, auf ›Rasse‹ *und* Ethnizität oder auf etwas gänzlich anderes?« Wie ich in dieser Einleitung noch genauer ausführen werde, ist, unabhängig davon, wie wir die zweite Frage beantworten, allein wegen der Tatsache, dass in all diesen Beispielen Menschen aufgrund ihrer Zugehörigkeit zu einer bestimmten Gruppe diskriminiert und vorverurteilt werden, in die sie hineingeboren wurden und die durch sichtbare Unterschiede markiert wird, klar, dass es sich um Beispiele von Rassismus handelt.

Diese drei Beispiele sind derart wichtig, alarmierend und aktuell, dass man davon ausgehen könnte, der Versuch, sie zu verstehen, würde in den

Ethnic and Racial Studies einen zentralen Platz einnehmen. Dem ist nicht so.[44] Tatsächlich gibt es nur eine kleine Zahl veröffentlichter Artikel in diesem akademischen Teilgebiet, die sich mit Asien oder Afrika beschäftigen. Einer meiner Beweggründe, dieses Buch zu schreiben, ist daher, zu versuchen, es schwieriger zu machen, diese Teile der Welt so einfach zu übersehen.

Die kurzen Zusammenfassungen in den ersten drei Kästen zeigen gewaltvolle Formen von Rassismus in großem Maßstab. Die nun folgenden drei Vignetten sind anders: Sie verdeutlichen alltägliche oder sozusagen ›unauffälligere‹ Formen von Rassismus. Auch sie sind wieder nicht dazu gedacht, typisch zu sein, sondern sie sollen vielmehr dazu anregen, darüber nachzudenken, wie Rassismus mit Religion, Politik und Geschichte verschränkt ist, sowie zu hinterfragen, wie wir ›ethnisch‹, ›rassisch‹ oder ›etwas anderes‹ eigentlich definieren. Ich schreibe seit einigen Jahren Reisetagebücher und aus den darin festgehaltenen Reisen stammen die folgenden Szenen.

Tonga (2018)

Ich trete in ein kleines Lebensmittelgeschäft in der tongaischen Hauptstadt Nuku'alofa. Eine junge Chinesin steht an der Kasse, während einige tongaische Angestellte mit ihren Freund:innen in einiger Entfernung auf der Veranda des Ladens sitzen und sich unterhalten, sichtlich aufgebracht und genervt – eine Situation, wie ich sie schon in vielen Läden erlebt habe. Es hängt Feindseligkeit in der tropisch-warmen Luft. Ich frage die Frau hinter der Kasse, wie es ihr auf Tonga gefällt. Sie lächelt, offenbar überrascht davon, angesprochen zu werden. »Ich möchte nach Hause; ich vermisse meine Stadt«, sagt sie und schiebt mit ergreifender Bestimmtheit nach: »Ich bin einsam.« Viele Geschäfte auf Tonga sind in den vergangenen Jahrzehnten von chinesischen Unternehmer:innen aufgekauft worden. Mir wurde gar erzählt, dass es auf dem gesamten Archipel kein einziges Geschäft mehr in tongaischer Hand gebe. Der niedrig liegende Inselstaat steht vor vielen Herausforderungen – darunter ein steigender Meeresspiegel, Wirbelstürme, Armut und Auswanderung –, die sich in eine Abneigung gegen die Neuankömmlinge verwandelt zu haben scheinen. 2006 wurde bei gewalttätigen Ausschreitungen ein Großteil des Geschäftsviertels der Hauptstadt in Schutt und Asche gelegt, wobei es die Beteiligten besonders auf chinesische Geschäfte abgesehen hatten. Ähnliche Geschichten finden sich in vielen der Pazifikstaaten. Während sich die tongaische Elite um das chinesische Geld bemüht (die Chines:innen bringen Kapital und Katastrophenhilfe, haben Straßen und neue Hafenanlagen gebaut), sprechen viele gewöhnliche Leute ganz offen darüber, dass sie die Chines:innen hier nicht haben wollen.

Kairo (2017)

Ich bin unterwegs zu dem ›Ghetto‹ einer Gruppe koptischer Christ:innen mit dem Namen Zabaleen, was Müllsammler:innen bedeutet. Die Aufgabe dieser Gemeinschaft – die andere nicht ausführen wollen – ist es, den Müll der Stadt aufzunehmen. Ihre sogenannte ›Stadt des Mülls‹ ist ein verbotener und zugleich bemerkenswerter Ort. In jedem Hauseingang werden unterschiedliche Materialien auseinandergenommen und zerkleinert. Es ist ihre Arbeit, die Kairo unter allen Städten dieser Welt die besten Recyclingquoten beschert. In Ägypten existieren eine Vielzahl von Minderheiten und das Land hat eine komplizierte Beziehung zu seiner vergleichsweise großen christlichen Bevölkerung. Die Kopt:innen sind regelmäßig islamistischen Angriffen ausgesetzt. Einige, wie die Zabaleen, leben in Armut und zusammengepfercht in Ghettos, andere wiederum bilden die Elite des Landes. Eine ähnlich unbehagliche, aber durchaus andere Art der Beziehung existiert zu einer weiteren Minderheit, den sogenannten ›afrikanischen Migrant:innen‹, womit Schwarze afrikanische Migrant:innen gemeint sind. Ich bin mit einem lokalen Guide unterwegs, als wir im Stadtzentrum von Kairo an einer Gruppe mittelalter Schwarzer Männer vorbeilaufen. Sie sitzen vor einem Café, spielen ein Kartenspiel und trinken Minztee. Es ist das erste Mal seit meiner Ankunft, dass ich eine Gruppe Schwarzer Afrikaner:innen sehe. Mein Guide hält sich seltsam bedeckt. Er hat Mitgefühl für die koptische Bevölkerung, aber wenn er über diese Migrant:innen – die wie er muslimisch sind – redet, offenbart sich Misstrauen: »Sie haben ihre eigenen Schulen, aber es sind zu viele«, sagt er. Später lerne ich, dass das arabische Wort für Sklave, ›Abd‹, in Ägypten noch immer für Schwarze Afrikaner:innen verwendet wird, ein Hinweis auf die Verachtung, die dem ›Schwarzen Süden‹ entgegengebracht wird.

Himachal Pradesh, Indien (2017)

Während sich das alte Auto einige der eher sanften Hänge des Himalaja hinaufarbeitet, lerne ich viel über das Verhalten des indischen Militärs im indisch besetzten Kaschmir wie auch über die Not von Muslim:innen in ganz Indien. Mein Guide und der Fahrer sind beide Muslime aus Kaschmir, in den indischen Bundesstaat Himachal Pradesh gekommen auf der Suche nach Arbeit. Ich erinnere mich daran, dass am *Indian Institute for Advanced Studies*, das sich in einem riesigen ehemaligen britisch-kolonialen Herrenhaus in der Hauptstadt des Bundesstaates, Shimla, befindet und das für die Zeit meines Aufenthalts hier meine Unterkunft ist, eine entschieden politische Atmosphäre herrscht. Viele der jungen Wissenschaftler:innen sprechen darüber, dass akademische Ernennungen und Positionen immer häufiger an die Hindutva-Ideologie von Indiens rechter Regierungspartei geknüpft sind und dass sie ihre Karrieren außerhalb des Landes werden fortsetzen müssen. Der Wagen kommt an einem winzigen Gehöft zum Stehen, in einem dunklen Teich schlummert ein gewaltiger Büffel vor sich hin. Auf der Veranda des Bauernhauses sitzt eine alte Frau mit farbenprächtigem Schal im Schneidersitz, während ein nacktes Kind an ihren Knien zerrt. Mein Guide und der Fahrer steigen aus dem Wagen und machen sich daran, all den Müll, von dem sich im Laufe unserer Fahrt erstaunlich viel angesammelt hat, vor ihrem Zuhause abzuladen. Beim Anblick meines besorgten Gesichtsausdrucks fangen beide an zu lachen: »Keine Sorge, das ist denen egal.« Es ist offensichtlich, dass keiner von beiden eine hohe Meinung von den Bewohner:innen hat. »Wer sind sie?«, frage ich. »Keine Ahnung!«, sagt mein Guide und muss noch heftiger lachen. Ich nehme an, dass es ›Tribals‹ sind, doch das energische »keine Ahnung« meines Guides lässt mich nicht los. Die Grundlage von Diskriminierung ist nicht Wissen sondern Gleichgültigkeit. Doch auch ich verhalte mich gleichgültig: Ich lasse es geschehen, lasse den Müll auf dem sonnengetrockneten Schlamm liegen. Jeden Tag geschieht etwas Vergleichbares. Über ein Viertel der Bevölkerung des Bundesstaates Himachal Pradesh sind Dalits (einst ›Unberührbare‹ genannt), eine Gruppe von solch niedrigem sozialen Rang, dass sie außerhalb beziehungsweise unterhalb des indischen Kastensystems existieren. Immer wieder, wenn mir hier oder in Großbritannien äußerste Armut begegnet, schaue ich weg, beschleunigt sich mein Gang, meine zügigen Schritte das Echo eines vertrauten Refrains: »Keine Ahnung.«

Was ist Rassismus?

Rassismus wird hier definiert als Diskriminierung und Ungleichheit, erwachsen aus ethnisierten und rassifizierten Formen von Macht, *supremacism* und Essentialismus. Mit ›supremacism‹ wird eine Ideologie und Praxis bezeichnet, bei der die grundsätzliche Überlegenheit einer bestimmten Gruppe über andere behauptet wird. ›Essentialismus‹ verstärkt diesen Prozess noch, indem er diese vermeintlichen Unterschiede als natürlich bedingt erklärt. Wie Hall schreibt, ist diese Naturalisierung eine »Repräsentationsstrategie, dafür gedacht, ›Differenz‹ zu *fixieren* und damit *für immer festzuschreiben*«, für gewöhnlich, indem einer Gruppe von Menschen bestimmte angeborene und vererbbare Eigenschaften zugeschrieben werden.[45] Das hilft dann auch zu erklären, warum eines der zentralen Merkmale von Rassismus dessen Fokus auf Geburten, Bevölkerungszahlen und allgemein auf den weiblichen Körper ist.

Eine Welt der multiplen Rassismen ist eine Welt der multiplen Ungleichheiten und der multiplen Essentialisierungen. Die Umwandlung von angenommener und/oder beobachteter kultureller oder physischer Differenz in eine naturalisierte Hierarchie wird dabei im Mittelpunkt meiner Betrachtungen in diesem Buch stehen. Doch zuvor ist es notwendig, noch eine weitere Komplexitätsebene hinzuzufügen, denn auch die Sprache des Rassismus ist nicht überall die gleiche. Eine einzelne, universale Definition von Rassismus ist ein nützlicher erster Schritt, kann jedoch nicht das Ziel sein, insbesondere dann nicht, wenn dies einem Verständnis der facettenreichen, fluiden und umkämpften Natur des Begriffs letztlich im Weg steht. Wenn eine ethnisierte oder rassifizierte Gruppe aufgrund ihrer vermeintlich unverrückbaren und angeborenen Eigenschaften diskriminiert wird, wird dies an einigen Orten als Rassismus bezeichnet, an anderen wiederum nicht. Und während ich selbst all solche Fälle von Diskriminierung als Rassismus bezeichnen würde, bedeutet das nicht, dass dies der einzig angebrachte oder nützliche Terminus dafür ist. Schon gar nicht bedeutet das, dass andere Bezeichnungen verdrängt werden sollten. In Indien existieren beispielsweise die Begriffe ›*communalism*‹[46] [Kommunalismus] und ›*casteism*‹

[Kastendiskriminierung], die sich mit dem, was ich als Rassismus bezeichne, überschneiden können. In Peru wird ›*cholismo*‹ gelegentlich ähnlich verwendet. Die Welt steckt voller Begriffe für Differenz und Diskriminierung. Statt also eine starre Schablone anzubieten, mit der die Bezeichnung ›Rassismus‹ – verifiziert durch einen westlichen Kanon antirassistischer Forschung – auf die unterschiedlichsten Situationen angewandt wird, sollten wir besser genau hinhören und von anderen Kontexten lernen.

Die ›polyzentrische‹ Erforschung von Rassismus, wie Law es nennt, ist ein neues Fachgebiet und verfängt sich daher häufig in der Art von definitorischen Dilemmata, die man von einem im Entstehen begriffenen und nicht nur komplexen, sondern zudem politisch aufgeladenen Unterfangen erwarten würde.[47] Der von Berg und Wendt herausgegebene Sammelband *Racism in the Modern World* ist ein gutes Beispiel dafür. Den Herausgebern zufolge ist das Neue und Bedeutende an ihrem Buch die Auseinandersetzung mit multiplen Rassifizierungen auf der ganzen Welt und insbesondere die Verwendung von Ansätzen einer »neuen Globalgeschichte«, die »eurozentrische Interpretationen der Weltgeschichte« herausfordern.[48] Es ist tatsächlich ein beeindruckender Band, doch offenbart der Vergleich einiger der darin enthaltenen Kapitel einen grundlegenden Definitionskonflikt. In dem Aufsatz »How Racism Arose in Europe and Why It Did Not in the Near East« verbiegt sich beispielsweise Braude geradezu, um argumentieren zu können, dass Vorfälle von ethnischer Gewalt im ›Nahen Osten‹ nichts mit Rassismus zu tun haben. Folglich schreibt Braude, dass die Behandlung von Armenier:innen im ›Nahen Osten‹ in den ersten Dekaden des letzten Jahrhunderts – während des von ihm so bezeichneten armenischen ›Konflikts‹ – »nicht auf Rassismus geschoben werden kann«. Er kommt zu diesem Schluss, indem er Rassismus in biologistischen Begriffen als »genetischen Determinismus« definiert und diese Ideologie als alleinig den »modernen euro-amerikanischen Rassismus« kennzeichnend erklärt.[49] Doch in den folgenden beiden Kapiteln werden diese Definition und die damit einhergehenden geografischen Implikationen gleich wieder verworfen. Zunächst erklärt Geulen, dass Rassismus und kulturelle Vorurteile nicht länger als voneinander getrennte Phänomene betrachtet werden können: »Bereits zu Beginn des 20. Jahrhunderts«, schreibt er, hat sich die Vorstellung von ›Rasse‹ »verändert und erweitert, in etwas viel Umfassenderes als nur Physiologie und körperliche Erscheinung«.[50] In dem darauffolgenden Text mit dem Titel »Racism and Genocide« nutzt

Barth den von ihm so bezeichneten ›Genozid‹ an den Armenier:innen als Musterbeispiel dafür, wie rassistische und kulturalistische Ideologien gemeinsam die Bedingungen für Vernichtung schaffen können.[51] Es ist sehr aufschlussreich, dass, während Braude von einem armenischen ›Konflikt‹ spricht, Barth von einem ›Genozid‹ an den Armenier:innen schreibt. In diesem Unterschied des Ausdrucks spiegeln sich die verschiedenen Auffassungen von Rassismus der beiden Autoren wider.

Noch immer gibt es einige, die versuchen, Rassismus einzig und allein als biologischen Determinismus und als ›Rassenideologie‹ zu konzeptualisieren. So ist Rassismus für Banton »die Doktrin, dass das Verhalten eines Menschen durch vererbte und dabei gleichbleibende Eigenschaften determiniert wird, die von unterschiedlichen Rassen mit unverkennbaren Attributen herrühren und für gewöhnlich als zueinander in einem Verhältnis von Überlegenheit und Unterlegenheit stehend verstanden werden«.[52] Auch wenn dieses Zitat aus dem Jahr 1970 stammt und die darin zum Ausdruck gebrachte Definition von Rassismus selten geworden ist, bleibt der Gedanke nach wie vor weit verbreitet, dass ›Rassenideologie‹ der Grundstein oder die ultimative Ausdrucksform von Rassismus ist. Daher ist es wichtig klarzumachen, warum uns Bantons Definition nicht weiterbringt. Konzeptionell beruht sie auf zwei Annahmen: Erstens, dass ›Rasse‹ und Ethnizität zwei sauber voneinander getrennte Kategorisierungen seien und, zweitens, dass ›Rassenideologie‹ einen kohärenten und relativ stabilen Wissenskorpus darstellen würde. Beides ist wenig überzeugend. Die Grenze zwischen Vorstellungen von ›Rasse‹ und Ethnizität war schon immer unscharf und die ›Rassenideologie‹ wurde nicht erst seit Kurzem in Zweifel gezogen. Ideologien, die eine Hierarchie der ›Rassen‹ oder die Überlegenheit der *Weißen* behaupten, waren seit jeher mit Kritik und Widersprüchlichkeiten konfrontiert. Als Jean Finot in seinem 1905 erschienenen Buch *Le préjugé des races* (1906 in deutscher Übersetzung als *Das Rassenvorurteil* erschienen) die »falsch verstandene Rassenlehre« kritisierte und ›Rassen‹ als »außerhalb der Wirklichkeit« beschrieb, konnte er sich auf eine lange Tradition der Skepsis gegenüber dem Konzept berufen.[53] Das Scheitern und die Inkohärenz des ›Rasse‹-Konzepts hat in Europa und Nordamerika zwischen Anfang und Mitte des 20. Jahrhunderts den Wandel des Narrativs von einer ›*weißen* Zivilisation‹ hin zu einer ›westlichen Zivilisation‹ befeuert.[54] Selbst damalige mit der Nazi-Ideologie assoziierte Intellektuelle hatten ihre Zweifel. Oswald Spengler beispielsweise blickte herablassend auf die ›Rassenlehre‹: »mit der Durchleuchtung [verschwindet] die ›Rasse‹ plötzlich«.[55] Nach dem Zweiten Weltkrieg erfuhr die Vorstellung Auftrieb – zuerst popularisiert durch das 1935 erschienene Buch *We Europeans* –, dass »das Wort Rasse verbannt werden sollte«, da es mit dem deutschen Nationalsozialismus und Genozid in Verbindung gebracht wurde.[56] In einer ganzen Reihe von Erklärungen und Berichten der UNESCO wurde ›das Rassenkonzept‹ schließlich als gefährlicher Irrglaube gebrandmarkt.[57]

Wer Rassismus an den Glauben an ein Konzept von ›Rasse‹ knüpft, wird sehr wahrscheinlich schlussfolgern, dass es ein Phänomen einer in Verruf geratenen Vergangenheit ist und somit mehr ein historisches Überbleibsel denn eine sehr gegenwärtige Kraft. Es lohnt daher, daran zu erinnern, dass der Begriff ›Rassismus‹ eine Schöpfung von Antirassist:innen war. Seit seiner ersten Verwendung war er ein Werkzeug, das von denjenigen eingesetzt wurde, die sich ihm entgegenstellten.[58] Wesen und Bedeutung von ›Rassismus‹ haben sich schließlich verändert, als Antirassist:innen die sich verändernden Arten und Weisen erkannt haben, wie Menschen zu ›Anderen‹ erklärt und ausgeschlossen werden. Das erklärt, warum ›Rassismus‹ auch heute noch einen festen Platz im politisch-kritischen Vokabular einnimmt. ›Rassismus‹ bezeichnet nicht mehr nur die eng gefasste Überzeugung einer ›Rassenideologie‹, sondern wird üblicherweise mit *racial* und ethnisch geprägter Ungleichheit und Stereotypisierung in Verbindung gebracht. Diese begriffliche Ausweitung schlägt sich überall nieder und scheint nicht aufzuhalten zu sein, doch ist auf die internationalen Implikationen dieses Wandels bislang wenig eingegangen worden. So wird beispielsweise die Gleichung ›Rassismus ist Vorurteil plus Macht‹, die manchmal dem amerikanischen Pfarrer Joseph Barndt zugeschrieben wird und sich in den 1970er Jahren in den USA stark verbreitete, immer noch so verstanden, dass Rassismus ein *weißes* Problem ist, weil *Weiße* es sind, die Macht besitzen.[59] Sobald jedoch Vorurteile und Macht auch anderswo gefunden werden, verwandelt sich ›Rassismus ist Vorurteil plus Macht‹ in eine begrifflich und geografisch erweiterte Konzeption von Rassismus. Ähnliches kann über weitere innovative Kategorien wie ›*new racism*‹, ›*coded racism*‹ (im Sinne eines ›verschlüsselten Rassismus‹), ›Kulturrassismus‹ und ›Rassismus ohne Rassist:innen‹ gesagt werden. Barker bemerkt, dass es »ein Mythos war, dass Rassismus in der Vergangenheit allgemein auf Überlegenheit/Unterlegenheit abzielte«, weswegen sein ›*new racism*‹ Rassismus als Muster ausschließender kultureller Präferenzen und nativistischer Gefühle versteht.[60] Balibar schreibt ebenfalls über einen »Rassismus ohne Rassen«, »dessen vorherrschendes Thema nicht mehr die biologische Vererbung, sondern die Unaufhebbarkeit der kulturellen Differenzen ist« sowie »die Schädlichkeit jeder Grenzverwischung und die Unvereinbarkeit der Lebensweisen und Traditionen«.[61] Cohen zufolge bedeutet ein Verständnis davon, wie Rassismus in Großbritannien gegen irische, jüdische und Schwarze Menschen gerichtet ist und sie gleichzeitig vereint, ein Verständnis von Großbritannien als ›multirassistischer‹ Gesellschaft.[62]

Keiner dieser Autoren geht jedoch auf eine zentrale Folge einer erweiterten und pluralisierten Konzeption von Rassismus ein: die Veränderung von dessen weltweiter Geografie. Eine weitere Folge ist, dass die Grenze zwischen ethnischer Diskriminierung und Rassismus noch uneindeutiger wird als zuvor schon. Denn, wie Anthias bemerkt, wenn »Exklusionspraktiken – Kennzeichen aller ethnischen Phänomene – von Diskursen und Praktiken der Herabwürdigung ethnisch konstituierter Differenz begleitet werden, dann können wir von Rassismus sprechen«. Sie führt diesen Punkt noch weiter aus: »Rassistische Diskurse nutzen ethnische Kategorisierungen (die um kulturelle, linguistische, territoriale oder auch vermeintlich biologische Grenzen herum konstruiert werden) als Signifikanten von unverrückbarer und determinierender Differenz.«[63] Warum also spielt Ethnizität in Diskussionen über Rassismus weiterhin eine so untergeordnete Rolle? Die Gründe dafür sind vielfältig, doch einer findet sich in dem fortwährenden Einfluss der klassischen soziologischen Unterscheidung von *race* und Ethnizität, der zufolge es bei Letzterer um Kultur und bei Ersterer um Abstammung geht. Ethnizität wird dabei anders als *race* als selbst gewählt betrachtet. »Die Zugehörigkeit zu einer ethnischen Gruppe«, schreibt Banton, »ist für gewöhnlich freiwillig gewählt; Zugehörigkeit zu einer *racial* Gruppe dagegen nicht.«[64] Bei Morning findet sich eine praktische Zusammenfassung dieser These: »Individuen können sich die ethnische Gruppe oder auch die ethnischen Gruppen aussuchen, mit der oder mit denen sie sich am meisten identifizieren, und ihre jeweilige Zugehörigkeit durch oberflächliches Verhalten (beispielsweise die Wahl der Kleidung oder des Essens) signalisieren«, doch *race* dagegen ist »unfreiwillig (sie wird einem von anderen übergestülpt) und unveränderbar.«[65] Es gibt drei große Probleme mit dieser Unterscheidung. Erstens wird, indem *race* als ›unveränderbar‹ und damit jenseits der Sphäre menschlicher Einflussmöglichkeiten dargestellt wird, dessen soziale Konstruktion ignoriert. Zweitens wird damit nicht der verschwommenen und verworrenen Beziehung zwischen *race* und Ethnizität Rechnung getragen, ebenso wenig wie den geografisch sehr unterschiedlichen Verwendungsweisen dieser beiden Begriffe. Drittens entspricht die Definition von Ethnizität (oder ethnischer Zugehörigkeit) als ›freiwillig‹ und ›oberflächlich‹ nicht der gelebten Erfahrung. Kommen wir an dieser Stelle auf zwei der Beispiele zurück, die in den Kästen zuvor kurz vorgestellt wurden: Sowohl die Jesid:innen als auch die Uigur:innen werden für gewöhnlich als ethnische Gruppen beschrieben, doch ist die Vorstellung absurd, dass jesidisch oder uigurisch zu sein eine freie ›Wahl‹ wäre oder etwas ›Oberflächliches‹ sei. Das Gewicht der Tradition, die Bande von Verwandtschaft und Sprache sowie die von der Mehrheitsgesellschaft, in der diese Minderheiten leben, vorgetragenen Vorurteile – die häufig unter Rückgriff auf vermeintlich natürliche Unterschiede die prinzipielle Andersartigkeit von Jesid:innen und Uigur:innen behaupten – machen ein ›Austreten‹ nicht nur schwierig, sondern nahezu unmöglich.

Es gibt noch eine weitere, eher praxisbezogene Sache zu beachten. Denn wie Rassismus definiert wird, ist nicht nur eine akademische Frage. Es ist immer auch ein Spiegel größerer gesellschaftlicher und politischer Entwicklungen. Die weitverbreitete Übernahme von Definitionen von Rassismus, die ethnische Diskriminierung miteinschließen, ist ein überzeugender Hinweis darauf, dass die Bedeutung von Rassismus erweitert wurde. In einem Rahmenbeschluss der Europäischen Union aus dem Jahr 2008 steht beispielsweise: »Rassistische und fremdenfeindliche Straftaten« beinhalten: »die öffentliche Aufstachelung zu Gewalt oder Hass gegen eine nach den Kriterien der Rasse, Hautfarbe, Religion, Abstammung oder nationale[n] oder ethnische[n] Herkunft definierte Gruppe von Personen oder gegen ein Mitglied einer solchen Gruppe«.[66] Heutzutage ist es so normal, dass Ethnizität (im folgenden Zitat noch als ›Volkstum‹ bezeichnet) in offiziellen Definitionen von Rassismus miteinbezogen wird, dass es diesbezüglich keiner Erklärung bedarf, selbst wenn dies scheinbar mit anderen Festlegungen in einem Spannungsverhältnis steht. Im *Internationalen Übereinkommen zur Beseitigung jeder Form von Rassendiskriminierung* der Vereinten Nationen wird »Rassendiskriminierung« (was darin häufig als Synonym für Rassismus genutzt wird; das Abkommen wurde bereits 1965 verabschiedet und trat 1969 in Kraft) beispielsweise definiert als

»jede auf der Rasse, der Hautfarbe, der Abstammung, dem nationalen Ursprung oder dem Volkstum beruhende Unterscheidung, Ausschließung, Beschränkung oder Bevorzugung, die zum Ziel oder zur Folge hat, dass dadurch ein gleichberechtigtes Anerkennen, Genießen oder Ausüben von Menschenrechten und Grundfreiheiten im politischen, wirtschaftlichen, sozialen, kulturellen oder jedem sonstigen Bereich des öffentlichen Lebens vereitelt oder beeinträchtigt wird.«[67]

Trotz der problematischen Andeutung, dass nationale oder ethnische Herkunft (im Zitat ›nationaler Ursprung und Volkstum‹) Unterkategorien von *race* sind, ist dies ein weiteres Beispiel für die Verschränkung von Ethnizität und Rassismus im institutionellen politischen Diskurs. An anderer Stelle hat derselbe Ausschuss noch deutlicher auf die Notwendigkeit hingewiesen, »die Definition von Rassismus um die Aufstachelung aufgrund von ethnischer Herkunft, des Herkunftslandes und der Religionszugehörigkeit zu erweitern«.[68]

Es könnte das Fehlen einer gründlichen Begriffsarbeit sein, weswegen in offiziellen Verlautbarungen fast immer – und ohne weitere Erklärung – ›Rasse‹ und manchmal auch ›Hautfarbe‹ vor ›ethnisch‹ oder ›ethnischer Herkunft‹ genannt wird. Die in Großbritannien für gewöhnlich verwendeten demografischen Bezeichnungen – ›BME‹ (*Black and Minority Ethnic*) und ›BAME‹ (*Black, Asian, and Minority Ethnic*) sind dafür ein weiteres Indiz. Der Verdacht, dass Ethnizität stets nur als Zusatz gedacht wird, kommt auch bei der Definition von Rassismus auf, welche die UNESCO in einem Glossar auf ihrer Internetseite vorgebracht hat: »Rassismus ist eine Theorie der ›Rassen‹-Hierarchie, die behauptet, dass die überlegene ›Rasse‹ bewahrt werden und über alle anderen herrschen sollte. Rassismus kann auch eine unfaire Einstellung gegenüber einer anderen ethnischen Gruppe sein.«[69] Durch die Verbannung von Ethnizität auf den Status einer ›auch‹-Kategorie wird einer zentralen Herausforderung einfach aus dem Weg gegangen. Denn die Implikationen, wenn Ethnizität in dieser Diskussion als zentrale Kategorie akzeptiert wird, sind beträchtlich. Eine Möglichkeit, dies zu verdeutlichen, ist sich anzuschauen, wie Regierungen ›*race*‹ und ›Ethnizität‹ in nationalen Zensuserhebungen abfragen. Morning hat in einer Untersuchung – bei der sie die Zensusfragebögen von 141 Ländern im Zeitraum zwischen 1995 und 2004 ausgewertet hat – gezeigt, dass die USA »einer von ganz wenigen Staaten [sind], die ›*race*‹ statistisch erfassen« und sie »sind quasi die einzigen, die ›*race*‹ und ›Ethnizität‹ als differente Arten von Identität behandeln«.[70] Lediglich 15 % der von Morning untersuchten Zensusfragebögen fragen überhaupt nach der *race*-Zugehörigkeit einer Person. Sie fand außerdem heraus, dass »die Abfrage von *race* fast ausschließlich in den ehemaligen Sklavenhaltergesellschaften der westlichen Hemisphäre und deren Territorien vorzufinden ist«. Dagegen würde von Ethnizität in »jeder Region der Welt« Gebrauch gemacht werden, häufig in Verbindung mit Begriffen, die regionalspezifische Formen der Identifikation widerspiegeln.[71]

Wenn wir die Erforschung von Rassismus auf die Orte beschränken, an denen das Sprechen über *race* verbreitet ist oder sogar im Vordergrund steht, werden wir nur einen sehr kleinen Ausschnitt der Welt erfassen können. Doch erfolgt die Erweiterung des Rassismusbegriffs um den Aspekt der Ethnizität auch nicht gänzlich ohne Probleme. Ethnizität stellt selbst eine komplexe Kategorie dar und umfasst eine ganze Reihe von Identitäten und Attributen, die auch unabhängig von jenen Prozessen der Naturalisierung, Hierarchisierung und Diskriminierung, die auf Rassismus hindeuten, existieren können. So kann beispielsweise Sprache ein ethnischer Marker sein, aber sprachliche Differenz, oder gar ein Konflikt zwischen unterschiedlichen Sprachgruppen, muss nicht zwangsläufig auf das Vorhandensein von Rassismus hindeuten. Die in linguistischer Hinsicht diversesten, und damit auch kulturell diversesten, Länder der Welt liegen in Afrika, Südasien und Südostasien. Im Vergleich dazu sind die westlichen Nationalstaaten vergleichsweise monokulturell. Doch obwohl Sprache und Sprachgebrauch Prozessen der Naturalisierung, Hierarchisierung und Diskriminierung unterworfen sein können und dies in der Vergangenheit auch waren, führt die Tatsache, dass soziale Differenzierung durch sprachliche Differenzierung erfahren und ausgedrückt wird, nicht zwangsläufig zur Entstehung von Denk- und Verhaltensweisen, wie sie für Rassismus typisch sind. Das verdeutlicht, dass die Erweiterung des Rassismusbegriffs um essentialisierende und ausgrenzende Formen ethnischer Diskriminierung nicht gleichbedeutend ist mit einer unbegrenzten Ausweitung der Bezeichnung ›Rassismus‹, sodass sie jedwede Form von ethnischer Grenzziehung oder Feindseligkeit beinhalten würde.

Schließlich muss auch anerkannt werden, dass die Festlegung dessen, was rassistisch ist und was nicht – und wie viele Menschen demnach Opfer von Rassismus sind[72] –, Gegenstand politischer Auseinandersetzungen ist. Dabei steht viel auf dem Spiel: Wer erfolgreich eine Praktik, Weltsicht, Institution oder auch ein Individuum als rassistisch identifiziert, entzieht dieser oder diesem die Legitimität und ebnet damit den Boden für öffentlichen Spott und äußere Eingriffe gegen sie oder ihn. Im Verlauf dieses Buches werden uns verschiedene marginalisierte Gruppen begegnen, die dafür kämpfen, dass ›ihre Unterdrückung‹ als eine Form von Rassismus *anerkannt* wird. Ein solcher Kampf wird von einigen Köpfen der indischen Dalit-Bewegung geführt. Die indische Regierung sowie einige führende indische Wissenschaftler:innen bestreiten, dass diese ›Unberührbaren‹ unterhalb des Kastensystems Opfer von Rassismus seien, wohingegen viele Dalit-Aktivist:innen die internationale Gemeinschaft genau davon zu überzeugen versuchen (siehe Kapitel 3). Ein weiteres prominentes Beispiel ist die Debatte über das Verhältnis von Zionismus und Rassismus. 1975 verkündete die Resolution 3379 der UN-Generalversammlung, »dass der Zionismus [...] eine Form von Rassismus [ist]«. Die Resolution wurde von vielen israelischen Politiker:innen als schwerwiegender Angriff auf die Legitimität Israels verstanden. Die Einstufung des Zionismus als eine Form des Rassismus war ein politischer Sieg für die Hauptbefürworter der Resolution (Palästina, viele arabische Staaten und die UdSSR) und eine herbe Niederlage für Israel und dessen wichtigsten Verbündeten, die USA. Der Kontext des Kalten Krieges hilft, zumindest teilweise zu erklären, warum der US-Regierung so sehr daran gelegen war, dass diese Definition von Rassismus keinen Bestand haben würde. Daniel Moynihan, der Ständige Vertreter der Vereinigten Staaten bei den Vereinten Nationen, gab zu verstehen: »Die Lüge ist, dass der Zionismus eine Form des Rassismus sei. Die glasklare Wahrheit ist, dass er es nicht ist.«[73] Diese Sichtweise setzte sich später durch und führte 1991 zur Widerrufung der ursprünglichen Resolution durch die UN-Generalversammlung. Die Debatte, ob der Zionismus ›offiziell‹ als rassistisch zu bezeichnen ist oder nicht, ist noch lange nicht endgültig geklärt und sie hat ihren eigenen, spezifischen Verlauf. Doch wie auch die Kampagne der Dalits veranschaulicht sie einen allgemeineren Punkt: dass das Wort ›Rassismus‹ Gegenstand häufig intensiver und erbitterter politischer Konflikte ist.

Rassismus ist nicht nur Schwarz und *weiß*

Weißer Rassismus gegen Schwarze Menschen war und ist besonders weitverbreitet, langlebig und gewaltvoll. Er führte zu Versklavung und Segregation von unübertroffener Grausamkeit und in einem bis dahin unbekannten Ausmaß. Dies erklärt, warum, auch wenn Rassismus selten einzig und allein in Begriffen von *weiß* und Schwarz definiert wird, viele Menschen genau diese vor Augen haben, wenn sie an Rassismus denken. Dieser Fokus schlägt sich auch in der akademischen Debatte nieder. So schreibt Spickard: »Die meisten Wissenschaftler:innen, die zum Thema *race* forschen, behandeln die Begegnung von Schwarzen und *weißen* Menschen in den USA, als sei dies die Meistererzählung[74] über *race* im Allgemeinen«. Er fügt noch hinzu: »Es gibt eine anhaltende Fixierung auf die Idee, dass *race* etwas sei, das aus der Beziehung zwischen *weiß* und Schwarz entstehe oder aber auf sie beschränkt sei und vorrangig in den Vereinigten Staaten zu finden sei«.[75] Da *race* und Rassismus so häufig vermischt werden, folgt daraus, dass auch Diskussionen über Rassismus häufig in Begriffen von Schwarz und *weiß* geführt werden. Darüber hinaus blicken Menschen außerhalb der USA häufig auf die USA, um zu sehen, wie Rassismus und Antirassismus dort verstanden werden, weswegen diese binäre Vorstellung international einflussreich ist. In den vergangenen Jahren hat *Black Lives Matter*, wenn auch dem politischen und historischen Kontext der USA entsprungen, Proteste und neue Formen des Aktivismus auf der ganzen Welt ausgelöst, wobei viele marginalisierte Gruppen Inspiration aus der schlichten Feststellung zogen, dass auch ihre Leben zählen. Dieses Phänomen lässt sich von Palästina bis Japan beobachten. Und auch in Westpapua hatte die Bewegung einen erheblichen Einfluss. »In Papua haben wir viele Namen wie George Floyd«, erklärt Elvira Rumkabu und fügt hinzu, dass es »interessant [ist], zu sehen, wie sehr Papuas sich mit *#BlackLivesMatter* identifizieren«. Rumkabu zufolge hat *Black Lives Matter* den Papuas mehr Selbstvertrauen gegeben: »Wir reden häufig nicht über Rassismus, obwohl Rassismus natürlich die Wurzel des Konflikts in Papua ist [...] Wir sind Schwarze Menschen. *Black is Papuan, Papuan is black.*«[76]

Wie dieses Beispiel aus Westpapua andeutet, kann die positive Aneignung des ›Schwarzseins‹ ein wichtiger Schritt auf dem Weg zu antirassistischem Widerstand sein. Dieser weltweite kreative Prozess wurde begleitet von der Globalisierung des Schwarzseins als zentrales Symbol des Antirassismus. Allerdings bedeutet dies ebenfalls, dass die Vielfältigkeit der Rassismen noch weniger sichtbar wird. Eine Folge davon ist, dass man, wenn man »Rassismus in China«, »Rassismus in Indien« oder »Rassismus in Ägypten« in eine Suchmaschine eingibt, sehr wahrscheinlich Ergebnisse angezeigt bekommt, in denen es um den Umgang mit Migrant:innen aus dem subsaharischen Afrika geht. Vor allem aber bedeutet das, dass Rassismus als etwas dargestellt wird, das für den Großteil der Weltbevölkerung unbedeutend oder ihm fremd ist, und dass der Rassismus, der zu so viel Verlust von Menschenleben *innerhalb* Europas geführt hat – darunter der Holocaust und viele andere Akte des Genozids und der ethnischen Säuberung – aus dem Sichtfeld verdrängt wird.

Das Argument, dass die Diskussion um Rassismus amerikanisiert worden ist, verweist als Hauptindikator häufig auf die Internationalisierung eines binären Schwarz-*weiß*-Modells von *race* und Identität. Als sich Bourdieu und Wacquant über die »quasi-Universalisierung des US-amerikanischen Alltagsverständnisses von ›*race*‹« empörten, bezeichneten sie diesen Prozess als »die Gerissenheit der imperialistischen Vernunft«.[77] Doch ist die Amerikanisierung der Sprache des Rassismus kein Zeichen der ›Gerissenheit‹, sondern der kulturellen Macht der USA. Diese Macht spiegelt sich unter anderem darin wider, dass globale Institutionen wie die Weltbank und die UNO US-amerikanische Modelle der Kategorisierung von *race* und Rassismus verbreiten. Die Ergebnisse einer Untersuchung von Laurie und mir zu Antirassismus in Peru sowie von Sansone zu demselben Thema in Brasilien zeigen, wie Antirassismus, Globalisierung und Amerikanisierung miteinander verzahnt sind, wodurch ein Diskurs über Identität und Emanzipation geschaffen wird, der sich mittels der Begriffswelt der US-amerikanischen Erfahrung von *race* artikuliert.[78] Sansone spricht daher von der doppelten Globalisierung des Neoliberalismus und über die von ihm so bezeichneten »Schwarzen Symbole« aus den »englischsprachigen Regionen des Schwarzen Atlantiks«. Durch diesen Symbolfluss, so Sansone, werden eine Reihe von US-amerikanischen Klischeevorstellungen von *race* in Umlauf gebracht, die wiederum von Afrobrasilianer:innen als neue und befreiende Ausdrucksweisen einer unterdrückten Identität verstanden und eingesetzt werden, »womit junge Schwarze Menschen mit Freizeit, Körperlichkeit, Sexualität, Musikalität und Natürlichkeit in Verbindung gebracht und der Arbeit, der Rationalität und der modernen Technologie gegenübergestellt werden«.[79] Dies weist Ähnlichkeiten zu der von Mocombe, Tomlin und Callender vorgetragenen Klassenanalyse der ›Afroamerikanisierung‹ der internationalen Schwarzen Erfahrung auf und zu dem, was sie als »Angleichung Schwarzer Gruppen auf der ganzen Welt an die verschmolzene *race*-Klasse-Dialektik des Schwarzen Amerikas« bezeichnen.[80]

Es scheint, dass diese Amerikanisierung die Sichtbarkeit von Schwarzen Communitys wie die der Schwarzen Papuas, Afroperuaner:innen und Afrobrasilianer:innen zwar erhöht, diese Identitäten jedoch durch sehr spezifische Symbole zum Ausdruck bringt, die die Komplexität und die regionalen Besonderheiten von Rassismus ausradieren. Ein aufschlussreiches Beispiel für die Folgen eines Verständnisses von Rassismus als ein ausschließlich oder wesentlich Schwarz-*weißes* Problem ist Catherine Bakers Buch *Race and the Yugoslav Region*. Baker nutzt Gilroys *The Black Atlantic* als Vorlage für die ›Region Jugoslawien‹ und malt sich die politischen und intellektuellen Möglichkeiten einer ›Schwarzen Adria‹ aus.[81] Indem sie Rassismus in der ›Region Jugoslawien‹ jedoch fast ausschließlich als anti-Schwarzen Rassismus aufgreift, kapselt sie sich selbst von den Arbeiten jener Forscher:innen und Aktivist:innen ab, die untersucht haben, wie bei Diskriminierung und Genozid *race*, Rassismus und Ethnizität in diesem Teil Europas zusammenwirken.[82] Auf diese Weise wird der anti-Schwarze Rassismus um den Preis der Unsichtbarkeit anderer Formen von Rassismus sichtbar gemacht. Was dabei ebenfalls ausgeblendet wird, ist die lange und komplizierte Geschichte der Kolonisierung der Balkanregion (darunter auch ihr Verhältnis zu russischen und sowjetischen imperialen Bestrebungen) sowie Jugoslawiens eigene Geschichte des Internationalismus (darunter auch die Beziehung des Tito-Regimes zu China und der Türkei).

Die Überschrift dieses Unterkapitels lautet nicht ›jenseits von Schwarz und *weiß*‹, sondern ›nicht nur Schwarz und *weiß*‹. Kritik an den Grenzen einer Schwarz-*weiß*-Binarität hat bisher häufig die Form von ersterer Rubrik angenommen. Doch in den USA und zum Teil auch in Europa kann der Gedanke, dass ›wir‹ Schwarz und *weiß* hinter uns lassen sollten, wie eine Flucht vor der Auseinandersetzung mit anti-Schwarzem Rassismus anmuten.[83] Deliovsky und Kitossa schreiben daher angesichts der wachsenden Zahl von Arbeiten, in denen von einem ›jenseits von‹ die Rede ist, dass dadurch »Schwarzsein (interessanterweise nicht *Weißsein*)« als Problem aufgefasst wird: »als Hindernis für das ehrenwerte Ziel einer *multiracial* Koalition und eines komplexen Verständnisses der *race relations* in Nordamerika.«[84] Der Gedanke, über Schwarz und *weiß* hinauszugehen, beinhaltet außerdem die irreführende Annahme, dass ein Verständnis dieser Binarität zunehmend unwichtiger wird. In Kapitel 5 wird demgegenüber anhand der Beispiele des anti-Schwarzen Rassismus in Marokko und der Vorstellungen von *Weiß*sein im heutigen Japan aufgezeigt, welche Bedeutung Schwarzsein und *Weiß*sein in nationalen und internationalen Kontexten auch heute noch für das Verständnis von Rassismus haben. Diese Kategorien können noch lange nicht ausgemustert werden, für die Schnittstelle von Rassismus und Globalisierung sind sie nach wie vor zentral.

Der westliche Blick

Rassismus wurde mir zum ersten Mal während meiner Schulzeit bewusst, vor mehr als vierzig Jahren, als es jeden Tag zu Prügeleien zwischen rassistischen Skinheads und asiatischen, Schwarzen, jüdischen und *weißen* christlich geprägten antifaschistischen Kindern kam. Das klingt fast heldenhaft, doch das war es nicht. Es war schrecklich. Und die von mir verwendeten Kategorisierungen werden der Erinnerung kaum gerecht. Es war eine staatliche Gesamtschule, eine *comprehensive school,* für Jungen und wir nannten uns bei unseren Nachnamen. Wir waren Flack, Macfarlane, Silver, Bonnett, die gemeinsam davonrannten, wegschauten oder sich zur Wehr setzten. Die Bündnisse und die Feindschaften, die wir hatten, waren chaotisch, aber stets von Rassismus durchzogen. Das ist, denke ich, der Grund dafür, dass ich so viel darüber nachgedacht habe und warum ich auf die eine oder andere Weise seitdem noch immer darüber nachdenke. Mit der Ausweitung meiner Forschungen in internationale Gefilde ist gleichzeitig immer stärker ein Zweifel in mir aufgekommen: Welches Recht hat ein *weißer* Engländer, über den Rassismus in China zu urteilen? Oder im Sudan? Oder in der Türkei? Das ist eine Frage, die unaufhörlich über diesem Buch schwebt, da die westliche Geschichte des Rassismus auch die Geschichte davon ist, wie und warum *weiße* Menschen die Macht besitzen, die Welt zu erklären, und warum ihnen dabei auch noch zugehört wird. Außerdem zeigen Bücher wie *Why I'm No Longer Talking to White People About Race*[85] von Reni Eddo-Lodge, dass das *Wissen* über *race* und Rassismus häufig mit der unmittelbaren *Erfahrung* in Zusammenhang steht, als nicht-*weiß* rassifiziert zu werden. Allerdings fordert Eddo-Lodge nicht, dass *weiße* Menschen dem

Thema daher den Rücken zukehren sollten. Vielmehr sollten sie sich umso stärker engagieren und umso genauer hinhören.

Die Art und Weise, wie ich mich stärker engagiere und genauer hinhöre, mag paradox und kontrovers erscheinen, da sie in gewisser Weise ›unseren‹ Blick nach außen wendet. Eine Fehlinterpretation und Zweckentfremdung dieses Buches wäre es allerdings, zu behaupten, dass es der Idee Vorschub leiste, Rassismus sei kein westliches Problem. Es tut nichts dergleichen, doch angesichts solcherlei Befürchtungen wird etwas nachvollziehbarer, warum es so wenige Arbeiten zu Rassismus außerhalb des Westens gibt. In seiner Monografie zu Kulturrassismus in China schreibt Kevin Carrico, dass in »der Ethnologie[86] die Verurteilung der kolonialen Vergangenheit und der Rolle der eigenen Disziplin darin zu einer Situation geführt hat, in der Kritik scheinbar nur gegen ›den Westen‹ gerichtet werden kann«.[87] Ähnlich berichtet Ergin, der den Einfluss rassistischer Vorstellungen des *Weiß*seins in der türkischen Geschichte untersucht hat, dass seine Forschung bei nationalistischen Türk:innen Bestürzung auslöste. Für sie besteht die Aufgabe türkischer Wissenschaftler:innen darin, das Ansehen des Landes zu verbessern, und das Thema Rassismus ist dabei »ein beschämendes Kapitel der Vergangenheit«, das besser »vergessen« wird.[88] Doch Ergin ließ sich nicht entmutigen, und damit ist er nicht allein. Trotz der erheblichen Herausforderungen und manchmal auch Gefahren, vor denen sie stehen, beteiligen sich kritische Forscher:innen auf der ganzen Welt zunehmend an einer vergleichenden und transnationalen Debatte um Rassismus, die dessen unterschiedliche Wurzeln und Wege nachzeichnet sowie Vorstellungen von ›westlich‹ und ›nichtwestlich‹ zwar miteinbezieht, sie aber auch gleichzeitig hinterfragt. Cheng verbindet die Notwendigkeit, über Rassismus »nicht nur im Rahmen einer Binarität von Westen und Nicht-Westen oder von *weiß* und nicht-*weiß*« nachzudenken, mit der »neuen Dynamik, die durch die Realität der Globalisierung hervorgebracht wurde«, sowie mit dem gesteigerten Bedürfnis, dem Zusammenhang zwischen Rassismus und »ethnischem Bewusstsein, kulturellen Traditionen (insbesondere religiösen), nationalistischen Gefühlen, Fremdenfeindlichkeit« auf den Grund zu gehen.[89] Das Literaturverzeichnis dieses Buches versammelt asiatische, afrikanische und westliche Expert:innen, die genau dies tun. Das Verzeichnis spiegelt eine neue, transnationale Geografie kritischer Forschung wider und dieses Buch beabsichtigt, ein Teil davon zu sein.

Aufbau des Buches

Rassismus ist zum Großteil ein Produkt der Moderne und durch dieselbe bedingt, und so, wie es verschiedene Modernen gibt, gibt es auch verschiedene Rassismen. Diese verschiedenen Formen sind miteinander verbunden, sie überlappen einander und besitzen doch unterschiedlich viel Macht. Es sind ›multiple Rassismen‹. Ich behaupte zudem, dass die Diskussion über Rassismus begrifflich und empirisch erweitert werden muss, um auch essentialisierende Formen ethnischer Diskriminierung miteinzubeziehen. In den folgenden fünf Kapiteln werde ich diese Argumente genauer darlegen. In Kapitel 1 führe ich in bereits bestehende Erklärungsansätze für die weltweite Existenz von Rassismus ein und unterziehe sie gleichzeitig einer Kritik. Ich lege dar, was mit ›Modernen‹ gemeint ist, und erkläre, warum uns ein Verständnis ihrer Pluralisierung dabei hilft, auch die Vielfalt von Rassismen zu verstehen. Dieser Ansatz wird nicht als völlig zufriedenstellende oder abschließende Lösung präsentiert, sondern als ein nützlicher Schritt in die richtige Richtung. In Kapitel 2 wird mithilfe von Beispielen aus Ruanda, der Türkei und China untersucht, wie Rassismen geschichtliche Ereignisse für sich nutzbar machen. Es wird außerdem ein Blick darauf geworfen, wie nostalgische Gefühle, zum Teil geprägt durch den westlichen Kolonialismus, Eingang in den Rassismus in Kambodscha, Ruanda, Eritrea und China gefunden haben. In Asien und Afrika ist Religion häufig ein elementarer Teil von Praktiken und Ideologien ethnisierter und rassifizierter Intoleranz und Ausgrenzung. Kapitel 3 geht dieser Verbindung von Religion und Rassismus genauer nach, zunächst hinsichtlich des radikalen Islamismus, dann bezüglich der kastenbasierten Diskriminierung in Indien und schließlich angesichts des antimuslimischen Rassismus in Indien und China. In Kapitel 4 stehen Politik, Ökonomie und Nationalismus im Fokus. Betrachtet werden der ›rote Rassismus‹ in der UdSSR, der kapitalistische Rassismus in Indonesien, der rassistische Nationalismus in Südkorea sowie die Verschränkung von Kapitalismus, Sozialismus, Nationalismus und Religion in Südafrika. Kapitel 5 nutzt das Beispiel Japans zur Betrachtung des Zusammenspiels von Vorstellungen des *Weiß*seins mit der Globalisierung der Konsumkultur, woraufhin schließlich der sich wandelnde anti-Schwarze Rassismus in Nordafrika, insbesondere in Marokko, untersucht wird.

Zunächst war ich versucht, das Buch nach Orten zu gliedern: ein Kapitel zu Indien, eines zu Marokko und so weiter. Mir wurde jedoch schnell klar, dass ich damit einem geografischen Reduktionismus und Determinismus Tür und Tor öffnen würde. Ich hätte es, um es anders auszudrücken, so aussehen lassen, als seien bestimmte Formen des Rassismus an bestimmte Orte gebunden. Ein unkritischer Rückgriff auf geografische Zuweisungen führt zur Homogenisierung und Naturalisierung von Nationen und Regionen. Wir müssen jedoch bei den Verallgemeinerungen und Grenzen aufpassen, die sich scheinbar aus der gewohnten Weltkarte ergeben, da sonst nicht nur unsere Darstellung von Rassismus fehlerhaft ist, sondern wir auch – indem wir ethno-nationale Einheiten reifizieren – ethno-rassistische Narrative reproduzieren.

Zweifelsohne ein guter Rat, aber halte ich mich selbst daran? Nicht wirklich. Denn auch wenn meine Kapitel nach Themen gegliedert sind, erscheinen meine Beispiele trotzdem in nationalen Begriffen. Es ist nicht einfach, Geozentrismus zu vermeiden. Dabei ist es womöglich nützlich, dies als unumgängliches Problem zu verstehen, statt als etwas, das jemals vollständig beseitigt werden könnte. Das ›Wo‹ des Rassismus bringt *unweigerlich* eine ganze Reihe geografischer Essentialismen mit sich, die – wie Diana Fuss über Essentalismus im Allgemeinen geschrieben hat – unvermeidbar und ein »sich lohnendes« Risiko sind.[90] Ob wir über ›Rassismus im Westen‹ oder ›Rassismus in Asien‹, in ›China‹ oder in der ›Provinz Xinjiang‹ sprechen – wir machen Gebrauch von fragwürdigen und doch notwendigen Kategorien.

Kapitel 1
Rassismen jenseits des Westens: Wurzeln und Wege

Was sind die Wurzeln des Rassismus? Es gibt viele Theorien, doch die meisten von ihnen argumentieren, dass Rassismus in der Herrschaft und Geschichte des Westens seinen Ursprung habe. Nach einem kurzen Exkurs zum ›Primordialismus‹ führt dieses Kapitel in das ein, was ich als ›Paradigma vom westlichen Rassismus‹ bezeichne, bevor ich mich den ›interaktionistischen‹ Ansätzen zuwende, die dieses Paradigma verkomplizieren. Danach widme ich mich dem Verhältnis von Rassismus und Moderne. Diese Beziehung ist komplex, aber gut belegt, und falls, wie viele denken, die Moderne eine ausschließlich westliche Erfindung ist, würde dies die Vorstellung untermauern, dass die Geschichte des Rassismus, die Geschichte des Westens und die Geschichte der Moderne einzigartig und unauflöslich miteinander verbunden sind. Allerdings kann diese historische Bündelung auf unterschiedliche Weise infrage gestellt werden. Was geschieht, wenn wir die Teile voneinander trennen? Oder wenn wir eingestehen, dass die Moderne selbst unterschiedliche Wurzeln und Wege aufweist?[1] Im letzten Teil des Kapitels erkunde ich das Konzept der pluralen Modernen und argumentiere, dass damit interaktionistische Herangehensweisen an Rassismus sinnvoll erweitert und vertieft werden können. Plurale Modernen können uns ein theoretisches Modell für das Verständnis von pluralen Rassismen bieten.

Erklärungsansätze für die weltweite Existenz von Rassismen

Rassismus als primordial

Wenn Rassismus ein primordiales, sprich vorprogrammiertes psychosoziales Verhalten wäre, dann wäre die Tatsache, dass er an so vielen Orten auftritt, wenig überraschend. Tatsächlich würde man erwarten, ihn überall anzutreffen, zu allen Zeiten und in stets ähnlicher Intensität. Diese Art von ›primordialistischer‹ Argumentation war eines der Kernelemente des ›wissenschaftlichen Rassismus‹ des späten 19. und frühen 20. Jahrhunderts. 1931 schrieb Arthur Keith: »Rassenvorurteile sind angeboren; sie sind

Teil der evolutionären Maschinerie, die die Reinheit der Rasse bewahrt.«[2] Auch wenn derartige Haltungen in den heutigen Natur- und Sozialwissenschaften nahezu keinerlei Relevanz mehr besitzen, müssen sie dennoch kurz adressiert werden, da sie in der Psychologie noch immer eine gewisse Stellung innehaben und weil sie bei vielen Menschen – insbesondere unter Konservativen – noch immer Anklang finden. Niall Ferguson behauptete 2006: Es »mag nur wenige genetisch bedingte *racial* Unterschiede zu geben, doch Menschen scheinen darauf ausgelegt zu sein, ihnen Bedeutung beizumessen«. Dies sei der Grund, »warum rassistische Überzeugungssysteme weiterhin bestehen«.[3] In den letzten Jahrzehnten erfuhr diese Argumentationsweise Unterstützung in Form eines anti-konstruktivistischen Backlashs unter einigen Evolutionspsycholog:innen. So wettert beispielsweise Mallon gegen die »historische Entstehung der Hypothese des ›Rassen‹-Essentialismus«, um daraufhin den Essentialismus wieder selbst ins Feld zu führen.[4] Unter Bezugnahme auf Gil-White argumentiert er, »›Rassen‹-Theorien« und »›Rassen‹-Denken« seien »arttypische Merkmale« und hätten »etwas an sich, das auf Angeborenheit hinweist (und häufig als Bedingung dafür betrachtet wird): Sie entwickeln sich über ein weites Spektrum unterschiedlicher kultureller Kontexte hinweg«.[5] Mallon bezieht sich auf Dikötters Arbeit zu *race* in China, um die Idee zu untermauern, dass das ›Rassen‹-Denken transhistorisch sei. Wie wir später sehen werden, stellt dies eine Zweckentfremdung dar, da in Dikötters Darstellung der Rassismus in China an bestimmte historische Brüche, Krisen und Begegnungen geknüpft ist.

Primordialistische Theorien haben per Definition ein Problem mit Geschichte und Geografie. Das erklärt zum Teil auch, warum der Einfluss des Primordialismus im Gros der psychologischen Untersuchungen zu Rassismus marginal ist, die meist Allports *On the Nature of Prejudice*[6] (1954) als ihren Ausgangspunkt wählen. Allport argumentiert gegen ahistorische und apolitische Herangehensweisen und betont stattdessen, dass unterschiedliche Kontexte und der Kontakt und Austausch zwischen Gruppen zu Veränderungen von Einstellungen führen können. Allports Ansatz verortet Rassismus in ›Vorurteilen‹ (wofür er auch eine einflussreiche Skala entwickelte), also einer Reihe von irrtümlichen Auffassungen und Annahmen, die »aus Ängsten der Phantasie entstanden« seien und sich ihm zufolge aus der Konkurrenz unterschiedlicher Gruppen um knappe Ressourcen ergeben.[7]

In den Geschichts- und Politikwissenschaften ist die Diskussion über Primordialismus häufig verbunden mit der Diskussion über die historischen Ursprünge eines ethnisch geprägten Nationalismus. Für Özkırımlı ist Primordialismus »ein Überbegriff, der die Überzeugung beschreibt, dass Nationalität ein natürlicher Teil des Menschseins ist, ebenso natürlich wie das Sprechen, Sehen oder Riechen, und dass Nationen bereits seit Anbeginn der Zeit existieren«.[8] Lake und Rothchild ziehen zudem die Verbindung zu ethnischen Konflikten:

> »Obwohl sie anerkennen, dass kriegerische Auseinandersetzungen zwischen Ethnien kein Dauerzustand sind, betrachten Primordialist:innen solche Konflikte als durch ethnische Differenz bedingt und daher als nicht weiter erklärungsbedürftig. Wenn auch eine Untersuchung den Auslöser eines bestimmten Gewaltausbruchs zutage fördern könnte, gehen sie davon aus, dass der Konflikt letztlich in der Ethnizität selbst begründet liegt.«[9]

Auch wenn mit der Bezeichnung als ›primordialistisch‹ ein gewisser Teil von in der Bevölkerung verbreiteten Einstellungen erfasst werden kann, gestaltet es sich schwierig, sie auf bestimmte Wissenschaftler:innen anzuwenden. Wie Coakley schreibt: Jene, »denen dieses Label von außen aufgedrückt wurde, weisen es für gewöhnlich zurück« und selbstbezeichnete Primordialist:innen »sind in der heutigen akademischen Welt extrem schwer ausfindig zu machen«.[10] Smith nennt die Arbeiten von Shils und Geertz als Beispiele.[11] Doch waren Shils und Geertz vielmehr an zugeschriebenem und empfundenem Primordialismus interessiert, also an dessen Existenz als Ideologie statt als objektive ›Tatsache‹. In diesem Sinne macht Geertz' Auseinandersetzung mit »angenommenen ›Tatsachen‹« [»assumed ›givens‹«] ihn eher zu einem Primordialismusforscher denn zu einem ›Primordialisten‹ selbst.[12] Coakley zeigt, dass Ähnliches auch über andere gesagt werden kann, die manchmal dem primordialistischen Lager zugerechnet werden, etwa über van den Berghe, der sich, wie Geertz, mit einer »*zugeschriebenen* ›primordialen Identität‹« beschäftigt hat.[13] Zusammengefasst spielt der Primordialismus also zwar eine Rolle in der ›Evolutionspsychologie‹, nimmt aber in der Disziplin der Psychologie als solcher eine unbedeutende Stellung ein. Und in den Sozialwissenschaften im Allgemeinen ist die ›primordialistische Schule‹ ebenso sehr Phantom wie Realität. Während der Primordialismus also berücksichtigt werden muss, weil er sich in den Erklärungsansätzen der breiteren Bevölkerung hartnäckig hält, hilft er uns nicht dabei, die Existenz oder die Vielfalt der Rassismen auf dieser Welt besser zu verstehen.

Rassismus als westliche Krankheit

> »Mit der Ausnahme von Asien sind alle fünf Kontinente der Erde Europa zugehörig. Ferner haben in Asien selbst lediglich China, Persien und unser eigenes Land die ›Verunreinigung durch den Westen‹ vermieden.« (Watanabe Kazan, 1839)[14]

Dieser Blick auf die Welt, niedergeschrieben in der Mitte des 19. Jahrhunderts, stammt von Watanabe Kazan, einem japanischen Schriftsteller mit niederländischer Prägung. Er zeichnete ein düsteres Bild westlicher Herrschaft, jedoch nicht düster genug, da die westliche Kontrolle über die Welt im weiteren Verlauf des Jahrhunderts noch um ein Vielfaches zunehmen sollte. Die Geschichte eines jeden Landes auf dieser Erde wurde nachhaltig durch den europäischen Kolonialismus geprägt. Alle Teile Afrikas und der Amerikas sowie fast ganz Asien waren unmittelbar kolonisiert; ihre Menschen ausgebeutet und vernichtet durch eine neue globale Ordnung. Innerhalb dieser Ordnung wurden all diejenigen als minderwertig angesehen, die nicht europäisch und *weiß* waren. Der Rang und Einfluss, den das ›Paradigma vom westlichen Rassismus‹ innehat, spiegelt diese Geschichte wider. In diesem Abschnitt führe ich in die gedanklichen Umrisse und Schlussfolgerungen dieses Ansatzes ein.

Paradigmen sind selten gänzlich einheitliche Gebilde und auch in diesem Fall gibt es eine Vielzahl verschiedener Forschungsansätze, von denen jeder einen anderen Weg einschlägt, um den Rassismus des Westens zu erklären. Ich werde mich auf zwei dieser Ansätze konzentrieren, die besonders einflussreich sind, indem ich die Arbeiten einzelner Vertreter:innen vorstelle. Der erste Ansatz betrachtet Rassismus als Überzeugungssystem und führt dessen weltweite Erscheinung vorrangig auf Diffusion und das Kopieren westlichen Denkens zurück. Der zweite ist eher ökonomisch und materialistisch geprägt und betont, dass Rassismus im globalen Kapitalismus funktional ist, der wiederum als Schöpfung des Westens verstanden wird. Mit der Ausbreitung des Kapitalismus verbreite sich also auch der Rassismus. Dieser Ansatz wurde in den letzten Jahren erweitert und greift mittlerweile auf eine Verflechtung von kulturellen, politischen, sozialen und ökonomischen Faktoren zurück, um die Globalisierung des Rassismus zu erfassen.

Race: The History of an Idea in the West von Hannaford bietet einen wertvollen und umfassenden Überblick über die Entstehung des ›Rasse‹-Konzepts in Europa. Hannaford verortet den Rassismus in der Entwicklung der ›Rassen‹-Ideologie und obwohl er nicht weiter auf die Verbreitung dieser Ideologie eingeht, stützt seine Arbeit ein Modell von Rassifizierung als ein – in Bantons Worten –Prozess, der zunächst »vorsichtig in der europäischen Geschichtsschreibung und dann mit mehr Selbstbewusstsein auf alle Bevölkerungen dieser Welt angewandt [wurde]«.[15] Rassismus ist demnach etwas, das »mit den Schiffen der europäischen Entdeckungsreisen in Umlauf gebracht« wurde, fasst Goldberg dieses Modell treffend zusammen.[16] Ideen sind auch Werkzeuge und Rassismus ist ein überzeugendes Beispiel für eine instrumentelle Ideologie: eine Sammlung von Theorien und Einstellungen, die die westliche koloniale Kontrolle ermöglichten, strukturierten und rechtfertigten. Allerdings finden sich verschiedenste Bestandteile in diesem gedanklichen Baukasten. Es wurde gezeigt, dass der Rassismus unterschiedliche geistige und kulturelle Strömungen beflügeln kann, die ebenfalls als europäische Erfindungen verstanden werden. Die Liste ist lang: Kapitalismus, Sozialismus, die Romantik, die Aufklärung, die Technologie, die Wissenschaft und der Säkularismus, ebenso wie andere Formen von Ausgrenzung und Hierarchie, wie Homophobie und Anthropozentrismus; ja sogar Abstraktionen wie die ›lineare Zeit‹, das ›binäre Denken‹, das ›Selbst‹ und das ›Bewusstsein‹ wurden allesamt schon zu westlichen Erfindungen erklärt. Die behauptete Innovationskraft des Westens kann einem endlos erscheinen. Betrachtet man Rassismus neben diesen anderen, mit ihm verbundenen, angeblich europäischen Ideologien, wird deutlich, dass der Eurozentrismus des ›Paradigmas vom westlichen Rassismus‹ Teil eines größeren Musters ist, bei dem der Westen als alleinige Triebkraft der Weltgeschichte gesehen wird.

Die Sprache der Verbreitung – ›Ausbreitung‹, ›Ausdehnung‹, ›Einpflanzung‹ und so weiter – bringt zwangsläufig die Tendenz mit sich, sozialen Wandel im Sinne eines einzelnen Akteurs aufzufassen, der auf verschiedene passive Opfer einwirkt. Diese Sprache befördert zudem Metaphern von Rassismus als fremdem Virus oder als Verunreinigung von außen. Dies bedeutet außerdem, dass nicht-westlicher Rassismus – wenn er denn überhaupt anerkannt wird – meist als kulturelle Kopie oder Mimesis dargestellt wird. Es gibt zahlreiche Belege dafür, dass diese Art des Kopierens oder Beeinflussens bei der Geschichte des Rassismus in Asien und Afrika eine wichtige Rolle gespielt hat, und die späteren Kapitel führen beispielsweise die Bedeutung der Einführung und Übersetzung von europäischen ›Rassen‹-Theorien im 19. sowie im frühen 20. Jahrhundert vor Augen. Eissenstat bemerkt beispielsweise: »Wissenschaftlicher Rassismus war weit verbreitet, insbesondere im Westen«, daher »sollte es nicht überraschen [...], dass die türkische Elite gewillt war, diese Art des Diskurses für ihr eigenes Programm der Verwestlichung und für den Aufbau des türkischen Staates zu übernehmen«.[17] Doch geht Eissenstat in seiner Darstellung dann dazu über, diese Geschichte der Mimesis zu unterbrechen und zu hinterfragen, wobei er klarmacht, dass ›die türkische Elite‹ nicht nur einen westlichen Rassismus kopiert oder ›übernommen‹, sondern auch ihren ganz eigenen geschaffen hat. Es scheint, dass, auch wenn sie eine gewisse Wahrheit in sich tragen, Diffusion und Mimesis zu eng gedachte Konzepte sind, um Rassismus auf einer weltweiten Ebene zu erklären. Noch problematischer erscheint das mimetische Modell, wenn wir berücksichtigen, dass es auf der Vorstellung von Authentizität basiert. Eine Kopie ist kein Original, sondern eine Replik, ein Fake. Diese Assoziationskette mündet in einen abwertenden Diskurs über ›verwestlichte‹ Intellektuelle und Politiker:innen – der bereits von dem antikolonialen Psychiater Frantz Fanon untersucht wurde –, die entwurzelt und nicht authentisch seien.[18]

In den letzten Jahren sind Fanons Einblicke genutzt worden, um darüber nachzudenken, wie der ›*racial capitalism*‹ (dieser Begriff wird auch in Kapitel 4 besprochen) ermöglicht, dass Rassismus in die Psyche eindringt. Dies führt uns zu der zweiten in diesem Abschnitt behandelten Theorie. Nach Marx besitzt der Kapitalismus die paradoxe Eigenschaft, sowohl befreiende als auch unterdrückende Kraft zu sein. Während er traditionelle Gesellschaften aufbricht und damit die Bedingungen für Revolution, Kosmopolitismus sowie Gedanken- und Handlungsfreiheit schafft, beruht er gleichzeitig auf der Entfremdung und Unterdrückung des Großteils der Menschheit. Das politische Bündnis von Antikapitalismus, Antikolonialismus und Antirassismus spiegelt die weltverändernde Rolle wider, die der Kapitalismus bei der Rassifizierung von Arbeit und der Herausbildung einer *Weißen* Vorherrschaft innehat. Marx schreibt: »Die Arbeit in weißer Haut kann sich nicht dort emanzipieren, wo sie in schwarzer Haut gebrandmarkt wird.«[19] Er verweist außerdem auf Situationen, in denen der Kapitalismus auf ethnische Spaltung angewiesen war und diese selbst schürte, was das Klassenbewusstsein und die Solidarität untereinander untergrub. Ein berühmtes Beispiel ist seine Schilderung der Feindseligkeiten zwischen englischen und irischen Arbeiter:innen: »Der gewöhnliche englische Arbeiter haßt den irischen als einen Konkurrenten, der die Löhne und den *standard of life* herabdrückt.« Er erklärt weiter: »Dieser Antagonismus wird künstlich wachgehalten und gesteigert durch die Presse, die Kanzel, die Witzblätter, kurz, alle den herrschenden Klassen zu Gebot stehenden Mittel. *Dieser Antagonismus* ist das *Geheimnis der Ohnmacht der englischen Arbeiterklasse.*«[20]

Diese Perspektive findet sich in einer ganzen Reihe von Erklärungen für Rassismus, die von Marx inspiriert wurden. »Die kapitalistische Moderne«, schreibt Hall, »hatte ihren Vormarsch immer ebenso sehr der Produktion und Verhandlung von Differenz zu verdanken wie ihrer Durchsetzung von Gleichartigkeit, Standardisierung und Homogenisierung.«[21] Auch Roediger konstatiert: Wo auch immer auf der Welt der Kapitalismus seine Wurzeln geschlagen hat, hat er »Differenz gesucht, genutzt, gebraucht und geschaffen«.[22] Obwohl diese Erklärungsansätze verwendet werden können und bereits verwendet wurden, um nachzuvollziehen, wie kapitalistische Regime jenseits des Westens Rassismus hervorbringen und einsetzen, – und auch um eine Reihe ›westlicher Rassismen‹ wie Antisemitismus und anti-irischen Rassismus zu verstehen – werden sie doch zumeist, zumindest in der englischsprachigen marxistischen Forschung, mit der Analyse von *Weißer* Vorherrschaft in Verbindung gebracht. Das Interesse an ›racial capitalism‹ und ›*weißem* Kapitalismus‹ nimmt jedoch weltweit weiter zu, weshalb es sinnvoll ist, genauer zu fragen, wie dieser Ansatz die weltweite Existenz von Rassismus darstellt. Ich werde dies anhand eines Artikels tun, der – wenn auch nicht repräsentativ für das weite Spektrum Marx'scher Arbeiten zu diesem Thema – in seiner Darstellung eines *weißen* Kapitalismus klar verständlich und deutlich ist: »From Exploitation to Expropriation: Historic Geographies of Racialized Capitalism« von Nancy Fraser.

Frasers Geografie des globalen Kapitalismus besteht aus einem Zentrum ausbeutender Territorien und einer Peripherie ausgebeuteter Territorien. Auch wenn sie zugibt, dass es in den vergangenen Jahrzehnten eine »dramatische Verschiebung der Geografie« des Kapitalismus gab, bleibt ihr Artikel dennoch in einer Binarität von westlicher Macht und nicht-westlicher Unterwerfung verankert. In diesem Sinne ähnelt er früheren Weltsystem-Ansätzen, wie dem von Gernot Köhler, der argumentierte, dass das Weltsystem als eine Art globaler Apartheid organisiert sei: eine »Struktur der Weltgesellschaft«, in der »eine Minderheit von *Weißen* die Wohlstandsspitze bildet und eine aus anderen *races* bestehende arme Mehrheit am anderen Ende der Skala steht«.[23] Fraser eröffnet ihre Argumentation mit der Aussage, dass die »kapitalistische Gesellschaft in all ihren Formen bis heute mit rassistischer Unterdrückung verwoben ist«. Es wurde ein weltweites System der Wertabschöpfung geschaffen, das »zwar grob, aber doch unverkennbar mit der von Du Bois so bezeichneten *color line* korreliert«.[24] Das Innovative an Frasers Beitrag ist ihre These, dass die kapitalistische Ausbeutung der Arbeiterschaft stets von einem Prozess abhängt, der noch entmenschlichender ist und den sie als ›Enteignung‹ [›expropriation‹] bezeichnet. Enteignung stelle die rassifizierte dunkle Seite der ›freien‹ Arbeit dar, die »unfreie, abhängige und nicht entlohnte Arbeit« erzeugt und erfordert. Folglich schreibt Fraser: »Der freie, *weiße*, ausbeutbare Bürger und Arbeiter erschien als die Kehrseite seiner eigenen elenden Existenzbedingung: dem abhängigen, rassifizierten und enteigenbaren Subjekt.«[25] Sie bezweifelt, dass Wachstum im Kapitalismus vom Wachstum ›freier Arbeit‹ abhängt und dass der ›sklavenhaltende Kapitalismus‹ ein historisch einzigartiges Merkmal der Frühphase des Kapitalismus war. Vielmehr erklärt Fraser, dass Enteignung ein wesentlicher Teil der Profitmaschinerie ist. Solch besitzähnliche Knechtschaft (beispielsweise *identured labour*, eine Art der Vertragsknechtschaft) »erhöht die Profite, indem die Produktionskosten, inklusive der Löhne, gesenkt werden«; »indem sich Ressourcen und Kapazitäten von unfreien und abhängigen Subjekten einseitig einverleibt werden, können Kapitalist:innen die freien Arbeiter:innen noch rentabler ausbeuten«.[26] Für Fraser nimmt Rassismus in dieser Dynamik eine Schlüsselrolle ein und Hautfarbe unterscheidet die ›Enteigneten‹ von denen, die von ihrer Unterdrückung profitieren. »Bedeutende Bevölkerungsteile wurden noch immer schlichtweg enteignet – fast ausnahmslos People of Color. Andere – fast ausschließlich *weiße* Europäer:innen – wurden lediglich ausgebeutet.«[27] Auch wenn Fraser hier die Vergangenheitsform verwendet, schreibt sie sowohl über einen historischen als auch gegenwärtigen Zustand, nämlich die »ausgeprägte Hackordnung *Weißer* Vorherrschaft, die wir mit dem modernen Kapitalismus verbinden«.[28] Entsprechend schlussfolgert Fraser, dass die rassistisch geprägte Sklaverei in anderer Form fortbesteht. Ihr Blick auf diese Dinge wird von der Überzeugung geprägt, dass der westliche Kapitalismus den unbändigen und endlosen Bedarf hat, die rassistische Unterwerfung auszuweiten. Doch passt dies nicht mit der multipolaren Beschaffenheit moderner Machtverhältnisse zusammen und auch nicht mit dem paradoxen und dialektischen Verhältnis von Befreiung und Unterdrückung im Marx'schen Verständnis des Kapitalismus. Fraser gibt keine empirischen Belege für ihr Modell eines globalen Rassismus und sie schwankt zwischen dem Zugeständnis, dass es zu binär gedacht ist (sie bemerkt, dass es eine »starke Ausdehnung von hybriden Enteignungs-/Ausbeutungsformen« gab), und der weiteren Ausdehnung der Kategorie der Enteignung, womit sie sodann nicht nur die *indentured labour*, sondern auch viele andere Arten von Schuldverhältnissen umreißt.[29]

Die Welt, die Fraser zeichnet – in der die »Enteignung universalisiert wird«[30] und die Mehrheit der Weltbevölkerung in Zuständen ähnlich der Sklaverei lebt –, lässt sich kaum mit den komplexen Realitäten des 21. Jahrhunderts in Einklang bringen. Vielmehr greift sie eine imperiale Vorstellung der nicht-westlichen Welt auf – als eine düstere, ununterscheidbare und elende Masse. In diesem Sinne ist diese Darstellung ein Beispiel für das, was Choi als ›oppositionellen Eurozentrismus‹ [›oppositional Eurocentrism‹] bezeichnet, der, indem er die Weltgeschichte durch das Grauen westlicher Gewalt erzählt, »den Westen letztlich erneut als den sakralen Kern der Weltgeschichte einsetzt und verankert«.[31] Indem das Verhältnis zwischen Rassismus und Kapitalismus auf eine Binarität zwischen dem Westen und ›dem Rest‹ reduziert wird, kommt ein vertrautes politisches und historisches Repertoire zum Einsatz, das Ambiguität und Komplexität oder die Notwendigkeit, etwas über die verschiedenen Geschichten und Soziologien der Welt zu lernen, ignoriert.

Der Kapitalismus ist und bleibt der wichtigste ökonomische Vektor der Moderne und seine Geschichte ist eng mit der des Rassismus verzahnt. Auch verstärken die von vielen Regierungen verfolgten Maßnahmen zur Liberalisierung der Wirtschaft ethnisch und *racial* geprägte Ungleichheiten. Jedoch ist dieses Verhältnis nicht überall gleich und die jeweiligen Ausformungen sind kontextabhängig. Dies legt nahe, dass derartige Prozesse am besten empirisch und ortsspezifisch untersucht werden. Um nur ein Beispiel zu nennen: Alpah Shah et al. haben in ihrer Untersuchung über migrantische Aushilfsarbeit indischer Dalit und Adivasi (sogenannten ›Unberührbaren‹ und *tribal peoples*) mit dem bezeichnenden Titel *Ground Down by Growth*[32] herausgefunden, dass der neue Wohlstand des Landes nicht nur nicht nach unten durchsickert, sondern dass bereits marginalisierte Gruppen – die zwar nicht fremd sind, aber unter einer ›internen Fremdheit‹ in Indien leiden – neuen Formen der ›Überausbeutung‹ ausgesetzt sind.[33] Um diese extreme Ausbeutung zu verstehen, ist es notwendig, zu verstehen, wie der Kapitalismus in Indien durch kastenbasierte ›Rassismen‹ (die Bezeichnung stammt von indischen Aktivist:innen; siehe Kapitel 3) und anderen ethnisierten Formen der Diskriminierung aufrechterhalten wird. In den vergangenen Jahrzehnten ist man dazu übergegangen, ›Kapitalismus‹ als einen Begriff in einer Reihe mit anderen, verbundenen Konzepten (wie Kolonialismus, Moderne, Macht) zu betrachten, ebenso wie Rassismus neben anderen Formen der Diskriminierung.[34] Diese neue Betrachtungsweise spiegelt zum Teil den Einfluss postkolonialer Theorie wider, genauer gesagt ihr Interesse an kultureller Anpassung und Aushandlung im Kontext von westlicher Macht und westlichem Rassismus. Es ist kein allzu großer Schritt von einem Interesse an Anpassung und Aushandlung hin zu der Anerkennung, dass Rassismus in Asien und Afrika häufig am besten verstanden werden kann, wenn man ihn durch die Brille der Interaktion von Traditionen und Kulturen betrachtet.

Interaktionismus: Begegnungen und Kontexte

Frank Dikötter gibt für ein ›interaktives Modell‹ folgende Definition: Es

> »hebt die von lokalen historischen Akteur:innen konstruierten Weltsichten hervor, wobei es die komplexen kognitiven, sozialen und politischen Dimensionen hinter der Indigenisierung und Aneignung rassistischer Überzeugungssysteme analysiert; kurz gesagt, wo andere Akkulturation untersuchen, rückt es die Inkulturation in den Vordergrund.«[35]

Dass verschiedene ›Weltsichten‹ mit unterschiedlich viel Macht ausgestattet sind, bedeutet, dass Interaktionen zwischen ihnen nicht auf Augenhöhe stattfinden. Während beispielsweise chinesische Intellektuelle im späten 19. und frühen 20. Jahrhundert westliches Denken von ›Rasse‹ und Ethnizität aufnahmen und interpretierten, war dies andersherum nicht der Fall. Allerdings sind Machtunterschiede selten ein Nullsummenspiel. Shoemaker argumentiert hinsichtlich der ›Interaktion‹ von amerikanisch-indigenen und kolonialen Vorstellungen – eine Situation, die von einem extremen Machtungleichgewicht gekennzeichnet war –, dass selbst in diesem Kontext übermäßiger Gewalt die amerikanisch-indigenen Traditionen nicht ohne Einfluss waren. Genauer gesagt lenkt Shoemaker unsere Aufmerksamkeit darauf, dass die phänotypische Darstellung von ›roter Haut‹, üblicherweise interpretiert als westliche Konstruktion und Fremdzuschreibung, zum Teil auf einen indigenen Farbsymbolismus zurückzuführen sein könnte. Sie kommt zu dem Schluss, dass zumindest einige indigene Amerikaner:innen »sich selbst als ›rot‹ betrachtet haben könnten oder aber von anderen vor der Ankunft der Europäer:innen so bezeichnet wurden«.[36]

In historischen Arbeiten zu Rassismus wird der Interaktionismus in der Regel als eine Begegnung zwischen nicht-westlichen Traditionen und der westlichen Moderne dargestellt. Ich widme mich nun Beispielen aus China, dem Iran, der Türkei und Japan, um diese Darstellungsweise genauer unter die Lupe zu nehmen. Die Bandbreite proto-rassistischer oder schlicht ethnozentrischer Traditionen auf der Welt ist groß, doch Belege dafür sind am einfachsten in Gesellschaften zu finden, die eine lange Geschichte schriftlicher Dokumentation aufweisen, was erklärt, warum zum Beispiel die These, dass der Rassismus in China eine ›lange Geschichte‹ aufweist, leicht zu belegen ist. Daraus lässt sich jedoch nicht ableiten, dass der Rassismus in China unabänderlich eingeschrieben ist oder dass er dort schlimmer ist als anderswo. ›Chinesischer Rassismus‹ wird häufig mit den ›altertümlichen Traditionen‹ eines Sinozentrismus und mit damit verknüpften Bildern von Ethnizität und ›Rasse‹ in Verbindung gebracht. Der Fokus ›interaktionistischer‹ Forschung liegt für gewöhnlich darauf, wie diese Traditionen mit dem modernen, klassifizierenden, ›wissenschaftlichen‹ und hierarchischen Rassismus interagierten, der aus dem Westen importiert und ins Chinesische übersetzt wurde.[37] Ein Beispiel dafür ist der Übergang hin zur Identität einer ›gelben Rasse‹. Weiße Haut wurde im vormodernen China genutzt, um Gelehrte, Aristokrat:innen und Mitglieder der Elite zu beschreiben und von anderen abzuheben, wenn auch nicht als Marker für ›Rasse‹. Helle Haut war ein Statussymbol und unmittelbarer Ausdruck dafür, dass man ein geschütztes Leben im Inneren des Hauses führen konnte, fernab der Sonne und des rauen Wetters, was die Haut der Landarbeiter:innen dunkler werden ließ. Der westliche und rassifizierte Anspruch auf das *Weiß*sein hatte tiefgreifende Auswirkungen auf diese Tradition. ›Weiß‹ diente nicht länger als Selbstdefinition für die chinesische Elite, die nunmehr ›gelb‹ für sich übernahm. Weißsein behielt seine positive symbolische Bedeutung, wurde jedoch zunehmend als Merkmal gesehen, das einzig und allein oder aber zumindest am besten von Europäer:innen verkörpert würde.[38] Ende des 19. Jahrhunderts wurden rassistische und sozialdarwinistische Interpretationen des Kampfes um Überleben und Vorherrschaft zwischen den farblich codierten ›Rassen‹ der Welt von einer neuen Generation moderner chinesischer Intellektueller verhandelt und vertreten. ›Die Gelben‹, behaupteten sie, würden die intellektuelle Fähigkeit zum Führen mit ›den Weißen‹ teilen. Die Inanspruchnahme einer ›gelben‹ Identität zeugt jedoch von mehr als der bloßen Wiederholung des westlichen Rassismus. Die Chines:innen betrachteten die westlichen rassistischen Kategorien durch die Brille bestehender, und veränderbarer, Repräsentationstraditionen. Hinsichtlich der sich wandelnden Rolle *weißer* Identitäten ist es wichtig, darauf hinzuweisen, dass in China der Begriff ›gelb‹ bestimmte Formen des *Weiß*seins – strohgelb oder blond – miteinbeziehen kann. Außerdem war Gelb die Farbe des Kaisers und sehr positiv konnotiert, da sie Fruchtbarkeit, Ruhm und Fortschritt symbolisierte. Zusätzlich dazu ist Weiß, wenn auch mit hoch angesehenen Eigenschaften in Verbindung gebracht, die Farbe des Todes und der Beerdigungen. Die Übernahme von ›Gelb‹ und die Ausradierung von Chinas ›weißer Vergangenheit‹ wurde also in gewissem Maße durch die landesspezifischen Traditionen der Farbsymbolik ermöglicht. Dieser Prozess spiegelt sich auf faszinierende Weise in dem Brief eines chinesischen Gelehrten in den letzten Jahren der Qing-Dynastie wider, in dem er sich wundert, warum die Europäer:innen die Chines:innen als gelb klassifizieren, wo dies doch die am höchsten angesehene Farbe ist. Der Gelehrte sinniert:

> »Von den fünf Farben ist Gelb die Farbe der Erde und die Erde ist das Zentrum des Universums. Die Menschen im Westen sehen die Chinesen als gelbe Rasse. Das bedeutet, dass vom Anbeginn an, als Himmel und Erde erschaffen wurden, den Chinesen der Platz im Zentrum zugewiesen wurde. Wenn diese Menschen im Westen über die Selbstbezogenheit der Chinesen lachen, warum erklären wir es nicht auf diese Weise?«[39]

Solche Interaktionen belegen, wie Tradition und Moderne miteinander verflochten sind. Westliche rassistische Theorien wurden insbesondere dort enthusiastisch ›aufgegriffen‹, wo sie bereits bestehende Vorurteile zu validieren schienen. Die Theorie, dass die am meisten fortgeschrittenen Zivilisationen ihren Ursprung in einem uralten ›arischen‹ Volk haben, ist dafür ein weiteres Beispiel. Der Mythos von den gemeinsamen arischen Wurzeln verschiedener ›indoeuropäischer‹ Kulturen lässt sich bis zur europäischen Philologie und ›Rassenlehre‹ des 18. und 19. Jahrhunderts zurückverfolgen. Er wurde von den Eliten in Indien (siehe Kapitel 3) sowie von denen im Iran aufgenommen, in dem Land, dessen Name das Ausgangsmaterial für diese Theorie bildete (›Iran‹ ist abgeleitet von der indoiranischen Wurzel von ›arisch‹). Wie Zia-Ebrahimi jedoch feststellt, gab es bereits »ein traditionelles und einheimisches, mit der persischen Hochkultur verbundenes Gefühl der Überlegenheit«, und auch dieses bereits existierende Empfinden erklärt, warum das ›Ariertum‹ so bereitwillig akzeptiert wurde. Auch wenn die »Begegnung mit Europa«, schreibt Zia-Ebrahimi, »das Karussell islamischer Selbstgerechtigkeit und das Gefühl der kulturellen Überlegenheit der persischen Hochkultur zum Stillstand brachte«, folgte ein Prozess der Hybridisierung und Indigenisierung des europäischen Rassismus, der ebenso viel über iranische Hierarchien verriet, wie über europäische Macht.[40] Diese Analyse erklärt mitunter die enge Beziehung, die zwischen dem nationalsozialistischen Deutschland und dem ›arianistischen‹ Persien/Iran unter der Dynastie der Pahlavi (1925–79) bestand, insbesondere unter dem 1941 abgesetzten Reza Schah Pahlavi, der sich selbst den Titel ›Licht der Arier‹ verlieh. In den 1930er Jahren, erklärt Asgharzadeh, »erreichte die pro-Nazi und pro-faschistische Propaganda ihren Höhepunkt im vorherrschenden iranischen Diskurs und Hitler wurde zum nationalen Helden für die Iraner:innen und alle sogenannten unterdrückten arischen Völker«.[41] Asgharzadeh zitiert eine iranische Zeitschrift von 1933, in der Hitler als »der große, gelehrte Mann der arischen Rasse« gelobt wird, der »einen 200 Jahre alten Plan der Juden zunichte gemacht« habe, der sich gegen andere Nationen, insbesondere gegen »die arischen Rassen auf dieser Erde«, gerichtet habe.[42] Für Asgharzadeh ist diese Interaktion nicht nur von historischem Interesse. Sie prägt ihm zufolge auch gegenwärtige Formen ethnischer Herrschaft im Iran. Folglich argumentiert er, dass ein ›arianistischer Rassismus‹ weiterhin bestehe: »Bestimmte ethnische Gruppen im Iran haben die europäische Konstruktion des ›Iran‹ und der ›arischen Rasse‹ genutzt, um andere Gruppen, die als ›nicht-arisch‹ betrachtet werden, zu dominieren.«[43]

Es besteht ein wachsendes Interesse an diesen verschiedenen Arten der kulturübergreifenden Begegnung und wenn irgendeine Theorie dazu in der Lage ist, diese zusammenzubringen, ist es der Interaktionismus. Da diese Darstellungen jedoch nicht die Vorstellung hinterfragen, dass die Moderne im Wesentlichen westlich ist, stellen sie Interaktionen zwangsläufig als ein Aufeinandertreffen des westlichen ›Neuen‹ und des nicht-westlichen ›Alten‹ dar. Es könnte eingewendet werden, dass sich zumindest einige interaktionistische Arbeiten tiefergehender mit dem Zusammenspiel verschiedener Modernen beschäftigen. So hat beispielsweise Dikötter ausgiebig über dieses Thema geschrieben und immer wieder binäre Ansätze bei der Erforschung des ›alten Chinas‹ und des ›modernen Westens‹ herausgefordert.[44] Betrachtet man jedoch das breitere Spektrum ›interaktionistischer‹ Arbeiten, ist es typisch und üblich, den Fokus auf indigene Traditionen zu legen, die mit einer fremden Neuartigkeit konfrontiert werden. Dieser Fokus kann in einigen Fällen als Anerkennung westlicher Macht verstanden werden. Bei seiner Betrachtung der Integration des westlichen Rassismus, insbesondere in seiner nationalistischen Spielart, in das intellektuelle Leben der Türkei zu Beginn des 20. Jahrhunderts lenkt Eissenstat unsere Aufmerksamkeit auf die Art und Weise, wie diese durch das Machtungleichgewicht zwischen dem Westen und dem Nicht-Westen geprägt war. Er schreibt: »Selbst wenn sie anders eingestellt gewesen wäre«, hätte die türkische Elite »keine Möglichkeit einer Aushandlung auf Augenhöhe gehabt, sie konnte ihren Kampf lediglich im Sinne einer Nation führen, wie auch ihre westlichen Gegner:innen sie verstanden haben«.[45]

Die Untersuchung der Integration und Nutzbarmachung von westlichem Rassismus ist insbesondere im Kontext von Japan weit fortgeschritten. Dieses besondere Augenmerk spiegelt zum Teil die Tatsache wider, dass Japan selbst ab dem 19. Jahrhundert eine bedeutende Kolonialmacht war und japanische rassistische Ideologien weitreichende Folgen für dessen Kolonisierte in Ostasien und Südostasien hatten. Young beschreibt den ›Rasse‹-Diskurs in Japan als das Ergebnis einer Kombination der »selektiven Einflechtung europäischer Ideen in ein bereits bestehendes Rahmenwerk zum Verständnis des Verhältnisses von Japaner:innen und anderen« einerseits sowie »der eigenen Kolonisierungserfahrung der Japaner:innen« andererseits.[46] Takezawa kommt in seiner Untersuchung »der Vorstellung von ›Rasse‹« in Schulbüchern der Meiji-Zeit (1868–1912) zu dem Schluss, dass »jede Gesellschaft, nachdem sie ein System westlicher ›wissenschaftlicher‹ Klassifikationen importiert oder implementiert hat, nicht nur eine ›Kopie‹ desselben vorweist, sondern ihr eigenes System und ihre eigene Interpretation von ›Rasse‹ hat, diktiert durch die Erfordernisse von Ort und Zeit.«[47]

Auch wenn Interaktionist:innen häufig zunächst zum Beispiel vom ›alten Japan‹ ausgehen, das auf den ›modernen Westen‹ trifft, kommen sie am Ende häufig zu einem Ergebnis, das wesentlich komplexer ist. Die interaktionistische Denkschule hat uns die differenziertesten historischen und geografischen Zugänge zu Rassismus außerhalb des Westens geliefert, die uns zur Verfügung stehen. Indem sowohl westliche Macht als auch indigene Traditionen und Innovationen anerkannt wurden, wurde ein neues und überzeugendes Modell von Rassismus geschaffen. Innerhalb des Interaktionismus zeichnet sich jedoch auch schon eine weitere Tendenz ab, die auf das Zusammenspiel, die Aushandlung und Formierung unterschiedlicher rassistischer Modernen abzielt. Der Interaktionismus weist den Weg, aber er wirft eher neues Licht auf die Dinge, anstatt neue Theorien hervorzubringen. Der nächste Schritt in meiner Argumentation ist daher, zu erklären, warum wir Rassismus als modern verstehen müssen, wofür ich den Ansatz der pluralen Modernen einführe.

Warum Rassismus modern ist

> »Meiner Ansicht nach sollte der Holocaust [...] als gewissermaßen soziologischer ›Versuchsaufbau‹ aufgefasst werden: Er hat Merkmale unserer Gesellschaft freigelegt, die sich unter ›nicht-experimentellen‹ Bedingungen nicht hätten beobachten und empirisch nachweisen lassen, um den Holocaust als einzigartigen, aber signifikanten und zuverlässigen Test des latenten Potentials der modernen Gesellschaft zu betrachten.« (Zygmunt Bauman)[48]

In *Dialektik der Ordnung: Die Moderne und der Holocaust* verwirft Bauman die Annahme, dass die Todeslager der Nazis ein historischer Rückschritt gewesen seien, ein anti-moderner Atavismus. Er argumentiert stattdessen, dass sie gerade aus den ›Möglichkeiten‹ der rationalistischen, bürokratischen, hierarchischen und systematischen Zugänge der Moderne auf die Welt erwachsen sind. Der gedankliche Rahmen von Baumans Kritik wurde zuvor von Adorno und Horkheimer aufgespannt, die gegen Ende des Zweiten Weltkrieges im Exil eine einflussreiche Abhandlung über den Hang der modernen Welt zu Intoleranz und Totalitarismus veröffentlichten.[49] Diese These ist heute in der Beurteilung von Rassismus weitestgehend akzeptiert. Hesse sagt: »die Moderne ist *racial*«; Goldberg, dass *race* »eines der zentralen Konzepte der Moderne« ist; und Wieviorka: »Rassismus ist untrennbar mit der Moderne verbunden« – damit wiederholen sie alle einen soziologischen und historischen Grundsatz der *Ethnic and Racial Studies*.[50] Moderne und Rassismus werden nicht nur in einem Zusammenhang gesehen, sondern als geradezu untrennbar miteinander verwoben betrachtet. Bauman folgert:

> »[...] Rassismus [ist] als Weltanschauung und, wichtiger noch, wirkungsvolles Instrument politischer Praxis untrennbar mit dem Aufkommen moderner Wissenschaft und Technologie sowie modernen Staatsapparaten verknüpft. In dieser Hinsicht ist der Rassismus ein genuin modernes Produkt. Erst die Moderne ermöglichte den Rassismus und schuf den Bedarf dafür.«[51]

Hinton geht noch weiter auf den modernen Charakter des Rassismus ein:

> »Die Metanarrative der Moderne stellten die Bedingungen, unter denen indigene Bevölkerungen als das umgekehrte Bild der ›zivilisierten‹ Bevölkerungen konstruiert wurden. Diskurse über diese ›Anderen‹ waren häufig durch eine ganze Reihe wertgeladener binärer Oppositionspaare strukturiert [...]: Moderne/Tradition, Zivilisation/Wildheit, wir/sie, Zentrum/Rand, zivilisiert/wild, Menschlichkeit/Barbarei, Fortschritt/Verfall, fortschrittlich/rückschrittlich, entwickelt/unterentwickelt.«[52]

Indem diese Autoren die Moderne als eine westliche Schöpfung betrachten, bringen sie zugleich ein geografisches Argument vor: Rassismus kommt aus dem Westen. Nachdem Hesse gesagt hat, dass die Moderne *racial* ist, umschreibt er im nächsten Satz beide Begriffe mit einer Reihe kultureller und räumlicher Konzeptionen: »das *Weiße*, Christliche, Westliche, Europäische«, schreibt er, »umfasst eine Reihe von *racial* Bildern, die aufs Engste mit den organizistischen und universalistischen Metaphern verbunden sind, die so häufig in den verschiedenen zentralen Darstellungen der Moderne vorgetragen werden«.[53] So werden Moderne, Westen und Rassifizierung zusammengedacht, deren Geschichte verschmilzt zu einem einzelnen geohistorischen Phänomen, zu dem häufig auch noch der Kapitalismus hinzugefügt wird.

Der Gedanke, dass es eine Verbindung zwischen Moderne und Rassismus gibt, ist überzeugend. Die Frage ist allerdings: Können wir von dieser Erkenntnis profitieren, ohne die ›westliche Moderne‹ zu einer Tautologie verkommen zu lassen oder die Art von westlich zentrierter Sicht auf die Welt zu reproduzieren, die selbst eine der Folgen westlicher Herrschaft war? Eine Möglichkeit, dies zu tun, besteht darin, die Moderne aus einer spezifischen, regionalen und europäischen Geschichte herauszulösen und ihre generischen soziologischen Merkmale zu bestimmen. Wenn wir dies tun, werden wir sehen, dass dieses Verhältnis von Moderne und Rassismus weitverbreitet und eher chronischer Natur ist, also nicht geografisch oder historisch einzigartig. Im Folgenden werde ich fünf Arten identifizieren, wie sich Moderne und Rassismus gegenseitig stützen. Nicht alle Formen des Rassismus weisen zwangsläufig alle fünf Merkmale auf, noch sind all diese Merkmale einzig und allein in modernen Gesellschaften zu finden. Es handelt sich um eine Sammlung von Tendenzen, die zusammengenommen ein Bild davon ergeben, warum Rassismus als modernes Phänomen beschrieben werden kann.

1. Moderne und Rassismus klassifizieren und essentialisieren (wodurch die Tendenz entsteht, Wissen in voneinander getrennten und dauerhaften Formen zu ordnen).
Die Moderne schafft und benötigt einen neuen Wissensansatz, der Dinge, Menschen, Ereignisse, Regionen und Epochen unaufhörlich klassifiziert, kategorisiert und voneinander trennt. Diese panoptische und objektivistische Tendenz handhabt Komplexität, indem sie sie reduziert und simplifiziert. Diese Art der Fixierung ist gleichzeitig eine Universalisierung, womit zu Urteilen und Gesetzmäßigkeiten gelangt wird, die als neutral und universell wahr verstanden werden. Solche Prozesse müssen nicht unbedingt hierarchisch oder ungleich gestaltet sein, sie können jedoch mit hierarchisierenden Formen der Klassifizierung verbunden sein und damit auch mit Gewalt und Diskriminierung. Da die Moderne auch als zersetzender und entfremdender Prozess verstanden werden kann, in dem »alles Ständische und Stehende verdampft«, ist die von ihr ausgehende Erzeugung und Fixierung von Kategorien und Grenzen für die Welt und die Menschen von Inkongruenz geprägt. Die Moderne schreibt fest und sie bricht zugleich auf. Sie ist voller Widersprüche und eben diese Widersprüchlichkeit erklärt ihre Dynamik und Anpassungsfähigkeit.

2. Moderne und Rassismus entstehen aus dem Bruch mit Tradition und Vergangenheit (wodurch die Vorstellung primitiver und rückständiger Menschen geschaffen wird).
Die Moderne definiert sich selbst in Abgrenzung zum Nicht-Modernen. Das Nicht-Moderne kann dabei sowohl in zeitlichen als auch in räumlichen Begriffen verstanden werden. Der Rassismus hat die Tendenz, seine Opfer als ›aus der Vergangenheit‹ zu klassifizieren, als unzivilisiert und

rückständig sowie als von weit entfernten Orten stammend. Dieser Unterscheidung können verschiedene Maßstäbe zugrunde liegen, etwa die Unterscheidung zwischen Menschen auf nicht-bewirtschaftetem Land, aus dem Dschungel sowie den Bergen, und jenen in den kultivierten und urbanen Regionen oder auch größere Verallgemeinerungen bezüglich Menschen in den Zentren und Menschen in der Peripherie. Auf diese Weise werden zwei zentrale Anliegen der Moderne – Evolution und Fortschritt – miteinander verflochten und die Ausrottung ›niederer‹ und ›einfacherer‹ Kulturen wird zu einer Folge des natürlichen Ganges der Zivilisation. Das Zusammenspiel von Rassismus, Moderne und Macht führt zu ›expansionistischen‹ Praktiken, von denen die direkteste Form der Kolonialismus ist, findet sich aber auch in der Überzeugung wieder, dass bestimmte Kulturen und Bevölkerungsgruppen dem ›Untergang geweiht‹ und/oder vom ›Fortschritt‹ unberührt seien.

3. Moderne und Rassismus sind Erscheinungen der Massengesellschaft (die groß, anonym, ruhelos, nostalgisch, politisiert und schnelllebig ist).
Moderne Gesellschaften erleben rasante gesellschaftliche Veränderungen, womit Gefühle der Ruhelosigkeit, der Angst und auch der Freiheit einhergehen. Dieser moderne Zustand bietet die Möglichkeit für Revolution und tiefgreifende Veränderungen angesichts bestehender Ungerechtigkeiten, er schafft aber auch die Bedingungen, in denen Angst und Abneigung in Massengewalt münden können. Obwohl der Begriff der ›Massengesellschaft‹ als elitär kritisiert werden könnte, bleibt er eine nützliche Kurzform für die Größe und Ruhelosigkeit der modernen Menschenmenge. Häufig schon wurden Unsicherheit und Angst als Auslöser rassistischer Gewalt beobachtet. Daniel schreibt dazu: »Die Bereitschaft einer Gruppe, für eine Realität zu kämpfen, zu töten und zu sterben, ist kein Zeichen der Gewissheit dieser Realität, sondern deutet vielmehr darauf, dass die betreffende Realität von radikalem Zweifel in eine Krise gestürzt wurde«.[54] Die Nostalgie ist ein Produkt der Moderne und eines der Leitmotive des Rassismus. Bezüglich der von der Globalisierung freigesetzten Unsicherheiten schreibt Appadurai: »Das, was ethnozidale Gewalt zu erreichen versucht, ist eben jene Art der somatischen Stabilisierung, welche die Globalisierung – auf vielfältige Weise – ihrem Wesen nach unmöglich macht«.[55]

4. Moderne und Rassismus entwerten und instrumentalisieren menschliches Leben.

Ein rassifizierter und ethnisierter Kapitalismus erschafft Systeme der Profitmaximierung, die auf der Hierarchisierung des Wertes von Menschen basieren. Entmenschlichten Communitys, darunter versklavte und migrantische Arbeiter:innen sowie Arbeiter:innen in den am wenigsten ›entwickelten‹ Volkswirtschaften, werden ausbeuterische oder überhaupt keine Löhne gezahlt. Diese Entwertung ist gleichzeitig rassistisch und kapitalistisch: Profit geht mit der Schaffung einer globalen Demografie von ›*cheapness*‹ einher. Der Kapitalismus ist nicht der einzige Modus, in dem die rassistische Moderne menschliches Leben entwertet und instrumentalisiert. Dies kann auch mittels politischer, behördlicher und nationaler Logiken geschehen, die bestimmte *racial* und ethnische Gemeinschaften als unerwünscht oder nur von begrenztem Nutzen darstellen, wie im Falle von ›Kriegerrassen‹ [›martial races‹][56]. Jedoch ist das Motiv des Profits, das Menschen auf Dinge reduziert, nahezu immer auch in diesen anderen Logiken enthalten und auf einer globalen Ebene ist es die bestimmende organisatorische Kraft.

5. Die Moderne trägt die Bedingung für Rassismus wie auch für Antirassismus in sich.

Die Moderne ist paradox. Sie ermöglicht Rassismus, aber auch Freiheit, Fortschritt und einen kritischen Diskurs, der Rassismus benennt und bekämpft. Moderner Rassismus und moderner Antirassismus, moderne Ausgrenzung und moderner Egalitarismus – Gegensätze und doch Zwillinge. Daraus wird ersichtlich, dass das Argument, die Moderne biete die Bedingung für Rassismus, nicht bedeutet, dass die Moderne etwas ist, was zugunsten eines vermeintlich nicht-modernen, nicht-rassistischen Garten Eden überwunden werden könnte oder sollte. Doch gleichermaßen gilt auch, dass sich nur daraus, dass, wie Vartija es ausgedrückt hat, »die Moderne Gleichheit und Freiheit in einem bisher ungekannten Ausmaß in der Weltgeschichte institutionalisiert hat«, noch nicht die von ihm vorgebrachte Schlussfolgerung ergibt: »Wir können der Moderne nicht die Schuld für den Rassismus geben.«[57] Es geht nicht darum, die Moderne zu ›beschuldigen‹, als wäre sie etwas uns Fremdes, etwas ›da draußen‹. Das Moderne sind wir, es ist unser Zustand – komplex, inspirierend und problematisch.

Bevor wir genauer darauf eingehen, wie die Diskussion über den Zusammenhang von ›Moderne und Rassismus‹ zu einer Diskussion über den Zusammenhang von ›Modernen und Rassismen‹ international ausgeweitet werden kann, ist es sinnvoll, zunächst noch genauer auf die historischen Implikationen einzugehen, die sich aus dem Zusammendenken von Moderne und Rassismus ergeben. Genauer gesagt auf das, was ich als das Problem der Unschuld bezeichne: Die Verknüpfung von Moderne und Rassismus befördert den Mythos, das Nicht-Moderne sei das Reich des Friedens und der Toleranz. Diese Vorstellung lässt sich gut anhand des indischen ›Neo-Traditionalisten‹ Ashis Nandy aufzeigen. Nandys 1985 veröffentlichtes »Anti-säkularistisches Manifest«, das spätere post-säkulare Debatten vorwegnimmt, stellt die Vergangenheit als Sphäre der Unschuld dar, geprägt durch Pluralismus und Akzeptanz. Die authentische indische Gesellschaft wird bei Nandy als ein offenes System dargestellt, in dem eine unorganisierte und polyzentrische Form des Hinduismus ein fluides Gruppenidentitätsgefühl ermöglicht.[58] Der moderne Rationalismus glitt in dieses friedfertige Königreich wie eine Schlange in den Garten Eden und zerstörte es. Bezüglich der Gewalt zwischen Hinduist:innen und Muslim:innen in Indien schreibt Nandy: »Nur ein säkulares, wissenschaftliches Konzept eines anderen Menschen oder einer Ansammlung anderer Menschen – nur die vollständige Objektivierung – kann jene Kaltblütigkeit und Organisation hervorbringen, die in letzter Zeit so viele Gewaltausbrüche ausgezeichnet haben.«[59] Das Problem an dieser Perspektive ist nicht die Charakterisierung der Moderne, sondern die falsche Darstellung der Vergangenheit. Dass Moderne und Rassismus verknüpft sind, bedeutet nicht, dass traditionelle Gesellschaften akzeptierend und friedvoll waren.

Neuere historische Arbeiten entkräften Nandys Nostalgie auf drastische Art und Weise und argumentieren, dass Rassismus ein wesentliches Merkmal antiker und mittelalterlicher Gesellschaften war. Wie wir im Laufe dieses Buches sehen werden, werden vormoderne Vorstellungen häufig in moderne Rassismen eingearbeitet. Diese These, dass vormoderne Motive in der Moderne übernommen und adaptiert werden, findet sich ebenfalls in der Diskussion um die Ursprünge des Nationalismus. So betont beispielsweise Smith, dass Nationen sich aus dem Ringen mit der Moderne entwickeln, bei dem sich auf die Mythen, Traditionen und ethnischen Symbole der Vergangenheit bezogen wird.[60] In gleicher Weise bezieht sich der Rassismus auf die Vergangenheit und entdeckt diese wieder, und damit auch eine Art ›Proto-Rassismus‹ vormoderner Epochen. Es ist nicht immer einfach, Moderne und Nicht-Moderne voneinander zu trennen, und zumindest einige der Darstellungen, die wir von ethnisch geprägtem Hass in der weit zurückliegenden Vergangenheit haben, weisen Gedanken und Ereignisse auf, die wir – wenn sie heute stattfinden würden – eindeutig als rassistisch bezeichnen würden. Die von Geraldine Heng in ihrem Buch *The Invention of Race in the European Middle Ages* diesbezüglich zusammengetragenen Beispiele widerlegen jede Annahme einer vormodernen Unschuld.[61] Benjamin Isaac, der sich mit Proto-Rassismus im antiken Griechenland, Rom und Nahen Osten auseinandergesetzt hat, schreibt: »Proto-Rassismus, als ein Prototyp des Rassismus, bedeutet keine abgeschwächte Form des Rassismus. Es handelt sich um Rassismus im vollumfänglichen Sinne, doch in einer frühen Form, die Darwin vorausgeht und auf vormodernen wissenschaftlichen Konzepten beruht.«[62] Dennoch kommt Isaac zu dem Schluss: »In der Antike hat sich der Rassismus nie zu einer einheitlichen, allgemeinen Ideologie als Antrieb für ein uniformes Denk- und Gesellschaftssystem entwickelt, wie das in jüngerer Zeit der Fall war.«[63] Die Debatte darum, wie, wo und warum die Grenze zwischen ›modernem Rassismus‹ und früheren oder anderen Formen von Vorurteilen zu ziehen ist, ist noch lange nicht abgeschlossen und sie wird weiterhin die auf die Moderne zentrierte Sozialtheorie vor Probleme stellen. Um es mit Nirenbergs Worten auszudrücken: Es ist unumgänglich zuzulassen, dass die »Begegnungen« mit dem »vormodernen Rassismus die problematischen Gewissheiten der Modernist:innen stören«.[64]

Pluralisierte Modernen

Zwischen Moderne und Rassismus besteht eine starke Verbindung. Die Erforschung dieser Verbindung wurde bisher von der Annahme begleitet, dass die Moderne ausschließlich im Westen erfunden und entwickelt wurde. Doch was, wenn dies nicht der Fall ist? Was, wenn diese ›westliche Geschichte‹ selbst ein Spiegelbild westlicher Macht ist und wenn mit den Verschiebungen von Macht auch neue Geschichten der Moderne Gehör bekommen?

In den letzten vierzig Jahren ist die Fragmentierung der Moderne in den Sozial- und Geisteswissenschaften zu einem zentralen Motiv, ja sogar zu einer Bestrebung geworden. Es bleibt jedoch noch zu erkunden, wie dies die Art und Weise verändern könnte, wie wir über Rassismus nachdenken. In diesem Abschnitt führe ich in das Konzept der pluralen Modernen ein. Ich behaupte, dass der feierliche Charakter vieler Arbeiten in diesem Bereich (in denen der Pluralität der Moderne aufgrund der Assoziation mit Diversität und Widerstand politischer Wert beigemessen wird) dazu geführt hat, einen wesentlichen Beitrag des Konzepts der pluralen Modernen zu verdrängen, nämlich, dass Modernen sowohl exklusive als auch inklusive Formen der Politisierung umfassen können. Anders ausgedrückt ist die ›dunkle Seite der Moderne‹ – etwa Rassismus und Genozid – ein Potenzial, das sich in allen Modernen findet, nicht nur in der westlichen. »Die ›dunkle‹ Seite der Moderne/n zu vernachlässigen, abzutrennen oder als Ausnahme zu betrachten«, verschleiert Doná zufolge die komplexen und weitreichenden Verbindungen der Moderne mit ethnischer Gewalt.[65]

Featherstone bemerkte 1995: »Der Versuch, die Moderne als vielfältiges Phänomen und vielfältigen Prozess neu zu denken, ist ein Leitmotiv unseres postkolonialen und glokalisierten Zeitalters.«[66] Dieses Leitmotiv wurde bereits auf diversen Klaviaturen vor diversen Zuhörerschaften gespielt. Die Idee der pluralen Modernen hat sich zu einem komplexen Klanggebilde entwickelt, mit Vertreter:innen von ›multiplen‹, ›verflochtenen‹, ›alternativen‹ und vielen weiteren Varianten der Modernen. Die meisten davon betonen den vernetzten Charakter dieser Modernen. Dies legt auch Überschneidungen mit der ›kosmopolitischen‹ und ›komprimierten‹ Version der mittlerweile sogenannten ›Zweiten Moderne‹ nahe. Chang zufolge beinhaltet die Zweite Moderne verschiedene moderne Gesellschaften, »die einander internalisieren«, womit eine »dynamische Koexistenz wechselseitig disparater historischer und sozialer Elemente« entsteht.[67] Allerdings wollen die Verfechter:innen der pluralen Modernen nicht so weit gehen und die diversen Weltgeschichten in einem ›komprimierten‹ Endpunkt zusammenzufassen. Stattdessen erkennen und erkunden sie die bestehenden Verbindungen über Differenzen hinweg. Dieses Forschungsfeld zeichnet sich empirisch durch die Betrachtung unterschiedlicher regionaler, zivilisatorischer und/oder nationaler Modernen aus. Auf diese Weise wurden beispielsweise bereits islamische Modernen, sowjetische Modernen, lateinamerikanische, afrikanische, asiatische, indische und chinesische Modernen und noch viele weitere ausgemacht.[68] Was aus dieser Liste ersichtlich wird, ist, dass Modernen als großflächige geokulturelle Formationen voneinander abgegrenzt werden, also als eine Reihe von Praktiken und Vorstellungen, die – wenn auch nur lose – mit bestimmten Teilen der Erde in Verbindung gebracht werden. Gleichzeitig durchkreuzen und stören die unterschiedlichen analytischen Zugänge diese geografischen Schubladen. So leitet Moore beispielsweise unterschiedliche Modernen aus unterschiedlichen Klassendynamiken ab, während die einflussreiche, mit Eisenstadt assoziierte Denkrichtung der ›multiplen Modernen‹ diese auf unterschiedliche religiöse Kulturen zurückführt.[69]

Eine weitere Überschneidung besteht mit den postkolonialen Studien, die dem Konzept der pluralen Modernen politischen Auftrieb verliehen haben, welches sie als Angriff auf das verstehen, was Quijano als »europäisches Patent auf die Moderne« bezeichnet hat.[70] Plurale Modernen werden häufig als ›Indigenisierung‹ der Moderne dargestellt und damit als Herausforderung westlicher Autorität. Robinson, die auch die Anerkennung verschiedener urbaner Modernen fordert, behauptet sogar, es gebe »ein *Recht* darauf, modern zu sein«.[71]

Die Verwendung der pluralen Modernen als politisch ansprechendes Narrativ des Widerstandes und der Autonomie suggeriert, dass diese eine Aufwertung nicht-westlicher Gesellschaften ermöglichen. Diese Perspektive überschneidet sich mit einem der ethischen Beweggründe hinter der Idee der pluralen Modernen: dem inhärenten Wert von weltweitem gegenseitigen Respekt und Austausch. Diese kosmopolitische Ethik ist auf eine multikulturelle Weltordnung ausgerichtet und zieht ihre Inspiration aus der Vision einer postnationalen Demokratie, wie sie Habermas skizziert hat.[72] Dieses ethische Projekt, das in gewissem Maße immer in den Narrativen der pluralen Modernen präsent ist, kann jedoch auch derart dominant werden, dass es in Lobpreisung abgleitet. Die Moderne wird damit auf eine *Errungenschaft* reduziert, der es gebührend zu applaudieren gilt. Etwas davon findet sich in Habermas' Dankesrede wieder, die er 2004 vor einem japanischen Publikum hielt, als ihm der Kyoto-Preis verliehen wurde, in der er die Idee der multiplen Modernen bediente:

> »Unter den östlichen Reichen nahm Japan eine Vorreiterrolle bei der Bewältigung der Herausforderungen der Modernisierung an, wobei es gleichzeitig an seinen eigenen kulturellen Ressourcen festhielt und ausgiebig daraus schöpfte. Diese kreativen Errungenschaften bieten das erste Beispiel für das, was wir heute als multiple Modernen bezeichnen.«[73]

Habermas' Betonung liegt darauf, dass Japan durch seine eigene Moderne zu sich selbst gefunden habe und zu Recht für seine ›kreativen Errungenschaften‹ gewürdigt werde. Derartige Lobpreisungen lassen sich auch in einer Reihe von Weltgeschichtsdarstellungen finden, die ihr westliches Publikum provozieren, indem sie behaupten, die Moderne sei keine westliche, sondern vielmehr eine östliche Erfindung.[74] Wenn derartiges Lob im Vordergrund steht, werden zwangsläufig besorgniserregende Aspekte der Moderne weniger beachtet, insbesondere ihre Verbindung zu Macht, Gewalt und Diskriminierung. Auf diese Weise kann ›Respekt‹ dazu führen, dass über Ausgrenzung hinweggesehen wird. Heutzutage erheben Nationalist:innen in vielen Teilen der Welt Anspruch auf ›ihre Moderne‹. Das Erheben dieser Ansprüche ist Teil der Nationenbildung, wobei die Nation auf eine einzelne historische Entwicklungslinie verdichtet wird. Untersuchungen zur aktuellen chinesischen Geschichtsschreibung haben beispielsweise deutlich gemacht, wie die chinesische Regierung, um es mit Ungers Worten zu sagen, die Vergangenheit nutzt, um der Gegenwart zu dienen.[75] Tzanelli bringt diese Entwicklung mit der Mobilisierung des »Diskurses von Chinas ›alter Moderne‹« durch den chinesischen Staat in Verbindung.[76] Ruiping Fan zufolge stellen sich Intellektuelle wie Jiang Qing, einer der bekanntesten zeitgenössischen Verfechter eines politischen Konfuzianismus, ein China vor, das »auf dem Weg [ist], seine konfuzianische Kultur zu realisieren, [...] nachdem es zwar oberflächlich, aber dennoch desorientierend vom Westen dessen moralische und politische Belange aufgedrückt bekommen hatte«.[77] Chinesische Intellektuelle und Politiker:innen haben die lange Geschichte des Landes in Bezug auf technologische, ökonomische und administrative Innovation zu nutzen gewusst, um ein unverwechselbares nationales Narrativ der Moderne ins Leben zu rufen. So gründen beispielsweise die kulturgeschichtlichen Darstellungen von Hui Wang auf der Vorstellung, dass sich die chinesische Moderne und der chinesische Kapitalismus nicht durch ›vertraute‹ westliche merkantile Formen entwickelten, sondern durch ein einheimisches ›kaiserliches Tributsystem‹. Dieses System, so Wang, förderte »sowohl ökonomische als auch rituelle Formen der Interaktion« sowie eine Ausrichtung auf Netzwerke und Vernetzung, die es heute »ermöglicht, das globale kapitalistische System anzunehmen«.[78] Yingshih Yü ist den Verbindungen zwischen chinesischer Religionsgeschichte und chinesischem Kapitalismus in seinem Buch *The Religious Ethic and Mercantile Spirit in Early Modern China* nachgegangen.[79]

Auf dem chinesischen Festland wird in öffentlichen Wiedergaben dieser neuen Narrative von Vergangenheit und Zukunft für gewöhnlich davon ausgegangen, dass die Kommunistische Partei Chinas die natürliche Erbin und Trägerin dieser Moderne sei. Damit geht einher, dass China keine politischen Ratschläge von außen oder von ›verwestlichten‹ Stimmen im Inneren benötige, die einem erklären, wie man das mit der Moderne ›macht‹. Die Moderne in China zu verwurzeln, ist mittlerweile eng mit der Delegitimierung politischer Stimmen aus der Opposition verbunden. Dadurch werden viele der sozialen Probleme der Moderne (wie etwa Rassismus) der westlichen Form derselben zugeschrieben, was ernsthafte Folgen für diejenigen Bürger:innen hat, die Antirassismus, ethnische Gleichberechtigung oder andere Menschenrechte anstreben. Ihre Agenden können somit als nicht authentisch, unbegründet und rückschrittliche Erscheinungen dargestellt werden, die kein Teil ›unserer Vergangenheit‹ oder ›unserer Zukunft‹ seien.

Dirlik stellt fest: »Chinesische Moderne« ist ein »bedeutungsloser Begriff, da er die vielen verschiedenen Modernen verschleiert, die historisch um Vorherrschaft gerungen haben; alle von ihnen versuchten, ›das Chinesische‹ für die eigene Sache zu vereinnahmen«.[80] Dirliks Punkt weist Überschneidungen mit Duaras Versuch auf, die Geschichte vor dem chinesischen Nationalismus zu retten. Duara sieht einen Konflikt zwischen den vom Staat favorisierten linearen Genealogien und jenem »komplexen Projekt von Unterdrückung und Neugestaltung«, das ihm zufolge treffender die konkurrierenden Verwendungsweisen von Chinas modernen Vergangenheiten beschreibt.[81] Allerdings macht die Vielfältigkeit von Formen oder Prozessen diese nicht ›bedeutungslos‹, genauso wenig wie der Versuch, eine singuläre nationale Moderne zu erfassen oder zu extrahieren. Tatsächlich könnte dieser Versuch, die Moderne festzuzurren, selbst ein befreiender und erweiternder Akt sein. Denn jeder einzelne Anspruch auf ›unsere Moderne‹ ist ein Eingeständnis der Vielfalt der Moderne im Allgemeinen und der Begrenztheit von ›unserer Variante‹ im Besonderen. Wie auch immer man diese chinesischen Beispiele der ›Nationalisierung‹ der Moderne interpretiert, in jedem Fall werfen sie die allgemeine Frage auf, ob man ›andere Modernen‹ *a priori* aufwerten und zelebrieren kann.

Ich habe in diesem Kapitel bereits die ›dunkle Seite‹ der Moderne angesprochen und gezeigt, dass es mehrere mit der Moderne verknüpfte Prozesse gibt, die dem Rassismus einen Nährboden bieten. Es gibt nun keinen Grund für die Annahme, dass nicht-westliche Modernen von diesen Prozessen ausgeschlossen sind. So wie es plurale Modernen gibt, gibt es auch plurale Rassismen. Tatsächlich stand diese ›dunkle Seite‹ im Zentrum von zumindest einigen der Gründungstexte der Denkschule, die den Gedanken der pluralen Modernen starkgemacht hat. Eisenstadt entwickelte ein Modell, bei dem die Moderne zunächst im Westen erschien, durch Kolonialismus und Imperialismus verbreitet wurde und schließlich durch die Begegnungen mit verschiedenen zivilisatorisch-religiösen Formationen an neuen Orten aufgenommen und in ›multiple Modernen‹ umgewandelt wurde.[82] Die »Begegnung der Moderne mit nichtwestlichen Gesellschaften führte zu weitreichenden Veränderungen der Prämissen, Symbole und Institutionen der Moderne«, und er fügt hinzu: »woraus sich in der Konsequenz neue Probleme ergaben«.[83] Viele dieser ›Probleme‹ betreffen die radikalen, politisierenden und autoritären Tendenzen der Moderne. Eisenstadt bezeichnet diese als die ›jakobinische‹ Dimension der Moderne, soll heißen, als deren zugleich revolutionäre wie auch diktatorische Dimension. Auf diese Weise verschafft seine globalhistorische Soziologie der von Adorno und Horkheimer vorgebrachten Kritik der Aufklärung eine internationale Reichweite. Im folgenden Zitat nutzt Eisenstadt diese Ideen, um den modernen, ausgrenzenden und extremen Charakter sowohl von religiösem Fundamentalismus als auch von Kommunismus aufzuzeigen.

> »Obwohl radikale Fundamentalist:innen aufwendige, scheinbar antimoderne (oder eher antiaufklärerische) Botschaften verkünden, stellen sie im Grunde moderne jakobinisch-revolutionäre Bewegungen dar, die paradoxerweise viele Merkmale (manchmal in einer Art Spiegelbild) mit den kommunistischen Bewegungen einer früheren Epoche teilen. Was sie mit den kommunistischen Bewegungen teilen, ist die totalitäre Vision einer grundlegenden Transformation von Mensch und Gesellschaft. Einige behaupten, es gehe ihnen um die ›Reinigung‹ von beidem. Es ist die totale Umgestaltung der Persönlichkeit.«[84]

Eine weitere wichtige Ressource zum Nachdenken über das janusköpfige Wesen der Moderne bietet Harry Harootunians Buch *Overcome by Modernity*. Harootunian untersucht die Auseinandersetzung nationalistischer japanischer Intellektueller mit der Moderne in den 1920er und 1930er Jahren, wobei er Versuche, plurale Modernen auf einen Diskurs von bloßer Zustimmung oder bloßem Widerstand zu reduzieren, ausgesprochen kritisch sieht. Folglich schreibt er, dass »neue, häufig haarsträubende Klassifizierungen wie ›alternative Modernen‹« entwickelt wurden, »um Gesellschaften wie Japan gefahrlos auf einer historischen Entwicklungslinie zu verorten, die von einer anderen abgeleitet wurde«. Harootunian schlägt stattdessen die ›gleichzeitige Moderne‹ [›co-eval modernity‹] als einen nicht-eurozentrischen und weniger starren Weg vor, um über ›Interaktion‹ nachzudenken. Wie der Begriff schon andeutet, bestehen Vertreter:innen dieser ›gleichzeitigen‹ Variante darauf, Beispiele der Moderne in einem globalen und relationalen Kontext zu verorten. Diese Sichtweise bricht den Fokus auf zivilisatorische Essenzen und religiöse Wurzeln, wie wir sie bei Eisenstadt finden. Für Harootunian geht es um »Gleichzeitigkeit, aber auch die Möglichkeit von Differenz«.[85]

Vorläufer und Kritiken der pluralen Modernen

Warum ist es notwendig, auf die Vorläufer der pluralen Modernen einzugehen? Die Notwendigkeit ergibt sich aus der Tatsache, dass wir dadurch nicht nur die Neuartigkeit dieser Theorie umsichtiger bewerten, sondern auch anzuerkennen beginnen, dass ihr Interventionen von einer Vielzahl nicht-westlicher Intellektueller vorausgingen. So war beispielsweise die Idee, dass die uralten Wurzeln der asiatischen Zivilisation, sobald sie mit westlichen Industrietechniken verschmelzen, eine neue und unaufhaltsame Weltmacht hervorbringen würden, ein zentrales Thema in dem Text *The Awakening of the East* (geschrieben ca. 1902) des japanischen Kritikers Okakura Tenshin.[86] Bilder eines sich auf dem Abstieg befindenden, alternden Westens und eines sich auf dem Vormarsch befindenden, lebendigen Ostens kursieren seit mehr als hundert Jahren. Dabei sind sie nicht nur Reflektionen tatsächlicher Veränderungen im Gleichgewicht der Macht. Sie sind ein wiederkehrendes, vertrautes und erhofftes Motiv, um das herum antikoloniale Ängste und Hoffnungen, Selbstkritik und Ambitionen organisiert wurden. Tatsächlich lässt sich die Verbindung zwischen der Pluralisierung der Moderne und antikolonialer Befreiung womöglich noch weiter zurückverfolgen, eventuell sogar bis in das späte 18. Jahrhundert. Chakrabarty beginnt seine Darstellung der Entstehung der ›bengalischen Moderne‹ mit der Betrachtung von Rammohun Roys (1772–1833) Adaption von Vorstellungen der Sozialreform.[87] Chakrabartys Arbeit erklärt auch das Selbstbewusstsein, mit dem antikoloniale bengalische/indische Ansprüche auf die Moderne seit dem Beginn des letzten Jahrhunderts formuliert wurden. So schreibt beispielsweise Tagore von der Auferlegung bestimmter Institutionen, die »nicht modern, sondern bloß europäisch« waren. »Wahrer Modernismus«, führt er fort, »ist die Freiheit des Geistes, nicht die Versklavung des Geschmacks«.[88] Tagore insistiert, dass eine ›wahre‹ Moderne sowohl materiellen wie auch spirituellen Fortschritt bedeuten müsse.

An dieser Stelle sei daran erinnert, dass in den gängigen englischsprachigen Lehrbüchern über China die Entstehung ›frühmoderner‹ sozialer und ökonomischer Formationen ab dem 9. Jahrhundert konstatiert wird.[89] Die jüngere historische Forschung kritisiert lineare Entwicklungsmodelle der chinesischen Moderne und malt das Bild von konkurrierenden und zeitgleich entstehenden Visionen und Versionen. Zurndorfer erklärt dieses Phänomen unter Verweis auf Beispiele aus dem frühen 20. Jahrhundert und stellt dabei fest, dass »eurozentrische Theorien der Entwicklung keinen Einfluss« auf zentrale Denker:innen hatten.[90] Zurndorfer nutzt die Arbeiten des japanischen Sinologen Naitō Konan (1866–1934) und die des Historikers und Journalisten Liang Qichao (1873–1929), um zu zeigen, wie ihre Versuche, die Moderne für China zu reklamieren und dort zu verwurzeln, ihre republikanischen und – in Naitōs Fall – imperialen Interessen offenbart. Wie Tang gezeigt hat, sind Liangs biografische Studien zu den ›großen Kolonialherren‹ aus Chinas Vergangenheit sowie seine Interpretation von Mengzi und Mozi als Ahnherren von »Chinas Version eines modernen Staatsrechts« Teil eines alten Musters, unter dem die chinesische Moderne behauptet und ihre Bedeutung diskutiert wurde.[91]

Diese historischen Anmerkungen legen nahe, dass wir vorsichtig damit sein sollten, plurale Modernen als eine gänzlich neue Idee zu behandeln. Außerhalb des Westens sind verwandte Ideen schon seit vielen Jahren im Umlauf. Diese Anmerkungen bekräftigen auch die Vorstellung, dass auf der Pluralisierung die ehrwürdige Last antiimperialer Hoffnungen liegt. Allerdings hat die Theorie der pluralen Modernen – insbesondere der von Eisenstadt entwickelte Ansatz der ›multiplen Modernen‹ – in den letzten Jahren vielfältige Kritik auf sich gezogen. Die potenziell nationalistische Tendenz pluraler Modernen wurde bereits angesprochen. Weitere Bedenken beziehen sich auf das Problem eines zivilisatorischen Essentialismus. Duara warnt daher:

»Vertreter:innen der multiplen Modernen neigen dazu, Nationen und Bevölkerungsgruppen (sogar *races*) bis in vormoderne Epochen zurückzuverfolgen – nach dem Modell westlicher Zivilisation, die als sich in linearer und klar abgrenzbarer Weise aus dem Altertum entwickelnd verstanden wird. Damit verschaffen sie dem essentialistischen Prinzip, das dem methodologischen Nationalismus zugrunde liegt, noch mehr Reichweite und sie unterschätzen die Rolle, die weltweiter Austausch über Jahrhunderte hinweg gespielt hat.«[92]

Demgegenüber bietet Duara uns das Bild einer ›globalen Moderne‹, die durch ›asiatische Traditionen‹ gebrochen und herausgefordert wird. Anderen Kritiker:innen hingegen bereitet ironischerweise gerade die vermeintlich unkritische Verwendung von ›Tradition‹ in der Theorie der pluralen Modernen Sorge. Die Leidenschaft, mit der Schmidt die multiplen Modernen als »konzeptuell fehlerhaft und empirisch fragwürdig« zurückweist, rührt von seiner Feindseligkeit gegenüber der dieser Theorie vermeintlich eigenen Kombination von Konservatismus und Relativismus her.[93] Indem Ansätze der pluralen Modernen alle Kulturen als gleichermaßen modern verstehen würden, so Schmidt, würden sie sich der sozialen Diskriminierung schuldig machen. So betont Schmidt beispielsweise die Notwendigkeit, Kastensysteme als grundlegend vormodern zu repräsentieren; nicht nur, weil sie als ›unverrückbare Tatsachen des Lebens‹ erfahren werden, sondern weil sie als modern anzuerkennen bedeuten würde, ihnen Legitimität zu verleihen.[94] Das Überzeugendste an Schmidts Kritik ist seine Anmerkung, dass Ansätze der multiplen Modernen bloße Variationen der Moderne fälschlicherweise als unterschiedliche Typen derselben darstellen würden. Folglich argumentiert er: »Die Arten von Differenz, [die Eisenstadt] anführt, sind tatsächlich nichts weiter als geringfügige Variationen einer Struktur.«[95] Dieses Problem wurde auch von anderen identifiziert, die sich, im Gegensatz zu Schmidt, jedoch darum sorgen, dass die Ansätze der pluralen Modernen noch nicht ›plural genug‹ sind, weil sie ›das Moderne‹ weiterhin als alleinigen Wertmaßstab festschreiben und damit nicht-westliche Gesellschaften als Spätstarter in einem Rennen verorten, das vom Westen erfunden, ausgerichtet, gerannt und gewonnen wurde. Um es mit den Worten von Friedman auszudrücken: »Diejenigen, die unerbittlich die Moderne für die gesamte Welt ins Feld führen, wiederholen das, was sie enthusiastisch zu überwinden behaupten.«[96] Erneut ist es bezeichnend, dass diese Kritiken Eisenstadts

Arbeit als Maßstab nehmen. Seine Version der sich vom Westen aus entfaltenden pluralen Modernen steht auch im Zentrum von Bhambras Darstellung. Das »Problem des Eurozentrismus«, schreibt sie, »bleibt im neuen Paradigma weiterhin ein wesentlicher Bestandteil«.[97] Englund und Leach gehen der ambivalenten Beziehung von Universalismus und pluralen Modernen nach und stellen Letztere als ein »gegenwärtiges Meta-Narrativ« und als einen »neuen Holismus« dar. Sie argumentieren weiter: »Obwohl dieses Narrativ gleichzeitig kulturelle Vielfalt zelebriert und sich der Engstirnigkeit entgegenstellt, [...] kann es sich der logischen Erfordernis nicht entziehen, die Variation von etwas zu repräsentieren, das invariabel ist.«[98] In einer etwas politischer gelagerten Kritik geht auch Kelly auf die Inkongruenz ein, dass, obwohl behauptet wird, unterschiedliche Modernen hätten unterschiedliche kulturelle Wurzeln und Traditionen, sie nichtsdestotrotz als vergleichbar und damit als gleiche dargestellt werden. »Wer«, fragt er, »hat dieses vorsätzliche Oxymoron zustande gebracht, das die Entsprechung aller modernen Nationalstaaten gerade in ihren historischen Besonderheiten findet?«[99] Kelly hat eine Antwort auf diese Frage. Er ist der Meinung, dass die Idee der pluralen Modernen Ausdruck einer außenpolitischen Agenda der USA sei (Teil der Politik der Truman-Regierung), die darauf abzielte, Akzeptanz und Verbreitung der Moderne zu fördern, indem sie diese als etwas Lokales darstellte. Das impliziert, dass die Theorie der pluralen Modernen lediglich ein neues Gewand für einen alten Feind ist, nämlich den Kapitalismus und/oder die westliche Herrschaft. Hart zufolge bieten die Ansätze der pluralen Modernen »eine bemerkenswert unkritische – zuweilen sogar feierliche – Auffassung der Neuartigkeit, Vielfalt und Vielfältigkeit der kapitalistischen Modernen«.[100] Auf ähnliche Weise beschuldigt Watts die Ansätze der pluralen Modernen, sich eines »schwammigen Utopismus« schuldig gemacht zu haben. Das »zunehmende Geschrei nach der ›Provinzialisierung Europas‹, danach, den Blick außerhalb und jenseits der Hegemonie des Westens zu erweitern«, sei kultureller Ausdruck eines losgelösten und flexiblen Kapitalismus, geformt »im Schmelztiegel [...] des neoliberalen ›Grand Slam‹«.[101]

Es gibt viele kritische Betrachtungsweisen des Versuchs, die Moderne als plural aufzufassen, und sie bieten ein wertvolles Korrektiv gegen gewisse Tendenzen, die sich in einigen Varianten der Theorie finden. Doch übersehen diese Betrachtungsweisen häufig die Vielfalt der Ansätze. Einige davon sind in der Tat simplifizierend in ihrem feierlichen Ton und politisch naiv, andere hingegen sind es nicht. Einige bestehen auf einer zeitlichen Betrachtung, die den Westen zum Ausgangspunkt und Vorzeigemodell der Moderne macht, andere hingegen tun dies nicht. Eisenstadts Verständnis von ›multiplen Modernen‹ weist tatsächlich, wie Duara anmerkt, essentialistische Tendenzen auf, die die Modernen in einer weit zurückliegenden Vergangenheit verwurzeln, jedoch lässt sich die Idee der ›Pluralisierung‹ besser anhand der Begriffe Vernetzung, Bewegung, globaler Wandel und Austausch auf die Spur kommen.

Das Konzept der pluralen Modernen ist eine Tendenz, eine Ausrichtung auf Diversität, und es sollte nicht auf die Arbeit eines einzelnen Individuums oder einer einzelnen akademischen Schule reduziert werden. Kritiker:innen weisen zu Recht darauf hin, dass, egal wie divers sie sind, plurale Modernen eine Logik der Vergleichbarkeit erfordern sowie ein geteiltes Verständnis dessen, was die Moderne tatsächlich ist. Allerdings wäre es ein Fehler, daraus zu schließen, dass sich die Debatte um ›invariable‹ Merkmale drehe. Die zuvor vorgestellten zentralen Tendenzen, die mit der Moderne assoziiert werden, sind in ihrer Form fluide und ihre Bedeutung unterliegt ständiger Aushandlung. Ein noch schwerwiegenderer Fehler wäre es, Nicht-Vergleichbarkeit als soziologisch wertvoll oder politisch progressives Ziel zu verstehen. Gegenseitiges Unverständnis und die radikale ›Andersartigkeit‹ zu einer Tugend zu erklären, führt zu nichts als bloßem Empirismus und ruft wieder jene romantisierten und nostalgischen Bilder auf, die wir bereits aus der Kolonialgeschichte kennen.[102]

Wir sollten auch darüber nachdenken, welche Folgen es hätte, würden wir die plurale Natur der Moderne nicht anerkennen. Eine Folge wäre, dass wir genau in dem Moment, in dem sich die globalen Machtverhältnisse verschieben und post-westliche Horizonte in unser Blickfeld geraten, mit einem Modell der Moderne dastehen würden, das nicht nur eurozentrisch, sondern auch fehlerhaft ist. Und wer wäre dieses ›Wir‹? Denn die Pluralisierung ist bereits in die neuen historischen und soziologischen Darstellungen neu aufsteigender Regionen und Nationen eingeschrieben worden. In gewisser Weise muss das Risiko pluraler Modernen also in Kauf genommen werden. Es wird weiterhin Versuche geben, die Moderne zurück in die sichereren, ruhigeren Gewässer eines singulären Narrativs der westlichen, kapitalistischen Moderne zu geleiten, wie auch den Vergleich als etwas darzustellen, gegen das es zu rebellieren gelte. Doch nichts davon hilft bei einem Verständnis der weltweiten Existenz von Rassismus weiter. Mehr noch: Keine dieser Positionen scheint zu begreifen, wie schnell sich die Debatten verändern. Durch die Verschiebung von politischer und ökonomischer Macht haben sich gänzlich neue Blickwinkel auf die Moderne eröffnet. Die Moderne wird heute nicht nur mit neuen Begriffen versehen, sie wird grundsätzlich neu gedacht.

Schlussfolgerung: Moderne Schauplätze des Rassismus

Ich beende dieses Kapitel mit einer kurzen, empirisch orientierten Einführung in die Vorteile und Möglichkeiten, die ein plurales Modell der Verbindung der Moderne zu Rassismus bietet. Dieses Modell verspricht eine Beschäftigung mit dem geografisch je unterschiedlichen Zusammenspiel von Moderne und Rassismus sowie ein weitaus größeres Bewusstsein für die Vielfalt der Debatten über Rassismus.[103]

Eine plurale Herangehensweise an die Moderne fördert die Internationalisierung der *Ethnic and Racial Studies*, teilweise bedingt durch die zunehmende Auseinandersetzung mit neueren Arbeiten in den sogenannten Regionalwissenschaften (›sogenannt‹, weil diese Bezeichnung selten für europäische oder nordamerikanische Gesellschaften genutzt wird) und den *Postcolonial Studies*. Meine Beispiele in dieser kurzen Konklusion stammen aus nur zwei Ländern: China und der UdSSR.

Soziale Entwurzelungsprozesse und die Verstärkung ethnischer Differenz werden in Kapitel 2 besprochen und stehen im Zentrum mehrerer aktueller historischer Arbeiten zu Ethnizität und Rassismus in China. Dieser typisch moderne Prozess, durch den traditionelle Identitäten destabilisiert werden und der strikt voneinander getrennte, exklusive Identitäten erzeugt, wird sowohl in dem neuen Forschungsgebiet der ›kritischen Han-Studien‹[104] als auch von Sinolog:innen wie Crossley und Dikötter in den Vordergrund gestellt. So verbindet beispielsweise Dikötter die Aussage, dass »aufeinanderfolgende Perioden des Kontakts zu angrenzenden Bevölkerungen protonationalistische Gefühle förderten und ein Bewusstsein für biologische Kontinuität erzeugten«, mit einer allgemeineren Beobachtung: »Aus der Innenperspektive betrachtet waren das 18. und das 19. Jahrhundert eine Zeit tiefgreifender Veränderungen in der konfuzianischen Welt.«[105] Crossley legt ebenfalls detailliert dar, wie im Verlauf dieser Zeit rigidere und formalisiertere Grenzziehungen und Hierarchien entstanden, die Prozesse des physischen wie auch des kulturellen ›*Othering*‹ miteinander verbanden. Sie verortet diese Prozesse sowohl im Kontext der Expansion des Kaiserreichs als auch im Kontext von dessen Auseinanderbrechen, ihr zufolge beides »eine Folge dessen, was wir als die ›Modernisierung‹ Chinas verstehen«.[106] Rassismus im China des 21. Jahrhunderts entwickelte sich zudem im Kontext der drastischen Veränderungen und Herausforderungen, die mit der Entstehung einer Massengesellschaft einhergingen (siehe Kapitel 2).

Neuere Arbeiten zur ambivalenten, aber einflussreichen Rolle, die Ethnisierung und Rassifizierung bei der Verwaltung der vielfältigen Bevölkerung der UdSSR gespielt haben, haben gezeigt, dass – in Laws Worten – die »Konzeption der Moderne des sowjetischen Regimes« wesentlich für die »Reproduktion und Entwicklung von rassistischen/antirassistischen, kolonialen/antikolonialen Regierungsformen sowie für die Konstruktion/Destruktion von Ethnien« war.[107] Das Bestreben vieler höherer sowjetischer Amtsträger:innen war es, eine kategorisierbare und handhabbare Population zu schaffen, in der ethnische Gruppen normalisiert und eine »Verschmelzung hin zu einer einzelnen, gemeinsamen, (in der Form und im Inhalt) sozialistischen Kultur« eingeleitet werden konnte, wie Stalin es 1930 beschrieb.[108] Durch diese totalitäre Sicht auf den ›modernen Menschen‹ wurden ganze ethnische und *racial* Gruppen als von Natur aus verdächtig eingestuft und massenhaft bestraft.

Diese geografische Ausweitung der Untersuchung von Rassismus sollte nicht bedeuten, eine im Westen bekannte Kategorie zu übersetzen und einfach auf einen anderen Ort zu übertragen. Das Versprechen des Interaktionismus ist es vielmehr, den Raum für einen intensiven und gegenseitigen Austausch zu öffnen, wodurch besser auf unterschiedliche regionale Narrative von Diskriminierung und Identität eingegangen werden kann. Doch wie wir gesehen haben, führt ein Verständnis von Interaktionismus als Begegnung zwischen nicht-westlicher ›Tradition‹ und westlicher Moderne dazu, dass der Fokus meist auf Letzterer liegt. Dagegen legt der hier genutzte Ansatz den Schwerpunkt auf das Zusammenspiel moderner Rassismen. Ein Beispiel dafür ist das Aufeinandertreffen von sowjetischer und westlicher Eugenik. Rudlings Untersuchung des Austauschs eugenischer Theorien zwischen dem Westen und der UdSSR in den 1920er Jahren zeigt, wie Vorstellungen der ›Rassenhygiene‹ sowohl unter sowjetischen als unter auch westlichen Intellektuellen und Politikern Anklang fanden, wenn auch auf unterschiedliche Weise und aus unterschiedlichen politischen Gründen.[109] Law zeigt die »starken Verbindungen zwischen« – dem von ihm so bezeichneten – »russischen Rassismus und den westlichen Rassismen« auf und macht darauf aufmerksam, wie führende sowjetische Persönlichkeiten bei ihrer Anwendung und Förderung von Forschung im Bereich der Eugenik westliche Ideen übernahmen, insbesondere durch die Entwicklung einer Neolamarck'schen und pro-sowjetischen Konzeption von Vererbung.[110] Breitere Verflechtungen zwischen ethnisierten und rassifizierten Modernen lassen sich mithilfe der Arbeiten von Dikötter und Crossley veranschaulichen, die nachweisen, wie im späten 19. Jahrhundert und den darauffolgenden Jahrzehnten eine zunehmend post-traditionelle chinesische Gesellschaft mit dem Sozialdarwinismus und anderen rassistischen Diskursen, die vom Westen ausgingen, interagierte. Beispielsweise verbanden und befruchteten antiimperiale und pro-Han Reformer:innen, die zu Beginn des 20. Jahrhunderts aktiv waren, das, was Crossley als bereits bestehende »Ideologie genealogischer und archetypischer Identität« bezeichnet, mit westlichen Theorien der ›Rassenentwicklung‹ und des ›Rassenfortschritts‹, um die im Land herrschenden Mandschu zu untergraben und zu attackieren.[111] Dieses Zusammentreffen von gesellschaftlichem Wandel und äußeren Einflüssen führte zur Überarbeitung bereits bestehender Vorstellungen menschlicher Differenz, die in ihrer neuen Form zugleich modern, chinesisch und fremd waren.

Internationale Reaktionen auf ethnische und rassistische Gewalt (wie die Vertreibung der Rohingya, die Masseninhaftierung der chinesischen Uigur:innen oder der Genozid an den Jesid:innen) sind häufig von Überraschung und Unwissenheit gekennzeichnet, die vermuten lassen, dass eine der Lehren des 20. Jahrhunderts noch immer nicht gänzlich verinnerlicht worden ist: dass Rassismus in unterschiedlichem Gewand auftritt. Das von mir so genannte ›Paradigma vom westlichen Rassismus‹ macht es nicht nur schwer, solche Ereignisse zu verstehen, sondern sie überhaupt zu sehen. Anders ausgedrückt: Eine Pluralisierung unseres Verständnisses von Rassismus ist nicht nur eine überzeugende akademische Theorie, sondern zugleich auch eine Bedingung für eine friedliche, gerechte und multikulturelle Zukunft.

Weiterführende Lektüre

Frank Dikötter, »The Racialization of the Globe: An Interactive Interpretation«, Ethnic and Racial Studies, 31, 8 (2008), 1478–96. Dikötters Arbeit hat einen wichtigen Beitrag zur Internationalisierung der Rassismusforschung geleistet. In diesem wegweisenden Artikel bringt Dikötter alternative Erklärungsansätze für die weltweite Existenz von Rassismus vor, woraufhin er seine ›interaktionistische‹ Theorie vorstellt, wofür er größtenteils Beispiele aus Ostasien nutzt.

Zygmunt Bauman, Die Dialektik der Ordnung. Die Moderne und der Holocaust (Hamburg: Europäische Verlagsanstalt, 1992). Baumans Buch, das als *die* Auseinandersetzung mit den modernen Dimensionen von Rassismus und Genozid gilt, schafft es, zugleich theoretisch innovativ (es kalibriert unsere Erwartungen an die Moderne und die ›Soziologie nach dem Holocaust‹ neu) als auch empirisch umfangreich zu sein (es stellt detailliert die ›Einzigartigkeit und Normalität‹ des Holocausts dar).

Shmuel Eisenstadt, Die Antinomien der Moderne: Die Jakobinischen Grundzüge der Moderne und des Fundamentalismus (Frankfurt: Suhrkamp, 1998). Unter dem Begriff der pluralen Modernen finden sich viele unterschiedliche Ansätze und Eisenstadts Arbeit ist weder repräsentativ noch typisch. Es ist allerdings durchweg faszinierend und innovativ. Eisenstadts Interesse an den fanatischen und autoritären Aspekten von Modernen konzentriert sich historisch und geografisch auf die soziologischen Ähnlichkeiten zwischen europäischen Revolutionen und dem Anstieg des religiösen Fundamentalismus in den USA und im Nahen Osten.

Ian Law, Racism and Ethnicity: Global Debates, Dilemmas, Directions (Abingdon: Routledge, 2013). Ein sehr verständlich geschriebener Einführungstext, der zentrale Definitionen, Theorien und Themen in europäischen, nordamerikanischen und globalen Kontexten behandelt, mit transnationalen Beispielen und unter anderem nationalen Fallbeispielen aus Russland, China und Japan. Zusätzlich diskutiert Law die Möglichkeit einer ›post-ethnischen‹ und ›post-*racial*‹ Welt.

Kapitel 2

Geschichte und Nostalgie: Brüche, Rassismus und die Erfahrung des Verlusts

Dieses Kapitel widmet sich der Geschichte und der Nutzbarmachung von Geschichte. Der erste Teil befasst sich anhand von Beispielen aus Ruanda, der Türkei und China mit der Entwicklung von Rassismus im Kontext eines Bruches mit der Vergangenheit und der damit verbundenen Politisierung und Essentialisierung ethnischer und *racial* Identitäten. Der zweite Teil befasst sich mit der Nutzbarmachung von Geschichte. Damit meine ich die Art und Weise, wie Rassismus mittels Nostalgie und der Erschaffung von Mythen die Vergangenheit gegen gewisse Menschen in Stellung bringt. Dieses Thema wird durch Beispiele aus Kambodscha, Ruanda, Eritrea und China illustriert. Ein wesentliches Merkmal moderner Gesellschaften ist ihre Erfindung von ›Tradition‹ und ihr komplexes, von Sehnsucht geprägtes Verhältnis zur Vergangenheit. Rassismus ist ein wichtiger Teil dieser nostalgischen Neigung. Immer wieder beschwört er ›Außenseiter:innen‹ als zersetzende und störende Elemente herauf, ebenso die ersehnte Rückkehr zu einer authentischen und vollkommenen Gemeinschaft.

Brüche und Rassismen

Die Moderne ist ein Bruch mit der Vergangenheit. Ein Bruch, der häufig von der Ausweitung eines gemeinsamen Identitätsgefühls auf große Massen und dem Aufstieg von Nationalismen begleitet wird, die bereits bestehende Vorurteile aufnehmen und ihnen eine neue Form verleihen. Mit dem Beginn der westlichen Kolonialherrschaft wurden die bestehenden gesellschaftlichen Ordnungen in allen Teilen Asiens, Afrikas und der Amerikas umgeworfen und ein weltweiter Kontext für den europäischen Rassismus und die europäische Moderne geschaffen. Doch entstanden in diesem Schmelztiegel viele moderne, oftmals extrem essentialistische und gewalttätige, manchmal sogar genozidale Rassismen. In diesem Abschnitt zeichne ich solche Begegnungen und Transformationen in drei verschiedenen nationalen Kontexten nach: in Ruanda, der Türkei und China.

In Ruanda, einem Land mit sieben Millionen Einwohner:innen, wurden zwischen April und Juli 1994 eine Million Tutsi und Hutu von extremistischen Hutu getötet. Einer der unmittelbaren Auslöser für diese Tötungswelle war die hasserfüllte Propaganda, die über die nationalen Radiosender ausgestrahlt wurde. Darin wurden alle Hutu, die größere der beiden Gruppen, dazu aufgerufen, die Tutsi auszulöschen, die als ›Kakerlaken‹ entmenschlicht und dämonisiert wurden:

> »Auch wenn es regnet, geht raus! Ihr findet die Strohhütten der Kakerlaken in der Marsch, wo die Pferde gehalten werden. [...] Ich denke, diejenigen, die Waffen haben, sollten sich sofort auf den Weg zu diesen Kakerlaken machen, bevor sie Radio RTLM hören und fliehen. Versammelt euch dort, kreist sie ein und tötet sie, weil sie da sind.«[1]

Die Grenzziehung zwischen Hutu und Tutsi, zwischen Menschen und Ungeziefer, stütze sich auf eine Mischung von Einflüssen und Brüchen mit der Vergangenheit, wodurch ein neues rassistisches Narrativ geschaffen wurde, das die massenhafte Anwendung von Gewalt entfachte. Vorstellungen und Praktiken einer rigiden ethnischen Hierarchie und Kategorisierung wurden in Ruanda durch die europäischen Kolonialmächte eingeführt, zunächst durch Deutschland und ab 1923 durch Belgien. In seiner einflussreichen Darstellung des Genozids – *When Victims Become Killers* – beschreibt Mamdani den Konflikt als das Ergebnis einer Internalisierung dieser kolonialen Trennung von Hutu und Tutsi.[2] Mamdanis Darstellung erfasst einen wichtigen Kern, verdeckt aber auch eine lange prä- und post-koloniale Geschichte der Begegnung, Vermischung und Feindseligkeit, bei der Klasse ebenso zentral war wie Ethnizität. Die Tutsi hatten tendenziell eine höhere sozioökonomische Position als die Hutu, was auf den Besitz von Land und Vieh zurückzuführen war. Die Kolonialmächte betrachteten sie außerdem als überlegen, weil gesagt wurde, dass sie den Europäer:innen ähnlicher sehen würden. Es wurde ein System der Patronage und des ethnisch geprägten Regierens geschaffen, das die Trennung zwischen der Tutsi-Minderheit und der Hutu-Mehrheit verstärkte und essentialisierte. Zwar hatten bereits vor diesen Eingriffen die ethnischen Identitäten der Tutsi und Hutu existiert, doch waren sie durchlässig und Menschen konnten von einer Kategorie in die andere wechseln, insbesondere wenn sich ihre wirtschaftlichen Umstände veränderten. Diese Fluidität ging verloren, als Ethnizität zu einem zentralen Mittel des Regierens und der staatlichen Bürokratie wurde.

Beispielsweise trug die Einführung von Personalausweisen 1933, in denen die Ethnizität der jeweiligen Person festgehalten wurde, zu einer Fixierung und Zementierung der Unterscheidung von Tutsi und Hutu bei.[3] Diese ›Fixierung‹ wurde im Vorlauf und in der Folge der Unabhängigkeit des Landes 1962 weiter politisiert, als es eine Reihe von von Hutu geführten Aufständen gab. Die Macht der Tutsi wurde geschmälert und es folgten Quotenregelungen, die Hutu beim Zugang zu Bildung und der Vergabe von Arbeitsplätzen im öffentlichen Dienst bevorzugten. In den 1970er Jahren wurde ein administratives geografisches System entwickelt, das die aus der Kolonialzeit stammende regionale Aufteilung des Landes verkomplizierte und es nun in Präfekturen, Kommunen, Sektoren und Zellen unterteilte. Diese Struktur war für den Genozid von 1994 von entscheidender Bedeutung, da diese Einteilungen es den tutsifeindlichen Kräften ermöglichten, ihre Angriffe akribisch genau zu planen. Giorgia Doná hat überzeugend dargelegt, warum die Durchführung des Genozids weder ein bloßes Überbleibsel der Kolonialherrschaft noch ein Rückschritt zu vormoderner ethnischer Rivalität war, sondern vielmehr Ausdruck der ›dunklen Seite‹ dessen, was sie die »spezifisch ruandische Moderne« nennt.[4] Doná legt ein besonderes Augenmerk auf die Auswirkungen der bereits genannten administrativen Mittel sowie auf die Erfahrungen von sozialer Transformation und sozialem Bruch: Erfahrungen, die alte Verbindungen zunichtemachten und die Bedingungen für eine ideologisch geprägte ethnisch-rassistische Politik schufen. Ihre Zusammenfassung ist es wert, hier in Gänze zitiert zu werden:

> »Die Planung und Durchführung des Genozids in Ruanda wurde durch miteinander verbundene Elemente lokaler, regionaler und westlicher Modernen ermöglicht. Darunter befand sich eine akribisch nachgehaltene landesweite Verwaltungsstruktur – ein Erbe aus der Kolonialzeit –, die genutzt wurde, um Listen von Angriffszielen zu erstellen und Straßenblockaden zu errichten; die Festschreibung der Ethnizität in Personalausweisen, die genutzt wurde, um die Zielgruppe zu identifizieren und vom Rest der Bevölkerung zu separieren; die aus feudalen Zeiten stammende Praxis der Gemeindearbeit, als jeder Haushalt angehalten war, an gemeinschaftlicher Arbeit teilzunehmen, was genutzt wurde, um Tötungspatrouillen zu organisieren; und die in afrikanischen Ländern nach Erreichung der Unabhängigkeit verbreitete moderne Praxis, Jugendorganisationen von politischen Parteien zu gründen, die ebenfalls als tötender Mob eingesetzt wurden. Die Mobilisierung geschah mittels moderner Kommunikationssysteme:

> Die Radioprogramme riefen hybride vormoderne und moderne Mythen auf, um die Bevölkerung dazu aufzuwiegeln, sich gegen Tutsi-Eindringlinge von außerhalb des Staates sowie gegen ihre Kompliz:innen im Inneren zur Wehr zu setzen, um eine Rückkehr zu den von Ausbeutung geprägten feudalen und kolonialen Verhältnissen zu verhindern.«[5]

Der Genozid in Ruanda fand ein jähes Ende, und seither gibt es landesweite Kampagnen zum Umgang mit den Vorurteilen und den Verbrechen der Vergangenheit. Die weitreichenden Versuche im heutigen Ruanda, Vertrauen auf der Basis von Rechtsstaatlichkeit und Transparenz wiederherzustellen, sind bemerkenswert, weil sie ungewöhnlich sind. In vielen Ländern ist die Diskussion staatlich organisierter oder unterstützter großangelegter rassistischer Gewaltakte ein Tabu. In der Türkei beispielsweise scheint das Fehlen einer ernsthaften Aufarbeitung des Rassismus, der die Staatsgründung begleitete, fester Bestandteil etablierter Politik zu sein. Das erklärt, warum die Nachfahren derjenigen, die Massaker in der Vergangenheit überlebt haben, die Metapher der ›offenen Wunde‹ verwenden, um die Geschichte der Türkei zu beschreiben.[6] Während des Zusammenbruchs des multi-ethnischen Osmanischen Reiches und des Aufstiegs des neuen, ethno-nationalistischen türkischen Staates zu Beginn des 20. Jahrhunderts wurde das Land zum Schauplatz wiederholter Wellen extremer ethnischer Gewalt. In den Jahren zwischen 1915 und 1923 fanden Massentötungen von christlichen Minderheiten, Assyrer:innen, Armenier:innen und Griech:innen statt. Viele der Übriggebliebenen konvertierten zum Islam, um einer Entdeckung zu entgehen, womit sie zu einer versteckten Minderheit wurden.[7] Die meisten der geschätzten zwei Millionen griechisch-orthodoxen Christ:innen im Land wurden getötet oder ins Exil getrieben, wobei Letzteres 1923 durch den ›Bevölkerungsaustausch‹ zwischen der Türkei und Griechenland formalisiert wurde (was auch dazu führte, dass Hunderttausende Muslim:innen gezwungen waren, Griechenland zu verlassen). Das ›Pogrom von Istanbul‹ 1955 schließlich, in dem ebenfalls Armenier:innen und Jüd:innen zur Zielscheibe wurden, veranlasste dann auch den Rest der verbliebenen griechischen Bevölkerung zur Flucht. Im Verlauf dieser Ereignisse durchlief die Türkei eine ethnische Umwandlung – so wie es die neuen Führer des Landes beabsichtigt hatten. Auch wenn winzige, wenige Tausende umfassende, armenische und griechische Minderheiten bis zum heutigen Tag fortbestehen, wurde die multi-religiöse Vielfalt der Region auf eine Vielfalt verschiedener muslimischer Minderheiten reduziert und ein Land der Türk:innen – verstanden als muslimisch und von ethnisch->rassischem< türkischem Erbe – hervorgebracht.

Die ethnisch->rassische< Moderne, die sich in der Türkei des frühen 20. Jahrhunderts herausbildete, hatte ihren Ursprung bereits in den Reformen in der Spätphase des Osmanischen Reiches.[8] Es bedurfte jedoch einer Revolution und eines drastischen Bruchs mit dem Pluralismus der Vergangenheit, um diese Bestrebungen in die Praxis umzusetzen. In seinem Buch *Revolution and Genocide* verbindet und vergleicht Melson den Holocaust mit dem Genozid an den Armenier:innen, indem er eine kausale Verbindung zwischen gesellschaftlichem Bruch und Extremismus, Nationalismus und Rassismus herstellt. Melson schreibt über die türkische >Revolution< (die er zwischen 1908 und 1923 verortet) und bemerkt dazu:

> »ein Wandel der Identität, der Ideologie und der politischen Mythen der Mehrheitsgesellschaft bedeutet auch, dass sich ihr Blick auf Minderheiten ändert. Als Osman:innen zu Türk:innen wurden, begannen Nationalist:innen [...] damit, Armenier:innen in einem neuen Licht zu betrachten, nicht länger als angestammte Glaubensgemeinschaft, sondern als Fremde, die nicht zu ihnen gehören.«[9]

Barts Analyse ist noch verheerender: »Der Ethnozid«, so schreibt er, »wurde schnell zur Raison d'Être des modernen türkischen Staates«.[10] Das mit der Geburt der Türkei einhergehende Trauma fand einen internationalen Widerhall und hatte international Einfluss. Am 22. August 1939 stellte Hitler die berüchtigte Frage: »Wer redet heute noch von der Vernichtung der Armenier?«[11] Cheterian argumentiert: »Späteren Täter:innen, von Nazi-Deutschland bis hin zum aserbaidschanischen Nationalismus, diente der Genozid an den Armenier:innen als Inspiration; sie schlussfolgerten daraus, dass Massenmord ein effizientes und akzeptiertes Mittel der Konfliktlösung ist.«[12]

Der staatliche Rassismus im späten Osmanischen Reich und in der Türkei war gleichermaßen Import- wie Exportprodukt. Er war eine Mischung von europäischen und neuen wie alten >türkischen< Ideen. Die pseudowissenschaftlichen Diskurse, die zur Rechtfertigung der Genozide eingesetzt wurden, trugen das unverkennbare Zeichen des aus Europa stammenden eugenischen und sozialdarwinistischen Denkens. Diese Rechtfertigungsstrategien wurden jedoch niemandem aufgezwungen, vielmehr waren sie eifrig gesucht, übernommen und weiterentwickelt worden. Kemal Atatürk,

Begründer der Republik Türkei und dessen erster Präsident, hatte ein starkes Interesse an ›Rassenkunde‹ und es war seine Tochter, Afet İnan, die eine landesweite Studie von Kopf- und Körpertypen durchführte, um zu einem homogenen türkischen und alle Turkvölker umspannenden ›Typ‹ zu gelangen. Eine »umfangreiche und farbenprächtige nationale Mythologie wurde entwickelt und propagiert«, erklärt Eissenstat, »mit der die ›rassische‹ Einheit und Kontinuität Anatoliens ›bewiesen‹ wurde«.[13] Innerhalb dieser sich entwickelnden Mythologie wurden Metaphern der Krankheit, der Reinheit und der Gesundheit der Nation durch eine religiöse und regionale Bildsprache mobilisiert. Für den Arzt Mehmed Reşid, der die Massaker in der Region Diyarbakır im Südosten Anatoliens organisierte, waren die »armenischen Verräter« im Land »gefährliche Mikroben«. Das führte ihn zu folgender Frage: »Ist es nicht die Pflicht eines Arztes, Mikroben zu vernichten?«[14] Ähnlich liest sich auch ein Brief, der 1913 vom Generaldirektor der Istanbuler Polizei verfasst wurde: »Die Türken haben sich verpflichtet und geschworen, die armenischen *gâvurs* [Ungläubigen] zu unterwerfen und zu beseitigen, die für uns zum Tuberkulosebakterium geworden sind.«[15]

Die Modernität der türkischen Genozide bedeutete nicht, dass es sich dabei um reibungslose, zentral geplante Vorgänge handelte. Sie fanden inmitten einer fieberhaften Atmosphäre statt, die eher als chaotisch denn methodisch beschrieben werden kann. Doch der unbändige Drang, das Land von allen ›Nicht-Türk:innen‹ zu säubern, brachte eine entschlossene Koalition zusammen, von der man sagen kann, dass sie auch in der heutigen Türkei das Schweigen über das Thema aufrechterhält. In den vergangenen Jahren gab es ein vermehrtes Interesse und eine vermehrte Diskussion über diese Geschehnisse in der Türkei, teilweise ermöglicht durch die Abneigung der neuen islamistischen Regierung gegenüber dem säkularen und pseudowissenschaftlichen Rassismus und Nationalismus vorangegangener Regierungen. Doch bleibt die Auslöschung der nicht-muslimischen Minderheiten des Landes ein schwieriges Thema. Dies gilt insbesondere für jene Gegenden, in denen diese Minderheiten stark vertreten waren. Eine davon ist die Provinz Van im tiefen Osten der Türkei, die vor dem Ersten Weltkrieg mehr als 450 armenische Dörfer und Städte zählte. Nahezu alle Spuren ihrer Anwesenheit wurden ausgelöscht, auch wenn es weiterhin ›versteckte‹ Nachkommen gibt. Cheterian sammelte mündliche Überlieferungen in der Region und zitiert einen Ladenbesitzer, der ihm anvertraute:

»Niemand wird dir erzählen, dass er Armenier ist oder dass seine Vorfahren Armenier sind, auch wenn wir genau wissen, dass es in dieser Gegend Zehntausende Familien gibt, die konvertiert sind.«[16] Die Forschung zu diesem Thema wird durch die Einschüchterung von Wissenschaftler:innen und die Anfeindungen durch ultranationalistische Kräfte behindert. In mehreren türkischen Städten tauchten 2015 Transparente auf, die verkündeten: »Wir feiern den 100. Jahrestag der Säuberung unseres Landes von den Armeniern.«[17] In solch extremistischen Äußerungen finden wir eine der wenigen Arten der öffentlichen Anerkennung des Genozids. Allerdings ist hier nicht das ›Feiern‹ aufschlussreich, sondern vielmehr das Schweigen, das es umgibt.

Heutzutage wird ethnische Vielfalt in der Türkei größtenteils im Hinblick auf unterschiedliche muslimische Minderheiten verstanden. Davon sind die Alevit:innen (ein synkretistische islamische Glaubensgemeinschaft, die etwa 11 % der Bevölkerung ausmacht) und die Kurd:innen (die einen Bevölkerungsanteil von etwa 18 % haben) die Zahlenstärksten.[18] Die Kurd:innen haben zweifelsohne eine ambivalente Beziehung zur türkischen Identität, doch waren sie nicht von Massenvernichtung oder -vertreibung betroffen. Viele türkische Regierungen sahen die Kurd:innen nicht als Fremde an, sondern als aufsässig und rückständig, als eine Gruppe, die der Assimilation in die türkische Zivilisation bedarf. Atatürk fragte, ob »eine zivilisierte Nation eine Menschenmenge tolerieren [könne], die sich von einer Schar von Scheichs, Dedes, Sayyids, Çelebis, Babas und Emiren an der Nase herumführen lässt«, womit er abschätzig auf eine ganze Reihe traditioneller muslimischer Führungsrollen hinabblickte.[19] Da jedoch, wie Üngör bemerkt, die Zentralregierung die Kurd:innen als »von Natur aus verräterisch und anti-türkisch« ansieht, bleibt die Frage der Assimilation weiterhin eine leidige Angelegenheit.[20] In den vergangenen hundert Jahren gab es viele Versuche, die kurdische Identität zu unterdrücken. Das Sprechen der kurdischen Sprache in der Öffentlichkeit wurde 1924 verboten und man begann damit, kurdische Ortsnamen zu ersetzen. Artikel 12 der Verfassung von 1924 versperrte Kurden die Möglichkeit, ins Parlament des Landes einzuziehen, wenn sie sich weigerten, ihre Sprache und ihre Identität aufzugeben.[21] In den 1960er Jahren wurde, in Ergänzung zur fortwährenden Unterdrückung der Sprache, ein Zwangsumsiedlungsgesetz verabschiedet, mit dem Kurd:innen aus ihren Dörfern vertrieben und in modernen Städten konzentriert wieder angesiedelt wurden. Anfang der

1980er Jahre verbrachte ein ehemaliger Minister der türkischen Regierung zweieinhalb Jahre im Gefängnis, weil er die Worte aussprach: »Kurd:innen existieren, ich bin ein Kurde«.[22] Obwohl Reformen unter den islamischen und post-säkularen Regierungen der frühen 2000er Jahre als Vorboten eines ›islamischen Multikulturalismus‹ dargestellt wurden, erscheint dies heute angesichts der umfangreichen jüngsten Angriffe des türkischen Militärs auf kurdische Siedlungen eher als Wunschdenken.[23] Nichtsdestotrotz scheint es eine neue Bereitschaft zu geben, anti-kurdisches Denken und Handeln als Rassismus zu begreifen. Als beispielsweise 2019 ein kurdischer Mann angegriffen wurde, weil er kurdisch sprach (der Angreifer schrie: »Das ist die Republik Türkei!«), argumentierte der Anwalt des Geschädigten: »Sobald klar ist, dass dem Angriff eine rassistische Motivation zugrunde liegt, muss die türkische Justiz eindeutig Stellung beziehen und sagen: ›Das werden wir nicht tolerieren‹«.[24]

Diese beiden Beispiele aus der Türkei und aus Ruanda sollten denjenigen zu denken geben, die davon ausgehen, dass der Rassismus jenseits des Westens eine bloße Kopie des Rassismus im Westen sei. Der türkische Fall verkompliziert außerdem das gängige zeitliche Verständnis von Rassismus, demzufolge nicht-westliche Rassismen erst später hinzugekommen sind. Viele Narrative der nationalen und ethnischen oder ›rassischen‹ Reinheit können auf ähnliche Weise zurückverfolgt werden, sodass sie diese Annahme infrage stellen. Besonders deutlich wird dies in einer Reihe jüngerer historischer Arbeiten zu Ostasien. In seinem Buch *Lost Modernities* nutzt Woodside die lange Geschichte der Verwaltungspraktiken (und der ihnen zugrundeliegenden Logiken) in China, Vietnam und Korea und das, was er »Jahrhunderte des kritischen Selbstbewusstseins« nennt, nicht nur, um für ein umfassenderes Verständnis der »multiplen Quellen der Moderne« zu plädieren, sondern auch, um aufzuzeigen, dass diese Modernen sowohl inklusive als auch exklusive Tendenzen umfassten.[25] Dikötter verweist auf eine lange Tradition von Fremdenfeindlichkeit und rassistischem Essentialismus in China, um zu zeigen, dass »die Entwicklung eines ›Rassenbewusstseins‹ während des 19. Jahrhunderts größtenteils Ergebnis interner Entwicklungen« war und dass »Taxonomien von ›Rasse‹ [...] bereits weit vor dem Eindringen der Europäer:innen in China entstanden [sind]«.[26] Hostetlers Untersuchung der Herausbildung ethnischer Taxonomien durch das koloniale Qing-Regime im 17. und 18. Jahrhundert zeigt, dass sie ebenso elaboriert waren wie die europäischen Ethnografien der Kolonialzeit.[27] Dikötter verweist auf jahrhundertealte essentialistische Aussagen, etwa eine Beschreibung im *Buch der Riten* aus dem dritten Jahrhundert vor unserer Zeitrechnung, der zufolge »die Chinesen, die Rong, die Yi und [die anderen] Völker alle [ihre eigene] Natur haben, die unbeweglich und unabänderlich ist«.[28] Die wiederholt zum Ausdruck gebrachte Überzeugung, dass Chines:innen nicht mit anderen Gruppen verglichen werden könnten, weil Fremde, oder ›Barbaren‹, weniger menschlich seien, kann ebenfalls über die Jahrhunderte nachgewiesen werden, etwa in den Äußerungen des konfuzianischen Gelehrten und Bürokraten Fang Xiaoru aus dem 14. Jahrhundert (unserer Zeitrechnung): Die »Erhebung« der Barbaren »über das chinesische Volk würde bedeuten, die Welt ins Tierreich zu führen. Würden ein Hund oder ein Pferd den Platz des Menschen einnehmen, wären selbst kleine Jungen erzürnt und würden mit einem Knüppel auf sie losgehen. […] Warum? Weil die allgemeine Ordnung der Welt durcheinander gebracht wäre.«[29]

Die Frage, ob es einen spezifischen und eigenständigen chinesischen Diskurs über ›Rasse‹ bereits vor den europäischen ›Rasse‹-Konzepten gab, ist nicht einfach zu beantworten, und zwar größtenteils aufgrund der definitorischen Schwierigkeiten, die mit diesem Thema einhergehen. Viele Ostasien-Spezialist:innen, wie Kowner und Demel, sind der Meinung, dass »es außer Zweifel [steht], dass die Region vor dem späten 19. Jahrhundert keinerlei systematische Auffassung von ›Rasse‹ entwickelt hatte«.[30] Lai vertritt die These, dass der chinesische ›Rasse‹-Diskurs aus dem Zusammentreffen Chinas mit dem Westen hervorging, was sie als Gegensatz zu dem Versuch Dikötters sieht, eine innerchinesische Tradition der Rassifizierung zu finden.[31] Doch dieser Gegensatz ist nicht so eklatant, wie es auf den ersten Blick erscheinen mag. Dikötter behauptet nämlich nicht, dass das traditionelle ›rassische‹ Denken in China denselben wissenschaftlichen und theoretisch ausgearbeiteten Charakter aufwies wie der Rassismus im Westen. Seiner Meinung nach gab es vor dem späten 19. Jahrhundert eine chinesische Typologie von ›Rassen‹, die sowohl hierarchisch organisiert war als auch auf der Grundlage physischer Differenz operierte, jedoch »niemals ein bedeutendes Maß an Theoretisierung erreichte«, woraufhin er dazu übergeht, detailliert die Übernahme und Anpassung der westlichen Diskurse zu beschreiben.[32] Zwischen diesen Autor:innen besteht kein Disput über die Tatsache der Interaktion dieser Welten noch über die Macht der westlichen Rassifizierung der Welt, sondern vielmehr über die

Gewichtung der Fakten und über die angemessene Terminologie zu ihrer Beschreibung. Wenn wir darüber hinaus unter Rassismus Essentialismus und Diskriminierung auf der Grundlage sowohl von Ethnizität als auch von ›Rasse‹ verstehen, erscheinen diese Unterschiede in der Gewichtung noch weitaus weniger bedeutsam.

Auf den ersten Blick scheinen diese Autor:innen in ihrer Tendenz vereint, die Entstehung des chinesischen Rassismus durch eine Begegnung der westlichen rassifizierten Moderne und der chinesischen Tradition zu verstehen. Doch wie bereits in der Schlussfolgerung von Kapitel 1 erwähnt, stellt Dikötters und Crossleys Fokus auf die Aufhebung von Tradition und die Destabilisierung traditioneller Identitäten in der chinesischen Geschichte – gemeinsam mit der Entwicklung neuer, weniger beweglicher und exklusiverer Formen – einfache Konzeptionen infrage, die von einem Konflikt zwischen dem ›alten China‹ und dem ›modernen Westen‹ ausgehen. Es passierte beispielsweise im Kontext von politischen Turbulenzen und rapidem Wandel, dass die Machtergreifung der Mandschu-Qing-Dynastie über die mehrheitliche Han-Bevölkerung in den 1630er Jahren durch eine physisch-essentialistische Brille betrachtet wurde, von der Zeit ihres Aufstiegs, bis zu ihrem Niedergang in der republikanischen und mandschufeindlichen Revolution von 1911. Crossley schreibt dazu:

> »Nicht-Mandschus waren allgemein davon überzeugt, dass Mandschus von den Chines:innen durch ›rassische‹ körperliche Merkmale, wie flache Köpfe oder auffällig weiße Haut, unterschieden werden konnten. Mandschus hingegen waren davon überzeugt, dass die Quelle ihrer ›rassischen‹ Besonderheit in ihren Blutslinien zu finden war, in ihrer Verbindung zur Gründungsbevölkerung der Qing und damit zu den großen Völkern des nordöstlichen Asiens.«[33]

Zu Beginn des 20. Jahrhunderts manifestierten sich Chinas zeitgleich entwickelnde Modernen in Reformbewegungen, die die europäische ›Rassenlehre‹ übernahmen und adaptieren, um eine ›Rassenidentität‹ der Han geltend zu machen. In diesem Moment wurden frühere Klassifizierungen ethnischer Differenz verfestigt und rassifiziert.[34] Es war ein komplexer Übergang, im Zuge dessen mandschufeindliche »Polemiker« auch auf wesentlich ältere Ideologien »genealogischer und archetypischer Identität« zurückgriffen.[35] Darüber hinaus begann sich der ›chinesische Rassismus‹ unter dem Einfluss des Westens um neue Motive nationaler Angst und Erniedrigung zu drehen. Diese neuen Narrative waren eng mit stereotypen

Darstellungen des Westens verwoben. Dikötter nennt das folgende Beispiel des Sozialreformers und Feministen Yu Zhengxie (1775–1840), der Sinozentrismus und Dämonologie mit neuen Trends der Naturalisierung und des Okzidentalismus verband:

> »Die fremden Teufel hatten vier Lappen in der Lunge, die Chinesen hatten sechs. Die fremden Teufel hatten nur vier Kammern in ihrem Herzen, die Chinesen hatten sieben.
> Die Leber des fremden Teufels befand sich auf der rechten Seite des Herzens, die chinesische Leber auf der linken.
> Der fremde Teufel hatte vier Hoden, Chinesen hatten zwei.«[36]

Diese Art der naturalisierenden und zugleich angstbesetzten Typologie, gleichzeitig nach außen wie nach innen gerichtet, wurde noch defensiver und unsicherer, als westliche Kräfte Mitte bis Ende des 19. Jahrhunderts die Fragilität Chinas offenlegten. Der defensiv-bestimmende Charakter dieser Entwicklung zeigt sich gut in der liedähnlichen Beschwörung des Sozialreformers Tang Caichang aus der späten Qing-Ära: »Gelb und Weiß sind weise, Rot und Schwarz sind dumm; Gelb und Weiß sind Herrscher, Rot und Schwarz sind Sklaven; Gelb und Weiß sind eins, Rot und Schwarz sind uneins.«[37] Die westlichen Theorien von ›Rasse‹ wurden also ab dem Ende des 19. Jahrhunderts in eine Gesellschaft übersetzt und übertragen, die in Aufruhr war. Dem westlichen Rassismus wurde durch die Linse eines chinesischen Rassismus begegnet, beide modernen Formen trafen aufeinander, manchmal schienen sie ineinander aufzugehen, dann wiederum schienen sie sich in unterschiedliche Richtungen zu entwickeln. Diese Begegnung wurde noch weiter durch die Tatsache verkompliziert, dass es nicht nur ›zwei Modernen‹ gab, die beteiligt waren, sondern multiple. Die Übersetzung und Verbreitung der westlichen ›Rassenlehre‹ in Ostasien war ein transnationales Unterfangen. Der Gedankenfluss zwischen Japan und China ist dafür ein gutes Beispiel. Takezawa zufolge ist es »plausibel«, dass der Begriff ›Rasse‹ – »im Sinne einer Unterteilung der Menschheit« – mittels chinesischer Interpretationen eines westeuropäischen und amerikanischen Sozialdarwinismus nach Japan gelangte.[38] Doch sie verweist auch auf eine entgegengesetzte Bewegung, als »chinesische Intellektuelle, die zu Beginn der Meiji-Zeit in Japan studierten, die Begriffe *renzhong* und *mínzú* aus dem Japanischen ins Chinesische übertrugen, neben weiteren Begriffen, die mit westlicher Wissenschaft und Zivilisation assoziiert wurden«.[39]

Mit der kommunistischen Machtübernahme 1949 wurde der Rassismus in China offiziell als Produkt des Kapitalismus verurteilt, als etwas, das dem neuen China fremd war. Doch nur, weil Rassismus aus der öffentlichen Debatte verbannt wurde, war er damit nicht überwunden. Er wurde vielmehr mithilfe der Vorstellungen von nationaler Einheit und einer Han-Zivilisation neu konzipiert. Sautman zeichnet »die Verbreitung biologisierter Abstammungsmythen [nach], die dem rassistischen Nationalismus in der Volksrepublik zugrunde liegen«.[40] Er geht auf Beispiele ein, die von der Behauptung reichen, Chines:innen würden eine eigenständige evolutionäre Abstammungslinie aufweisen und nicht aus Afrika stammen (das wird noch genauer im nächsten Unterkapitel behandelt), bis hin zum chinesischen Eugenik-Gesetz von 1995, das verabschiedet wurde, um »geistig behinderte Menschen« davon abzuhalten, Kinder zu bekommen.[41] In diesem Kontext müssen wir die Behandlung von Minderheiten wie den Uigur:innen und Tibeter:innen verstehen, die als Störenfriede der nationalen Einheit dargestellt werden. In den westlichen Heimatregionen beider Gruppen wurden unzählige Han-Chines:innen angesiedelt und viele Tibeter:innen flohen in das benachbarte Indien. Religiöse Institutionen und andere Zeichen regionaler oder nationaler Kultur waren und sind systematischen Angriffen ausgesetzt, ob mittels simpler Zerstörung, Inhaftierung oder Internierungslagern. Wie Keith bemerkt, operieren diese Praktiken auf der Grundlage eines diskursiven Framings dieser Regionen, bei dem Begriffe »wie ›rückständig‹, ›primitiv‹, ›unzivilisiert‹ und ›abergläubisch‹« zum Einsatz kommen.[42] Das Ziel ist Assimilation, die Integration dieser äußeren Regionen und die Anhebung ihres Entwicklungsniveaus. Die eigenständige Kultur der Uigur:innen und Tibeter:innen wird zerschlagen und durch eine generische Version der chinesischen ersetzt. Die *International Campaign for Tibet* verweist auf junge Tibeter:innen, die sich aufgrund der Auferlegung des Mandarin und des chinesischen Bildungssystems von ihrer Sprache und ihren kulturellen Praktiken entfernen, und stellt diesbezüglich fest: »Rassismus kann eine Gesellschaft so stark durchdringen, dass die Mitglieder einer unterdrückten Minderheit Stereotype internalisieren und sie selbst aufeinander loslassen.«[43]

Rassismus ist nicht unvermeidbar. Wenn in Massengesellschaften ein Bruch mit der Vergangenheit vollzogen wird, der die gewohnte Orientierung durcheinanderbringt, führt dies nicht zwangsläufig zu Rassismus. Doch wenn bereits Vorurteile bestehen und schon ein von Ethnizität und *race* geprägtes Ungleichgewicht vorherrscht – und dazu wirkmächtige äußere rassistische Vorstellungen und Praktiken Einfluss nehmen –, bietet diese Art der Verwerfung einen geeigneten Nährboden für neue und hybride rassistische Modernen.

Die Nutzbarmachung der Vergangenheit: Nostalgie und Rassismus

> »Nur und erst die Neuzeit hat sich als Epoche verstanden und dadurch die anderen Epochen mitgeschaffen. (Hans Blumenberg)[44]

Ein zentrales Paradox der Moderne ist, dass sie sich zwar in Abgrenzung zur Vergangenheit definiert, diese aber gleichzeitig als Ort geschätzter Werte – wie Tradition, Authentizität und sesshaftes Leben – imaginiert. Das moderne Leben ist folglich sowohl vorwärts- als auch rückwärtsgewandt. Dieses nostalgische Dilemma liegt in der Natur der Moderne: Zu einem gewissen Grad sind wir alle darin gefangen und wir finden es im gesamten Spektrum politischer Positionen. Etwas von der allgegenwärtigen, beklommenen Natur dieser Erfahrung fängt der Dichter Stephen Spender ein, wenn er bemerkt: Der moderne Mensch »ist sich der gegenwärtigen Situation überaus bewusst, aber er akzeptiert nicht ihre Werte«. »Dem Modernen«, führt Spender fort, »scheint es, als habe uns eine Welt voller noch nie da gewesener Phänomene vom Leben der Vergangenheit abgetrennt – und damit auch von unserem traditionellen Bewusstsein.«[45]

Auch wenn nostalgisch zu sein nicht zwangsläufig mit mehr Rassismus verknüpft ist als anti-nostalgisch zu sein, spielt Nostalgie im Rassismus eine bedeutende Rolle. Das rassistische Denken sehnt sich danach, die Vergangenheit wiederherzustellen, zurückzugehen zu einer Zeit, als ›unser Volk‹ von all den Veränderungen unberührt war und als es zu Recht als einzigartig und überlegen anerkannt wurde. Der Rassismus verteidigt zentrale symbolische Stätten und Praktiken, die Zeiten und Orte ethnischer oder ›rassischer‹ Eroberung und Reinheit markieren, häufig bis aufs Blut.

In diesem Abschnitt erkunde ich den nostalgischen Rassismus mithilfe von vier verschiedenen Beispielen. Zunächst anhand der Roten Khmer in Kambodscha (1975–79), die versuchten, äußere Einflüsse vollständig zu unterbinden und eine reine Gesellschaft der Khmer zu schaffen (die Khmer sind die größte ethnische Bevölkerungsgruppe Kambodschas), was zum Genozid führte. Die darauffolgenden zwei Beispiele stammen aus den ostafrikanischen Ländern Eritrea und Ruanda und zeigen, wie Praktiken der Ausgrenzung von ethno-*racial* Ursprungsgeschichten durchzogen sind. Danach widme ich mich der Idee der Tradition sowie ihres Verrats, wozu ich mich auf neuere Arbeiten zum Zusammenspiel von Rassismus und Nostalgie in China beziehe. In jedem dieser vier Länder wurde die Vergangenheit als Ort der Unschuld und die moderne Welt als Ort der Verdorbenheit konstruiert. Folglich sind eine diffuse Unzufriedenheit und ein Gefühl von verletztem Stolz charakteristisch für alle diese Beispiele.

Die rückwärtsgewandte Revolution ist ein charakteristisches und gefährliches modernes Ereignis. In seiner weltweiten Überblicksarbeit zu Genoziden mit dem Titel *Erde und Blut* – eine Referenz auf zwei zentrale rassistisch-nostalgische Metaphern – findet Ben Kiernan ein sich wiederholendes Muster von rapidem Wandel, gefolgt von einem ethnorassistischen, nostalgischen Backlash, bei dem ein »verbittertes Gefühl des Verlusts der ethnischen Vorherrschaft mit einem rudimentären Kult um das Landwirtschaftliche und territorialen Expansionsbestrebungen« verbunden wird.[46] Das bekannteste Beispiel für diese nostalgische Dreifaltigkeit findet sich im nationalsozialistischen Deutschland, aber Kiernan entdeckt es auch in kommunistischen Regimen, etwa in seinem Fachgebiet, dem Kambodscha unter den Roten Khmer. Zwischen 1975 und 1979 starben etwa 1,7 Millionen Kambodschaner:innen bei dem Versuch der Roten Khmer, das Land zu bereinigen, womit die Ausrottung aller Nicht-Khmer und aller anderen ›kontaminierenden‹ Elemente gemeint ist. Ethnische Vietnames:innen waren eine zentrale Zielscheibe, ebenso die muslimische Minderheit Cham. Die meisten Opfer waren jedoch diejenigen Khmer, die als nicht authentisch genug galten. Dabei handelte es sich in der Regel um Stadtbewohner:innen und Intellektuelle, Menschen, die als weit entfernt von der reinen, bäuerlichen Lebensweise der Khmer stereotypisiert werden konnten.

Die Vorstellung, dass ›echte Kambodschaner:innen‹ auf dem Land lebten, speiste sich aus verschiedenen Quellen. Kambodscha war von 1863 bis 1954 französische Kolonie und unterlag damit der nostalgischen Politik verschiedener französischer Regierungen, darunter auch der des Vichy-Regimes (1940–44), das betonte, wie wichtig es sei, zur Reinheit der Vergangenheit zurückzukehren. Wie Kiernan erklärt, befeuerte diese Art des Volksessentialismus

> »eine ›kulturchauvinistische Wende‹, die neo-orientalistische Symbole aufbot, um einen kontrollierteren lokalen Nationalismus zu fördern, etwa dadurch, dass sie ›entfernte indochinesische Vergangenheiten‹ glorifizierte. Die Franzosen versuchten somit ihren Untertanen ›imaginäre, idealisierte, hierarchische und sehnsüchtige oligarchische‹ Historien parallel zur Darstellung der französischen Vergangenheit durch die Vichy-Regierung zuzuschreiben. Tradition würde neue Nationen erschaffen, *petites patries* unter französischer Herrschaft.«[47]

1949 brachte ein Stipendium der französischen Regierung einen jungen Studenten namens Saloth Sar nach Paris, der Kiernan zufolge mit »einer beschränkten Weltsicht, in der Rassenunterschiede eine besondere Rolle spielten«, ausgestattet war.[48] Während er in Paris war, geriet er unter den Einfluss anderer nativistischer und antikolonialer Khmer-Studenten, die sich wünschten, die Khmer zu ihrer ursprünglichen Kultur zurückzuführen. Zu diesem Zeitpunkt begann er, sich selbst als ›den ursprünglichen Khmer‹ zu bezeichnen. Anfang der 1970er Jahre änderte Sar seine Identität erneut und nahm den betont radikalen Namen Pol Pot an, was üblicherweise als Abkürzung für ›*politique potentielle*‹ verstanden wird. Nach Erlangung seiner Unabhängigkeit von Frankreich 1954 war Kambodscha Schauplatz eines Bürgerkriegs und 1970 dann eines Putsches, der eine rechtsgerichtete, pro-amerikanische Regierung ins Amt brachte. Dieses pro-amerikanische Regime versuchte, die ethnischen Vietnames:innen aus dem Land zu vertreiben, und massakrierte dabei viele von ihnen. Pol Pots Kommunistische Partei Kampucheas – auch bekannt als die Roten Khmer – kam 1975 an die Macht, dem Jahr Null im neuen nationalen Kalender (eine zukunftsgerichtete Geste, die auch ein Verweis auf das Jahr 1792 war, dem Jahr Eins des Kalenders der Französischen Revolution). Unter der Führung der Roten Khmer wandelte sich die bereits bestehende Ideologie der Reinheit der Khmer und die Abneigung gegen Vietnames:innen und andere Minderheiten von einer mörderischen Tendenz hin zum Genozid.

Weitz bezeichnet die Politik der Roten Khmer als »rassistischen Kommunismus« [racial communism].[49] Kiernan erklärt, die Roten Khmer »setzte[n] den Diskurs des Rassismus gegen alle ihre Feinde ein«, darunter auch gegen Khmer, die beschuldigt wurden, »Khmer-Körper mit vietnamesischem Bewusstsein« zu haben. Eine ständige paranoide Angst vor Kontamination und Ansteckung durch fremde Kräfte führte regelmäßig zu Säuberungsaktionen, sowohl innerhalb der Reihen der Roten Khmer selbst, als auch in der breiteren Bevölkerung. Nach einer Reihe von Massakern erklärte Pol Pot 1978: »Jetzt ist die Partei sauber. Die Soldaten sind sauber. Sauberkeit ist das Fundament.« Im selben Jahr gab er die Anweisung, »den Feind nach Belieben zu töten, und die verächtlichen Vietnamesen (*a-yuon*) werden sicher überall laut kreischen, so wie die Affen in den Wäldern schreien«. Es wurde eine offizielle Strategie der Tötung aller Vietnames:innen angekündigt. Pol Pot erklärte auf einer großen öffentlichen Versammlung: »Jeder Kambodschaner muss 30 Vietnamesen töten.« Ein Aufruf, der im öffentlichen Radio wiederholt wurde. Er beschrieb sein politisches Vorgehen folgendermaßen: »entschlossen den nationalen und den Klassenhass gegen den aggressiven vietnamesischen Feind zu schüren, um diesen Hass zu einem konkreten Hass zu machen«.[50]

Das Regime der Roten Khmer wurde 1979 durch einen vietnamesischen Einmarsch gestürzt. In Kambodscha sind die rassistischen Dimensionen des Genozids größtenteils aus den offiziellen Darstellungen dieser traumatischen Zeit gelöscht worden und es wird ein Bild der Khmer propagiert, in dem Rassismus nicht vorkommt. Der stellvertretende Premierminister Kambodschas erklärte 2015: »Die Khmer haben niemals jemanden auf der Grundlage von Rasse diskriminiert.« Und er fuhr fort: »Wir diskriminieren auch keine anderen Nationalitäten; wir diskriminieren nicht Vietnam und die *Yuon* [Slangbezeichnung für Vietnames:innen], der Khmer ist ein sanfter Mensch.«[51] Es sind nicht nur die Schrecken der jüngeren Vergangenheit, die solche Beschwichtigungen unglaubwürdig machen, sondern ebenso die Tatsache, dass Feindseligkeiten gegen Minderheiten in Kambodscha weiterhin weitverbreitet sind. Tim Frewer, der über die Zwangsräumung ethnischer Vietnames:innen 2016 berichtete, schreibt: »Anti-vietnamesische Einstellungen herrschen in Kambodscha vor«, und der Wunsch, »eine im Niedergang begriffene uralte Kultur wieder aufleben zu lassen, alte territoriale Grenzen wiederherzustellen [...], ist im heutigen Kambodscha absolut lebendig.«[52]

Die Art der ländlichen Nostalgie, die den Rassismus in Kambodscha prägt, war auch Teil des Narrativs, das den Genozid in Ruanda begleitete. Die Vorstellung, dass die Hutu die wahren Söhne der Erde und die Tutsi eine fremde Gemeinschaft ohne eigene bäuerliche Tradition seien, war zentral für das, was Malkii als die »mythische Geschichte« bezeichnet hat, mit der die Tutsi zu ›Anderen‹ und Eindringlingen erklärt wurden.[53] Die Regierung von Präsident Juvénal Habyarimana (an der Macht von 1973–94) schaffte die Voraussetzung für diese Unterscheidung. Habyarimana erklärte, dass seine Machtergreifung 1973 dazu gedacht war, »der Arbeit und dem persönlichen Ertrag seinen wahren Wert zurückzugeben«, und er fügte hinzu: »wer sich dagegen weigere zu arbeiten, ›ist schädlich für die Gesellschaft‹«.[54] Mit Arbeit meinte Habyarimana bäuerliche Arbeit oder, anders formuliert, Hutu-Arbeit. Habyarimana verkündete weiter: »Der Ruander verabscheut nicht nur die Großstädte, er liebt nicht einmal die Dörfer.«[55] Diese anti-urbane und pro-bäuerliche Ideologie wurde von dem Historiker und tutsifeindlichen Rundfunksprecher Ferdinand Nahimana entwickelt, der diejenigen Städter:innen lobte, die »zur Hacke und zum Baummesser oder irgendeinem anderen Handgerät gegriffen und sich mit den Bauernmassen zusammengetan haben, um mit ihren Händen die Erde zu bewegen und die praktische Wirklichkeit der Handarbeit zu leben«.[56] Derartige Aussagen waren kaum verhüllte Angriffe auf die Tutsi, die mit Landbesitz und Pastoralismus in Verbindung gebracht wurden. Auf diese Weise wurde der Unterschied zwischen Hutu und Tutsi in eine unüberwindbare Kluft zwischen denjenigen verwandelt, die mit der Erde verbunden sind und sie mit ihren Händen bearbeiten, den authentischen Einheimischen, und denjenigen, die als Hirt:innen umherziehen, den Usurpator:innen von außen. Während des Genozids erklärte Ruandas Botschafter bei den Vereinten Nationen die Tötungen mit Verweis auf die »uralte Geschichte der Nation« und einem Hass, »der sich in vier Jahrhunderten einer grausamen und erbarmungslosen Herrschaft der überheblichen und despotischen Tutsi-Minderheit über die Hutu-Mehrheit angestaut [habe]«.[57] Es lassen sich unmittelbare Parallelen zwischen den jeweiligen Formen ländlich geprägter, rassistischer Nostalgie ausmachen, mithilfe derer Kambodscha und Ruanda ›bereinigt‹ wurden. Prunier, der über den ruandischen Genozid schreibt, macht uns darauf aufmerksam, dass sogar der Akt des Tötens als landwirtschaftliche Tätigkeit erzählt wurde: »Tötungen waren *umuganda*, gemeinschaftliche Arbeit, die Zerstückelung von Männern war die ›Buschrodung‹ und das Schlachten von Frauen und Kindern war das ›Ausreißen der Wurzeln des Unkrauts‹. Es kam das Vokabular ›bäuerlicher landwirtschaftlicher Entwicklung‹ zum Einsatz, mit einer grausamen Doppeldeutigkeit.«[58]

Die Vorstellung, dass die Hutu die Söhne der Erde und die Tutsi Nomaden und Eindringlinge seien, kann als ein Ursprungsmythos bezeichnet werden. Ursprungsmythen sind Bestandteil vieler Rassismen. Wie andere

Formen der Nostalgie auch bringen sie den Wunsch nach einer fest verankerten Vergangenheit zum Ausdruck, die die erfahrene Realität der Unsicherheit aufzuheben vermag. Allerdings funktioniert diese historische Behauptung nicht immer nach dem Prinzip, dass ›wir‹ einheimisch und ›die‹ Neuankömmlinge sind. Vielmehr kann es auch auf den Kopf gestellt werden: ›Wir‹ sind die Verkörperung einer entwickelten, allseits geschätzten Zivilisation und ›die‹ sind die primitiven, begrenzten ›Eingeborenen‹. Genau diese Unterscheidung bildete den Kern der europäischen kolonialen Denkweise, die die Benennung als ›Eingeborene‹ auf der ganzen Welt zum Hohnbegriff machte. Wir finden diese Unterscheidung jedoch in einer Vielzahl verschiedener Kontexte, in denen sie von spezifischen regionalen und ethno-historischen Bildwelten geprägt wird. Ein Beispiel dafür bietet die ethno-rassistische Diskriminierung in Eritrea, auch wenn in Ermangelung umfangreicher Forschungsliteratur zu diesem Thema schwierig zu bestimmen ist und mitunter kontrovers diskutiert wird, wie diese genau zu verstehen und zu bezeichnen ist.[59] Tekle Woldemikael hat einen der wenigen wissenschaftlichen Artikel zu diesem Thema verfasst und liefert eine überzeugende Darstellung davon, wie die »›nahöstlichen‹ Vorstellungen, denen zufolge jene mit angeblich ›afrikanischen‹ und versklavten Vorfahren einen niedrigeren Status haben«, kulturell hegemonial geworden sind. Woldemikael argumentiert: je »›reiner‹ die behauptete Abstammungslinie eines Individuums – ›rein‹ meint ohne Abstammung von Versklavten und/oder nilo-saharanischen Sprachgruppen –, desto höher sein oder ihr Status«.[60] Er bemerkt, dass »lokale Klassifikationen von ›Rasse‹ auf kleinsten Hinweisen und mündlichen Überlieferungen hinsichtlich der Unreinheit der Familiengeschichte basieren«, und erklärt weiter:

> »Der Sklavenstatus eines Vorfahren einer Person wird häufig durch mündliche Traditionen und Überlieferungen erinnert und weitergegeben. Er wird häufig anlässlich von Hochzeiten und bei der Weitergabe von Landrechten und Erbschaften erinnert und geltend gemacht. Diese Form des kulturellen Rassismus rechtfertigt das ungleiche Verhältnis zwischen Gruppen, wozu die Reinheit der angenommenen biologischen Verwandtschaft und des biologischen Erbes herangezogen wird.«[61]

Obwohl die Erwähnung von ›mündlichen Geschichten und Legenden‹ zunächst auf uralte Unterscheidungen schließen lässt, wurden diese ethnischen und rassistischen Grenzlinien mehrheitlich unter italienischer

(1882–1941) und dann britischer (1941–52) Herrschaft zementiert. Abdul Mohammed argumentiert, dass die »Macht der heutigen eritreischen Eliten in den strukturellen Veränderungen begründet liegt, die während der italienischen Kolonialzeit stattgefunden haben«.[62] Es gab Gruppen, die »von der kolonialen Politik der Urbanisierung profitiert haben und in den Modernisierungsprozess eingebunden waren«, und die – ihm zufolge – favorisiert wurden. Und unter eben diesen Gruppen verbreiteten sich ›Ursprungsgeschichten‹, die ein Gefühl der Überlegenheit über andere Afrikaner:innen absichern. Im weiteren Verlauf seiner Darstellung konstatiert Woldemikael, dass »Mythen eines Exzeptionalismus« Eritrea sowohl intern spalten als auch nach außen von seinen afrikanischen Nachbar:innen abgrenzen. Ihm zufolge ist es »für Menschen aus dem subsaharischen Afrika nicht unüblich, direkte Anfeindungen und Beleidigungen in Eritrea, Äthiopien und dem Sudan zu erleben«.[63] Diese konnotativen Unterschiede zwischen ›arabisch‹ und ›afrikanisch‹ finden sich also nicht nur in Eritrea, sondern auch im Sudan und in Äthiopien. Sie lassen sich auch in der ethnienübergreifenden Kategorie der ›Habescha‹ erkennen, ein Begriff, der manchmal zur Bezeichnung sowohl von Äthiopier:innen als auch Eritreer:innen genutzt wird. Was Jalata als »äthiopischen Kolonialismus und Rassismus« bezeichnet, hat ihm zufolge seine Wurzeln in den Habescha-Ursprungsmythen, die eine nicht-afrikanische Herkunft betonen und zwischen sich und anderen Afrikaner:innen somit einen tiefen Graben aufmachen.[64] Diese Mythen haben auch die diasporische Erfahrung der Habescha geprägt, die migriert sind. Habeckers Untersuchung in den USA ergab, dass Habescha eine »eigenständige, nicht-Schwarze ethno-*racial* Kategorie [beanspruchen], die stattdessen ihre semitischen Ursprünge hervorhebt«, mit folgender Konsequenz: »Sie distanzieren sich selbst häufig von amerikanischen Schwarzen.«[65] Viele der gerade genannten Argumente weisen einen stark generalisierenden Charakter auf, womit sie uns daran erinnern, dass es wenig Forschung zur alltäglichen Realität ethnischer Identität und Differenz in Eritrea gibt. Sie zeigen aber auch, wie die Behauptung eines ausschließenden und essentialistischen ethnischen Erbes durch nostalgische Bildwelten ausgedrückt werden kann, die aus den Ängsten um Status, Herkunft und ›einheimische‹ Identität erwachsen.

Solch nostalgisch geprägte Ängste finden sich nicht nur in Ländern, in denen sich zu den politischen Wirren auch noch ein hohes Maß an Armut gesellt (wie Kambodscha, Ruanda und Eritrea). Sie finden sich ebenso in

Ländern, die von einem niedrigen hin zu einem mittleren Einkommen übergegangen sind. Tatsächlich spielen Ursprungsmythen bei diesem Übergang häufig eine ausgesprochen wichtige kulturelle Rolle. So begründen beispielsweise einige chinesische Nationalist:innen den Erfolg ihres Landes mit dessen einzigartiger Zivilisation sowie mit den einzigartigen Merkmalen der chinesischen ›Rasse‹. Der Ruhm dieser Vergangenheit wird jedoch auch als ein Mittel der Kritik eingesetzt. Die »nostalgische Suche nach einem rechtschaffenen politischen System, das es nie gegeben hat, hat bei Kulturkritiker:innen und politisch Verantwortlichen gleichermaßen Anklang gefunden«, sagt Ying Zhu, die über den Boom historischer chinesischer Fernsehdramen schreibt. Dazu erklärt sie uns: »Dynastie-Dramen versuchen ein Publikum zu erreichen, das von der grassierenden politischen Korruption und dem Verlust einer moralischen Grundlage der Gesellschaft genug hat, und präsentiert ihnen vorbildhafte Kaiser längst vergangener Dynastien.«[66] Allerdings übersieht die Vorstellung, dass Nostalgie einfach ein melancholisches Symptom expandierender, industrialisierender Gesellschaften sei, die affirmative und kreative Natur des nostalgischen Verlangens, ebenso wie dessen Verflechtung mit der Konsumgesellschaft. Nostalgie ist keineswegs nur defensiv oder reaktiv, sondern sie erhält und spiegelt Chinas neues kulturelles Selbstbewusstsein und die wachsende Zahl der Menschen (darunter auch, aber nicht nur, die wachsende Mittelklasse), die dazu in der Lage sind, sich in diese kulturellen Wurzeln ›einzukaufen‹. Ich werde nun die ethno-*racial* und rassistischen Dynamiken innerhalb dieser kulturellen Nostalgie in China anhand von zwei Beispielen weiter erkunden: der ›Han-Kleidung‹-Bewegung und der faszinierenden Geschichte des ›Peking-Menschen‹.

Das jüngste Interesse am Tragen von ›Han-Kleidung‹ und an der Nachstellung von ›Han-Ritualen‹ in China mag zunächst als ein oberflächliches kulturelles Phänomen erscheinen, und es handelt sich sicherlich um die Aktivitäten einer Minderheit. Nichtsdestotrotz ist es eine der größten sozialen Bewegungen des Landes und bietet somit einen erhellenden Einblick in Themen wie ethno-*racial* Identität, Ausgrenzung und Teilhabe. In nahezu allen visuellen Darstellungen der 65 staatlich anerkannten Ethnien tragen alle außer einer ihre eigene, unverwechselbare traditionelle Kleidung. Wenn sie überhaupt dargestellt werden, tragen die Han, die 90 % von Chinas Bevölkerung ausmachen, in solchen Darstellungen moderne, ›westliche‹ Kleidung. Die ›Han-Kleidung‹-Bewegung ist also in einem Kontext entstanden, in dem die Han-Identität die Norm darstellt und die Han als Ethnie folglich unsichtbar sind. ›Han-Kleidung‹ ist ein kontroverser Begriff, der sich auf die Kleidung bezieht, die vor der Mandschu-Qing-Dynastie (1644–1912) getragen wurde. Die Mandschu sind eine der anerkannten Minderheiten Chinas, die heute größtenteils assimiliert sind. Doch ihre jahrhundertelange Herrschaft über China wird zumindest von einigen Anhänger:innen der Han-Kleidung-Bewegung als Invasion dargestellt, durch die dem Land damals eine fremde Kultur aufgezwungen wurde (darunter auch fremde Kleidung und Gebräuche). In seinem Buch *The Great Han: Race, Nationalism, and Tradition in China Today* berichtet Kevin Carrico, was er bei seiner landesweiten Studie zur Han-Kleidung-Bewegung beobachtet hat: »Mandschufeindlicher Groll [...] begegnete mir in jeder Stadt, die ich besuchte.«[67] Die Mandschu werden für eine ›hanfeindliche Politik‹ verantwortlich gemacht, wofür das Hauptbeispiel Chinas Ein-Kind-Politik ist (ein 2016 aufgehobenes Gesetz, das offiziell nicht für die nationalen Minderheiten galt). Einer der von Carrico Interviewten fragt angesichts dessen: »Wirkt das wie etwas, das eine Rasse den eigenen Leuten antun würde?« Solche Einstellungen werden zum Teil durch die Zirkulation nationalistischer Verschwörungstexte genährt, die – wenn auch naturgemäß aus dem Untergrund – die staatliche Abneigung gegen Uneinigkeit und Separatismus widerspiegeln. Carrico zitiert ein Beispiel für solch einen Text, der folgendermaßen lautet:

> »Mit der gewaltigen Unterstützung chinafeindlicher Kräfte ist die Mandschu-Intrige in ihren Versuchen der letzten Jahrzehnte immer entschlossener und unnachgiebiger geworden, das Mutterland zu spalten. Sie hat sich mit der Taiwanischen Solidaritätsunion, der Islamischen Bewegung Ostturkestan, den tibetischen und mongolischen Unabhängigkeitsbewegungen sowie der Falun-Gong-Bewegung zusammengetan, die gemeinsam ein Konglomerat mit dem Ziel bilden, unser Mutterland ein für alle Mal zu zerstören.«[68]

Solch fantastische Darstellungen der Mandschu bilden nur einen Teil der breiten Palette ethnisch geprägter Ängste vor dem Verlust einer reinen Han-Zivilisation und vor den Gefahren der Globalisierung und ›fremder‹ Kulturen ab. Carrico gibt die Meinung einer weiteren Anhängerin der Bewegung wieder, die über die subtile Form des Tanzes und der musikalischen Kultur der Han spricht. Sie zieht eine Parallele zwischen den Minderheiten in China und »den Schwarzen« in Afrika, »die – in ihrem Verständnis –

ihre Zeit damit verbringen, sich zu ›schütteln‹ und im Kreis zu tanzen«, und die es »mögen, zu trommeln, weil sie simple Menschen sind«.[69]

Wie im Westen das ›*weiße* Ressentiment‹ und die ›*weiße* Zerbrechlichkeit‹ wird auch die ›Han-Bewegung‹ in China von einem Gefühl der Belagerung und einem Groll gegen Minderheiten animiert und zusammengehalten. Die Bewegung bietet ein kreatives Ventil für diese negativen Emotionen, indem sich in Selbstethnisierung geübt wird: Die Han werden als eigenständige, überlegende und doch bedrohte ethnische Kultur neu geschaffen. Anhand von Tanzaufführungen der Bewegung fasst Carrico diese paradoxe Dynamik folgendermaßen zusammen:

> »Die Unterscheidung zwischen Chines:innen und Barbar:innen ist somit ein obsessiver Bestandteil der Rhetorik der Bewegung, welche ängstlich und zwanghaft zum Ausdruck gebracht wird und über die ethnischen Ursprünge dieser angeblich uralten, tatsächlich aber neuen Vorstellung des Han-Seins hinwegtäuscht: Während Minderheiten ›tanzen‹, üben sich Han in sogenannter ›zeremonieller Darstellung‹ oder im ›Ritual‹. Während die Darbietungen der Minderheiten aus schneller Musik, rasanten Drehungen und sexuellen Anspielungen bestehen, bestehen die Präsentationen der Han aus dramatischer Musik, rechtwinkligen Drehungen, großen Gesten und der Zurschaustellung von Etikette, [...] während die Verbindungen der Minderheiten zur Vergangenheit aus ihrer angenommenen einfachen oder primitiven Natur abgeleitet werden, sind die Verbindungen der Han zur Vergangenheit im Gegensatz dazu Zeichen ihrer zivilisierten, zeitlosen und von Größe geprägten Essenz.«[70]

Kulturelle Formen, etwa Kleidung und Musik, werden auf der ganzen Welt auf ›völkische‹ Weise angeeignet. Doch im Falle Chinas geht dies mit den einzigartigen Ambitionen des Sinozentrismus einher, einer globalen Perspektive, die das konventionelle, westliche Verständnis der zeitlichen Entwicklungslinie durcheinanderbringt und auf den Kopf stellt. Ein eindrucksvolles Beispiel dafür ist die Geschichte des ›Peking-Menschen‹. Damit werden die Fossilien eines 700.000 Jahre alten *Homo erectus* bezeichnet, die 1929 in den Höhlen in der Nähe von Zhoukoudian, 50 Kilometer südwestlich von Peking gefunden wurden, woraus sich schnell die Bezeichnung des ›Peking-Menschen‹ ergab. Während des langen Chinesischen Bürgerkriegs wurde der ›Peking-Mensch‹ zu einer Art ethno-kulturellem Anker, einer gemeinsamen Ursprungsgeschichte für alle Chines:innen. Xiong Shili, dessen neokonfuzianische Bewegung jüngeren Versuchen der

›Rückkehr‹ zu Konfuzius vorausging, behauptete 1939, dass der Peking-Mensch der ursprüngliche Mensch gewesen sei, von dem aus sich die verschiedenen Zweige der Menschheit abgespalten hätten, und dass unter »den Nachfahren des Peking-Menschen ein Zweig im Göttlichen Land verblieben [...] und zur heutigen Han-Linie geworden ist«.[71] Angesichts der Tatsache, dass es sich beim Peking-Menschen nicht um einen *Homo sapiens* handelt, ist diese Abstammungslinie reines Wunschdenken. Trotz alledem wird diese Zeitachse bis zum heutigen Tag immer wieder aufgegriffen und wiederholt. Die patriotische Bedeutung des Peking-Menschen wird Kindern in der Schule beigebracht und 2008 begann der olympische Fackellauf unweit der Höhlen entfernt. Cheng hat die »physische Präsenz des Peking-Menschen im chinesischen Nationalismus« mit Blick auf das Design des China-Millennium-Monuments in Peking beschrieben:

> »Das Monument umfasst einen abgesenkten Platz mit einem ewigen Feuer, das in dessen Mitte auf dem sogenannten Altar der Heiligen Flamme brennt. Die Flamme wurde am letzten Tag des Jahrhunderts in den Höhlen von Zhoukoudian von Schauspieler:innen in Höhlenmenschenkostümen durch das händische Bohren von Holz erzeugt und anschließend an den Turner Li Ning, der bereits viele Medaillen für China geholt hat, übergeben. Dann wurde es in einem 50 Kilometer langen Staffellauf zum Monument getragen. Einige Stunden später, kurz vor Beginn des neuen Jahrhunderts, führte der damalige Partei- und Staatsführer Jiang Zemin die Flamme zum Altar, um das staatliche Ritual zu vollenden, mit dem der Peking-Mensch als Symbol der Beständigkeit etabliert wurde.«[72]

Für Sautman ist der Mythos des Peking-Menschen Ausdruck eines Mythos der ›Rassenreinheit‹, der »davon ausgeht, dass jeder und jede von uns die eigene Identität auf eine bestimmte biologische Gemeinschaft und Kultur zurückführen kann, deren ›Essenz‹ im Laufe der Zeit unverändert geblieben ist«.[73] Dementsprechend bleiben die Fossilien wichtig für die anhaltende Debatte um die afrikanischen Ursprünge der Chines:innen. Der Konflikt zwischen der These eines ›afrikanischen Ursprungs‹ und der These eines ›chinesischen Ursprungs‹ hat in den vergangenen Jahren zu einem Konflikt zwischen chinesischen Wissenschaftler:innen – die unter Berufung auf DNA-Proben behaupten, letztere These bewiesen zu haben – und einer diversen Gruppe von Anthropolog:innen und Politiker:innen geführt, die dem widersprechen. 2012 bediente das Mitglied des Politbüros Li Changchun in der Debatte eine traditionelle Verbildlichung der physischen Differenz und Überlegenheit der Chines:innen, indem er Behaarung mit Primitivität verband:

> »Die Rasse der am wenigsten Behaarten ist die Rasse der evolutionär am weitesten Fortgeschrittenen. Unter den modernen Menschen sind die Weißen am haarigsten, dann kommen die Schwarzen, gefolgt von den Braunen und am wenigsten behaart sind die Gelben, wobei die Chinesen die wenigsten Haare unter diesen wenig Behaarten haben. Die Chinesen müssen also die rassische Gruppe [种群] gewesen sein, die mit der menschlichen Evolution früher als die anderen begonnen hat. Natürlich gibt es in China Gruppen, die haariger sind [als andere], was möglicherweise das Ergebnis rassischer Vermischung ist.«[74]

Cheng hat kürzlich die Beweggründe hinter der Verweigerung der These vom ›afrikanischen Ursprung‹ beleuchtet und er erklärt, dass darin der Unmut über westliche Überheblichkeit und eine gefühlte anti-chinesische Voreingenommenheit kanalisiert wird. Die These vom ›afrikanischen Ursprung‹ wird als westliche Theorie dargestellt, die dazu gedacht ist, die Chines:innen zu diskreditieren. Sie sei – so paraphrasiert Cheng – eine »westliche, ideologische Verschwörung, die unpatriotische und erfolgshungrige chinesische Wissenschaftler:innen als Agent:innen nutzt, um die Grundlage des chinesischen Nationalismus zu zerlegen«.[75] Der ängstlich-paranoide Charakter dieses anti-westlichen, fremdenfeindlichen Diskurses kommt auch in dem Kommentar eines Journalisten zum Vorschein, den Cheng zitiert:

> »Heutzutage versuchen viele Diskurse, unsere Geschichte an den Rand zu drängen; von allen Seiten wird versucht, uns zu spalten, unsere Blutsgemeinschaft zu schwächen, uns zu verwirren, heimtückische Gerüchte zu verbreiten, um unsere kulturelle und rassische Widerstandsfähigkeit zu brechen und unser Selbstvertrauen und unsere Kraft zur Einigkeit zu untergraben. Es ist traurig, dass es unserer Nation nie an solchem Dreck gemangelt hat.«[76]

In der Moderne ist die Vergangenheit ein Schauplatz der Auseinandersetzung, auf dem die Verletzlichkeiten und manchmal auch die rassistischen Einstellungen der Gegenwart neu ausgearbeitet und bestätigt werden. Für diesen Prozess finden sich Beispiele in Asien und Afrika ebenso wie im gesamten Westen. Doch wie dieser Prozess genau vollzogen wird, spiegelt die unterschiedlichen Ausprägungen der Moderne an unterschiedlichen Orten wider. Plurale Modernen und multiple Erinnerungen kreuzen einander, sie erschaffen immer wieder aufs Neue ein Mosaik aus Mythen und Gegen-Mythen.

Schlussfolgerung: Moderne Turbulenzen

Die für die Moderne charakteristischen Brüche und die damit oft verbundene Nostalgie ermöglichen und formen Rassismen auf der ganzen Welt. Mit den Portraits in diesem Kapitel wurde die weithin akzeptierte Vorstellung, dass der Rassismus ein Kind der Moderne ist, aufgenommen und auf eine internationale Ebene gehoben. Ich habe gezeigt, dass rassistische Modernen miteinander verwoben sind: dass, obwohl die ethno-rassifizierenden Projekte des westlichen Kolonialismus auf vielfältige Weise die nicht-westlichen Formen des Rassismus geprägt haben, diese Formen nicht auf das koloniale Moment reduzierbar sind; sie führen ein Eigenleben und sind in eigenständige, aber nicht abgekapselte moderne Prozesse eingebettet. In diesen Fallbeispielen sind ethnisch definierte Nationalismen und Rassismen so eng miteinander verzahnt, dass argumentiert werden könnte, das, was hier beschrieben wird, bilde den Aufstieg und die Folgen des Ethnonationalismus ab. Die Umbenennung eines Territoriums nach der jeweils dominanten ethnischen Gruppe ist ein besonders deutlicher Ausdruck dieses Prozesses. Als der osmanische Staat zur *Türk*ei und Siam zu *Thai*land wurde, wurden Menschen, die nicht-türkisch und nicht-thai waren, aus der imaginären Konstruktion der Nation verdrängt. Doch weisen diese Beispiele auch darauf hin, dass die Wurzeln des Ethnonationalismus divers sind und regionale, in einigen Fällen jahrhundertealte Narrative widerspiegeln. Moderne Rassismen sind miteinander verflochten, an vielen Stellen vernäht und fest verwoben.

Weiterführende Lektüre

Manfred Berg und Simon Wendt (Hrsg.), Racism in the Modern World: Historical Perspectives on Cultural Transfer and Adaption (New York: Berghahn Books, 2011). Eine Sammlung von geschichtswissenschaftlichen Artikeln mit nationalen Fallbeispielen aus Indien, China, Japan, Südafrika, den Philippinen und vielen anderen Ländern. Zwischen den unterschiedlichen Artikeln finden sich einige interessante Konfliktpunkte, aber sie alle konzentrieren sich auf Prozesse kulturübergreifender Begegnung im Kontext kolonialer Herrschaft.

Frank Dikötter, The Discourse of Race in Modern China (London: Hurst, 1992). Ein Meilenstein in der Literatur und scheinbar die erste Fallstudie, die über einen langen Zeitraum untersucht, wie ›die Idee von Rassen‹ außerhalb des Westens entstanden ist. Der chinesische ›Diskurs über Rasse‹ wird von Dikötter dabei nicht als eine isolierte oder fixierte Entität verstanden. Er konzentriert sich vielmehr auf Zusammenhänge und Einflüsse und darauf, wie sich Vorstellungen von menschlicher Differenz im Kontext von Chinas turbulenter Geschichte verändert haben. Eine überarbeitete und erweiterte Auflage des Buches wurde 2015 veröffentlicht.

Rotem Kowner und Walter Demel (Hrsg.), Race and Racism in Modern East Asia: Western and Eastern Constructions (Leiden: Brill, 2014); Rotem Kowner und Walter Demel (Hrsg.), Race and Racism in Modern East Asia: Vol. II: Interactions, Nationalism, Gender and Lineage (Leiden: Brill, 2015). Ein umfassender Überblick über die Geschichte der europäischen und ostasiatischen Konstruktionen von ›Rasse‹ und Rassismus. Diese zweibändige Sammlung bietet einen beeindruckenden englischsprachigen Forschungsüberblick über das Thema, mit einem besonderen Fokus auf kulturübergreifende Prozesse von Austausch und Interaktion.

Murat Ergin, »Is the Turk a White Man?« Race and Modernity in the Making of Turkish Identity (Leiden: Brill, 2017). Eine faszinierende und innovative Analyse des türkischen ›Rasse‹-Denkens und der türkischen ›Rassenlehre‹ in der ersten Hälfte des 20. Jahrhunderts. Wie der Titel bereits andeutet, verortet Ergin seine Studie vor allem im Kontext damaliger Ängste um eine Verwestlichung, aber er zeigt ebenfalls die Originalität und Besonderheit der türkischen Praxis und Debatte auf.

Kevin Carrico, The Great Han: Race, Nationalism, and Tradition in China Today (Berkeley: University of California Press, 2017). Carricos Studie zur ›Han-Kleidung‹-Bewegung im heutigen China basiert auf ausführlichen Feldforschungen im ganzen Land. Es ist eine spezifische, aber sehr gut lesbare Fallstudie über das Zusammenkommen von Rassismus, Nationalismus, Nostalgie und kulturellen Ängsten.

Ben Kiernan, Erde und Blut: Völkermord und Vernichtung von der Antike bis heute (München: Deutsche Verlags-Anstalt, 2009). Dieses weltweite Überblickswerk zum Völkermord (oder Genozid) wird seine Leser:innen sowohl von der globalen Natur des Phänomens überzeugen als auch davon, dass dabei stets ethnische und rassistische Vorstellungen von Differenz zum Einsatz kommen. Erwartungsgemäß ist es ein extrem umfangreiches Buch, doch für alle, die mehr über die internationalen Dimensionen des Rassismus erfahren wollen, ist es ein Muss.

Kapitel 3

Religiöse Wut: Rassistische Dimensionen von Fundamentalismus, Kastendiskriminierung und Islamfeindlichkeit

> »Was ich auf der Entbindungsstation gesehen habe, macht deutlich, dass die Mütter systematisch erschossen worden sind [...]. Sie sind durch die Räume der Station gegangen und haben die Frauen in ihren Betten erschossen. Es war ein methodisches Vorgehen.« (Frederic Bonnot, Programmleiter bei Ärzte ohne Grenzen)[1]

Als ich im Mai 2020 anfing, dieses Kapitel zu schreiben, gelangte die Nachricht aus der afghanischen Hauptstadt Kabul nach draußen, dass Schützen in eine Geburtsklinik eingedrungen waren, vierundzwanzig Frauen und Babys getötet und viele weitere verletzt hatten. Die Klinik lag in einer Region, in der mehrheitlich Hazara leben, eine ethno-religiöse, schiitische Minderheit in einem ansonsten vorwiegend sunnitischen Land. Die Hazara unterscheiden sich physisch durch ihre sogenannten ›chinesischen‹ Merkmale und sind vielerorts Diskriminierung ausgesetzt.[2] Diese Morde waren lediglich der jüngste Vorfall in einer langen Reihe von Versuchen, die Hazara zu terrorisieren. Keine Organisation hat sich zu dem Angriff auf die Klinik bekannt, doch trägt er eindeutig die Handschrift des ›Islamischen Staates‹ (›I.S.‹), einer radikalen islamistischen Gruppierung, die in vielen verschiedenen Ländern zahlreiche ethno-religiös motivierte Angriffe verübt hat. Der radikale Islamismus ist eine fundamentalistische und gewalttätige Ideologie religiöser Überlegenheit. Er wird in der Regel als religiös *und* politisch motiviert verstanden. In diesem Kapitel zeige ich, dass dessen Gewalt zudem auch von Rassismus durchzogen ist.

Ich betrachte die Beziehung zwischen religiöser Intoleranz und Rassismus anhand von drei Beispielen: (1.) des radikalen Islamismus und der ethnischen Verfolgung im ›Islamischen Staat‹ sowie in Pakistan und im Iran; (2.) des Rassismus und der Kastendiskriminierung in Indien;

(3.) des antimuslimischen Rassismus in Indien und China. Ethnische Verfolgung im Namen oder entgegen eines religiösen Glaubens wird in einigen Ländern und in einigen Kontexten als Rassismus bezeichnet, in anderen wiederum nicht. Antisemitismus wird gemeinhin als Rassismus verstanden, auch wenn Jüd:innen physisch nicht von denen unterschieden werden können, die sie diskriminieren. Die Verfolgung der Minderheit der Hazara in Afghanistan (und Pakistan) hingegen wird selten als rassistisch bezeichnet, obwohl diese sich physisch unterscheiden. Mein Ziel ist es nicht, darauf zu bestehen, dass ›Rassismus‹ der einzig richtige oder gar der einzig mögliche Begriff ist, um jegliche Form von ethno-religiöser Intoleranz zu beschreiben. Jedoch ist es meine Absicht, darzulegen, dass es wichtig und nützlich ist, die Rolle zu bestimmen, die Rassismus in all dem spielt. Wo der für den Rassismus charakteristische, von Hierarchien und Überlegenheitsfantasien geprägte Essentialismus am Werk ist, sollte er erkannt und benannt werden. Die Benennung von etwas als Rassismus muss bereits bestehende kritische Kategorien (wie ›*sectarianism*‹ [religiöse Intoleranz; Konfessionalismus], ›*communalism*‹ [Kommunalismus] und ›*casteism*‹ [Kastendiskriminierung]) nicht verdrängen. Stattdessen können sie sich überschneiden, einander ergänzen und zusammenwirken. Dieser Punkt wird insbesondere im zweiten Teil dieses Kapitels deutlich, in dem ich das komplexe Zusammenspiel von Kastensystem, Religion und Diskriminierung betrachte, wobei ich mir die kontrovers geführte Debatte in Indien anschaue, ob ›Rassismus‹ nun die richtige Bezeichnung ist oder nicht. Doch auch wenn – wie wir sehen werden – von beiden Seiten überzeugende Argumente vorgebracht werden, wird ›Rassismus‹ bereits zunehmend von Dalit-Aktivist:innen in der Praxis verwendet, um innerhalb und außerhalb des Landes Aufmerksamkeit auf die von ihnen erfahrenen Missstände zu lenken und diese überhaupt zum Ausdruck zu bringen, womit sich die Bedingungen der Debatte bereits verändern: Ungeachtet der Bedenken einiger wird die Bedeutung von ›Rassismus‹ neu definiert. Schließlich wende ich mich dem antimuslimischen Rassismus zu. Zunächst gehe ich auf die hindunationalistische Islamfeindlichkeit in Indien ein und danach auf das Beispiel der anhaltenden Verfolgung von Muslim:innen in der chinesischen Provinz Xinjiang, anhand derer ich den Zusammenhang zwischen der Angst des chinesischen Staates vor regionalen Abspaltungsbewegungen und einem antimuslimischem Rassismus erkunde.

Radikaler Islamismus und Rassismus

> »Schutzbedürftige Gruppen wurden vor den Augen der internationalen Gemeinschaft zu Opfern von ethnischer Säuberung, Rassismus und erzwungenem Identitätswechsel.« (Nadia Murad, Kämpferin für die Rechte der Jesid:innen)[3]

Nadia Murads Worte bezeugen die Tatsache des Genozids im Irak und in Syrien. Sie nutzt dafür die Sprache des Rassismus, vielleicht weil sie weiß, dass es ein Wort ist, bei dem die ›internationale Gemeinschaft‹ aufhorcht, aber auch, weil es den Hass, der ihr widerfahren ist, auf den Punkt bringt – ein Hass, der sich nicht nur darin äußert, dass versucht wird, den jesidischen Glauben auszulöschen, sondern auch die Existenz der Jesid:innen selbst.

Rassismus stellt ein Potenzial dar innerhalb der Diskurse und Praktiken von Überlegenheit, Ausgrenzung und Essentialismus, die mit religiösem ›Fundamentalismus‹ einhergehen. Der Begriff ›Fundamentalismus‹ bezieht sich auf eine diverse Sammlung religiöser Dogmen, die von Reinheit und Reinigung besessen sind und behaupten, zur Wurzel des religiösen Lebens zurückzukehren. Fundamentalist:innen erscheinen häufig rückwärtsgewandt und einige quietistische und asketische Sekten ziehen sich tatsächlich erfolgreich aus den Fängen des modernen Lebens zurück. Fundamentalismus kann eine friedliche und kontemplative Haltung bedeuten. In diesem Kapitel geht es jedoch nicht um diese Seite des Fundamentalismus, sondern vielmehr um dessen ›weltlichere‹ Formen – Formen, die ausdrücklich politisch und das Gegenteil von losgelöst sind. Die Ideologien dieser *radikalen* fundamentalistischen Bewegungen sind typischerweise von Gewalt und religiöser Ausgrenzung geprägt und sie streben danach, die verdorbene Welt, von der sie umgeben zu sein glauben, zu bereinigen. Eine Begleiterscheinung bei dieser Art von post-traditionellem Traditionalismus ist dessen ethno-rassistische und manchmal auch ethnozidale Intoleranz.[4]

Die gewalttätigste und einflussreichste Erscheinungsform des radikalen Fundamentalismus ist der ›Islamische Staat‹ und die mit ihm verbundenen Organisationen. Auch wenn häufig als terroristische Gruppierung bezeichnet, ist der ›Islamische Staat‹ – wie der Name schon sagt – ein Projekt zum Aufbau eines Staates und entsprechender Verwaltungsstrukturen.[5] Zu seiner Hochzeit im Jahr 2015 umfasste der ›Islamische Staat‹ ein Gebiet in etwa so groß wie Jordanien und etwa zehn Millionen Menschen unterstanden seinem Einfluss. Er verband seine de facto Hauptstadt ar-Raqqa in Syrien mit Mossul im Irak und mit den agrarwirtschaftlich geprägten Städten im Süden Bagdads. Er schuf ein regionales Regierungssystem und setzte Verantwortliche für Gefängnisse, Sicherheit und ökonomische Ziele ein. Der ›I.S.‹ verlor 2016 große Teile dieses Territoriums und sein unmittelbares Einflussgebiet wurde auf einige nicht miteinander verbundene Landstriche reduziert. Zu dem Zeitpunkt, an dem ich dies schreibe (Anfang 2021), sind Anhänger:innen des ›I.S.‹ jedoch weiterhin im Nahen Osten und der ganzen Welt aktiv. Der ›Staat‹ ist dazu in der Lage, erneut aufzutauchen.

Der ›I.S.‹ ist aus den ethno-religiösen Grabenkämpfen hervorgegangen, die die politische Landschaft des Iraks nach dem westlichen Einmarsch unter der Führung der USA bestimmten. Die von den USA unterstützte, schiitisch dominierte irakische Regierung unter der Führung von Nouri Al-Maliki drängte die sunnitischen Anführer an den Rand – wie es auch das Assad-Regime in Syrien tat[6] – und schuf damit einen Raum für militante Gruppen, die die entsprechende Unzufriedenheit ausnutzen konnten. In dieser politischen Lücke entstand der ›I.S.‹ als internationales, multiethnisches Projekt, das sunnitische Extremist:innen auf der ganzen Welt in einem polyglotten, revolutionären Projekt zusammenführte. Diese Vielfalt war verbunden mit dem starken Willen, all jene Gruppen auszulöschen, die ihre Sicht auf die sunnitische Vorherrschaft und die Apokalypse nicht teilten. Die Jesid:innen (eine nicht-muslimische, größtenteils kurdische Minderheit) sind nur eine von vielen Gemeinschaften, die der ›I.S.‹ zu zerstören versucht hat; andere sind beispielsweise ethnische Kurd:innen, Chaldäer:innen, Syrer:innen, Assyrer:innen; Turkmen:innen, Kaka'i und Schabak.[7] Wie dies andeutet, ist das Projekt des ›I.S.‹ durchzogen von rassistischer Verachtung für ganze Menschengruppen, die als von Natur aus minderwertig und unwürdig erachtet werden. Diese Gruppe der zu ›Anderen‹ Erklärten wird dabei sowohl in einem engeren als auch in einem weiteren Sinne verstanden: Sie umfasst die spezifischen, soeben aufgelisteten Minderheiten, aber auch alle westlichen Menschen, egal welchen Glaubens, alle Nichtgläubigen, alle Nicht-Muslim:innen, alle nicht-sunnitischen Muslim:innen und all diejenigen sunnitischen Muslim:innen, die auf irgendeine Weise nicht die Sicht des ›I.S.‹ teilen.

Anhänger:innen des ›I.S.‹ haben gelegentlich versucht, den Widerspruch aufzulösen, eine multi-ethnische Gemeinschaft zu sein, die auf

Genozid aus ist. Beispielsweise haben einige ihrer Propagandisten ein Ereignis inszeniert und gefilmt, bei dem jesidischen Männern Schutz angeboten wurde, nachdem sie unter Zwang konvertiert waren.[8] Was der Film zu transportieren versucht, ist die Vorstellung, dass nicht jesidische Körper der Feind sind, sondern der jesidische Glaube. Doch Zwangskonvertierungen funktionieren nur vor dem Hintergrund des Terrors. Die meisten Jesid:innen wurden von Anhänger:innen des ›I.S.‹ als ihrem Wesen nach verderblich, sündhaft und entbehrlich behandelt. Dabei lag dieser Behandlung eine geschlechtsspezifische Logik zugrunde: Jesidische Männer wurden in der Regel getötet, jesidische Frauen und Mädchen hingegen versklavt. Die Entführung von Frauen und Mädchen sollte mitunter sicherstellen, dass keine jesidischen Kinder geboren würden. Dem lag eine imaginierte ethnische Blutslinie zugrunde, die mittels der Körper der Frauen und Mädchen zerstört würde. In einem Bericht vom Juni 2016 mit dem Titel *They Came to Destroy: ISIS Crimes Against the Yazidis* stellte der Menschenrechtsrat der Vereinten Nationen fest, dass jesidische Frauen und Kinder in aller Offenheit von ›I.S.‹-Kämpfern als Sklav:innen, darunter auch als Sexsklavinnen, gekauft und verkauft wurden, und er kam zu dem Schluss: Der ›I.S.‹ »hat das Verbrechen des Genozids begangen, indem er versucht hat, die Jesid:innen durch Tötungen, sexuelle Versklavung, Versklavung, Folter, gewaltsame Vertreibung, Verschleppung von Kindern und durch Maßnahmen zu zerstören, die darauf abzielten, die Geburt jesidischer Kinder zu verhindern.«[9]

Radikaler Fundamentalismus wie etwa der radikale Islamismus kann als eine Form extremistischer Nostalgie verstanden werden: Er empfindet nicht nur Schmerz angesichts eines Verlusts, sondern er bietet gleich ein politisches und religiöses Programm an, mit dem das Unreine vertrieben und wiedererschaffen werden soll, was auch immer der von ihm selbst geschaffene Mythos der Vergangenheit beinhaltet. Der radikale Islamismus ist eine vielfältige Strömung. Darunter finden sich das Blutbad des ›I.S.‹ ebenso wie ähnliche und mit ihm verbundene Bewegungen in Asien und Afrika sowie eine Reihe religiös-fanatischer Parteien und Bewegungen, wobei hier Überschneidungen mit anderen islamistischen Strömungen bestehen, die die Politik der letzten Jahrzehnte in vielen mehrheitlich muslimischen Ländern geprägt haben. Diese Strömungen verbinden Nostalgie, Populismus und die Idee religiöser Reinheit miteinander. Ray schreibt dazu:

> »Im Islamismus findet man eine vertraut modernistische Matrix von Themen. Dem Verlust von Bedeutung steht eine Resakralisierung gegenüber, dem Verlust von Gemeinschaft die Wiederherstellung von Gemeinschaft (die *umma* im Islam), dem Verlust von Identität Authentizität, Glaube und ein heroischer Kult der Selbstaufopferung, der zur Herrschaft der Gerechten führen wird.«[10]

Eisenstadt war fasziniert von der Tatsache, dass »zeitgenössische fundamentalistische Bewegungen durch und durch moderne Bewegungen sind, auch wenn sie anti-moderne oder anti-aufklärerische Ideologien propagieren«. Er zieht eine Parallele zwischen jüdischen und islamischen Formen des Fundamentalismus und verortet ihr »erneuerndes utopisches Sektierertum« in ihrer Verbundenheit zu »bestimmten, insbesondere utopischen, sektiererischen heterodoxen Tendenzen und Bewegungen«, denen gemeinsam ist, »scharfe Grenzen zwischen dem ›reinen‹ Inneren und dem ›verunreinigten‹ Äußeren zu ziehen«. Eisenstadt fährt fort:

> »Gleichzeitig verbreiten sie unaufhörlich Bilder eines Feindes, beziehungsweise eines ontologischen Feindes, einem, der sie zu verunreinigen droht oder gegenüber dem man ständig auf der Hut sein muss – im Falle der jüdischen Fundamentalist:innen, insbesondere der Charedim, sind es beispielsweise die sich assimilierenden Jüd:innen und die säkulare Welt als solche; für die muslimischen Fundamentalist:innen sind es die USA, Israel und der Zionismus. [...] Ähnlich wie viele andere religiös-ideologische Bewegungen und ebenso wie autoritäre Bewegungen des linken und des rechten Spektrums weisen fundamentalistische Bewegungen eine sehr niedrige Toleranzschwelle für Ambiguität auf, auf der persönlichen wie auch auf der kollektiven Ebene.«[11]

Eisenstadts Hinweis auf eine »niedrige Toleranzschwelle für Ambiguität« impliziert bereits, dass Fundamentalismus stets von religiöser Intoleranz geprägt ist. Das ist jedoch nicht das Gleiche wie zu sagen, Fundamentalismus sei zwangsläufig rassistisch. Was man sagen kann, ist, dass die politischeren und radikaleren Formen des Fundamentalismus einen guten Nährboden dafür bieten, dass Intoleranz in Rassismus umschlägt.

Im Nahen Osten basiert der vielfachdiskriminierende Charakter des islamischen Fundamentalismus auf der Verschränkung bereits bestehender Vorurteile mit religiös verstandenen Versuchen der Staatsbildung sowie mit europäischen kolonialen Praktiken der ethnischen Kontrolle und Klassifikation.[12] Del Res Studie über den Weg hin zu einem ›Nahen Osten ohne Minderheiten‹ zeigt, wie das osmanische Gemeinwesen und dessen

Rechtstraditionen, welche auch für Minderheiten einen Platz vorsahen (das Millet- und das Dhimma-System), im Kontext des europäischen Kolonialismus in ein festes System ethnischer Grenzziehungen übersetzt wurden, wodurch Minderheiten schließlich dem Vorwurf ausgesetzt waren, fremd zu sein oder außerhalb der Nation zu stehen.[13] Das impliziert, dass die extreme Intoleranz des ›I.S.‹ einem Kontext entspringt, der schon vorher stark von ethnischer Intoleranz geprägt war. Die Siedlungen der Jesid:innen in den Bergen beispielsweise waren nicht, wie viele Medienberichte behaupteten, deren ›ursprüngliche‹ oder ›natürliche‹ Heimstätte. Dorthin haben sie sich stattdessen während vorheriger Phasen der Verfolgung zurückgezogen und in Sicherheit gebracht.

Dieser geschichtliche Blick zurück soll nicht andeuten, dass den heutigen Grausamkeiten etwas Zeitloses oder Normales anhaften würde. Es geht vielmehr darum, zu verdeutlichen, dass der radikale Fundamentalismus ein seit Langem etabliertes Instrument politischer und staatlicher Kontrolle ist. Wie später in diesem Kapitel erläutert, bietet das heutige Indien eine Vielzahl von Beispielen für diese Vermählung von Projekten der Staatsbildung mit einem Hindu-Fundamentalismus mithilfe einer ›antimuslimischen Politik‹. In vielen Darstellungen des Hindu-Nationalismus steht Intoleranz im Vordergrund, darunter auch Rassismus und das, was Bhatt und Mukta als ›arischen Primordialismus‹ [›Aryan primordialism‹] bezeichnen.[14] Etwas Ähnliches wurde in Israel beobachtet, wo ein säkularer Staat die Kolonisierung palästinensischer Gebiete durch jüdische Fundamentalist:innen überwacht. Und Leonard beschreibt den von ihm untersuchten christlichen Fundamentalismus in den Südstaaten der USA als »Theologie des Rassismus«.[15] Doch auch wenn Fundamentalismus ein globales Phänomen ist, hat insbesondere die islamische Variante eine große Reichweite und weltweite Veränderungen erreicht. Denn während Fundamentalismus die politische Landschaft in einer Reihe nicht-muslimischer Länder zwar geprägt hat, die jedoch im Wesentlichen säkular geblieben sind, war sein Einfluss in vielen der etwa 50 ›muslimischen Länder‹ dieser Welt tiefergehend: Er hat das Verhältnis von religiöser Autorität und Staat neu geordnet und semi- beziehungsweise nicht-säkulare politische Gebilde geschaffen, die von den Semi-Theokratien in Saudi-Arabien und dem Iran bis hin zu einer Reihe islamisierender Länder reichen.

Mit Verweis auf Sivan argumentiert Ray, dass Politiker:innen in mehrheitlich muslimischen Staaten dazu übergegangen sind, Fundamentalismus als Mittel der Kontrolle einzusetzen. Fundamentalismus ist ihm zufolge daher

> »nur im Kontext eines modernen autoritären Staates ein gangbares politisches Programm, in dem die Einhaltung religiöser Vorschriften eher eine Frage staatlicher Vorgabe denn persönlicher Präferenz ist. Der islamische ›Fundamentalismus‹ ist eine populistische und etatistische Doktrin, die ihre Begründung aus der Fähigkeit des modernen Staates ableitet, das sozio-kulturelle Leben zu steuern.«[16]

Ray weist jedoch auch darauf hin, dass der Versuch, den Fundamentalismus nutzbar zu machen, von »Legitimations- und Mobilisierungsproblemen des Staates« herrührt: Die Entfesselung dieser unberechenbaren Kraft ist nicht unbedingt Ausdruck der Macht eines Staates, sondern eher seiner Schwäche und Desorganisation. Die Islamisierung Pakistans ist ein gutes Beispiel dafür, wie unsicher und politisch riskant der »populistische und etatistische« Einsatz des Fundamentalismus ist. Mit der Teilung Indiens wurde Pakistan als Heimatland der Muslim:innen gegründet und damit als eine vereinte Nation, in der Religion, nicht Ethnizität, die zentrale Verbindung darstellt. Dennoch ist die Geburt Pakistans – ja sogar die Idee von Pakistan – aufs Engste mit Muhammad Ali Jinnah verknüpft, dem ›Vater der Nation‹, der 1947, einige Tage vor der Unabhängigkeit, in einer Rede erklärte: »Ihr mögt irgendeiner Religion oder Kaste angehören – das hat nichts mit der Aufgabe des Staates zu tun.« Das Paradox einer Nation, die sich sowohl als religiöses Heimatland verstand und gleichzeitig Inklusivität versprach, geriet bald unter Druck.[17] Doch es waren die Versuche der Politiker in den nachfolgenden Jahrzehnten, den radikal-fundamentalistischen sunnitischen Islam als politischen Verbündeten zu gewinnen, die Jinnahs Vision letztlich begruben. Einer dieser Politiker war General Zia-ul-Haq, der Pakistan von Juli 1977 bis August 1988 regierte und der immer wieder die Flamme des Islamismus anfachte, um die Macht des Staates zu sichern. Nasr zufolge glaubte Haq, dass »ein Staat, der als legitimer islamischer Akteur aufgefasst wird, sowohl den Tiger des Islamismus reiten, als auch dessen Energien im Dienste des Staates nutzen kann«.[18] Anstatt die ethnischen Spaltungen im Land zu überwinden, hat dieses Vorgehen dazu geführt, dass sie noch verstärkt wurden. So verschärfte Haq beispielsweise 1986 das bereits bestehende Blasphemiegesetz, indem er einen Paragrafen hinzufügte, wonach die Schmähung des Propheten Mohammed nun mit »Tod oder lebenslanger Haft« bestraft wurde. Da der Vorwurf der Blasphemie leicht zu erheben und schwer zu widerlegen ist, wurde das Gesetz häufig genutzt, um offene Rechnungen zu begleichen und Angriffe auf Minderheiten zu rechtfertigen.[19] Ein weiterer Versuch von Haq, ›den Tiger zu reiten‹, bestand in der Finanzierung fundamentalistisch-religiöser Schulen (Madrasas) durch eine verpflichtende Religionssteuer, die jährlich eingezogen und auf das Zakat-Konto der Regierung eingezahlt wurde. Auch wenn Bildungsreformen in den letzten Jahren weit oben auf der Agenda standen, wird selbst an staatlichen Schulen die Kritik laut, dass der Lehrplan noch immer »einseitig, engstirnig und intolerant« sei.[20] In seiner 2003 durchgeführten Studie zu den Lehrplänen an staatlichen Schulen kam der Friedensaktivist Abdul Nayyar zu dem Schluss, dass die »allgemeine Schulbildung« im Land »engstirnig, ausgrenzend und von Hass getrieben« sei. Er identifizierte vier zentrale Motive, die sich wie ein roter Faden durch die gängigen Lehrpläne und Schulbücher zogen: »Pakistan ist das Land alleinig der Muslim:innen«; »Alle Schüler:innen, egal welchen Glaubens, müssen zwangsweise in *Islamiat* [Islamwissenschaft] unterrichtet werden, daran ist auch eine obligatorische Lektüre des Qur'an geknüpft«; »Die Ideologie Pakistans soll als Glaube verinnerlicht und Hass gegen Hindus und Indien geschürt werden«; »Die Schüler:innen werden aufgefordert, den Pfad des *Jehad* [sic] und des *Shahadat* (Märtyrertod) einzuschlagen«.[21]

Um das Zusammenspiel von Staatsbildung, islamistischem Fundamentalismus und ethnischer Diskriminierung noch weiter zu verdeutlichen, greife ich auf die Erfahrungen von Husain Haqqani zurück, dem ehemaligen pakistanischen Botschafter in den USA. Den Staat und/oder die radikalen Islamist:innen herauszufordern, kann in Pakistan gefährlich sein. Aufgrund der von Haqqani geäußerten Kritik an beidem sah er sich der Verunglimpfung ausgesetzt und wurde schließlich 1999 vom pakistanischen Geheimdienst entführt und für zwei Monate festgehalten. Heute lebt er im Exil. Für Haqqani ist klar, dass der »unverhältnismäßig große Einfluss, den fundamentalistische Gruppen in Pakistan genießen, das Ergebnis staatlicher Förderung ist«. Er erklärt weiter: »Durch die Manipulation der sozialen und kulturellen Trennlinien und die Anwendung einer Teile-und-herrsche-Strategie schafft die Regierung eine Situation, in der sie bei jedem Konflikt der oberste Schiedsrichter ist. Der Staat und seine Organe mobilisieren Identitäten und intensivieren religiöse [sectarian] Konflikte.«[22] Religiöse Intoleranz [sectarianism], soweit sie mit dem gewaltvollen

Ausschluss bestimmter, zu ›Anderen‹ erklärter Gruppen einhergeht, schafft ein System von Vorurteilen, mit dem Differenz festgeschrieben wird. Unter solchen Umständen kann Rassismus als ein Zustand, als ein Potenzial und als ein Ziel verstanden werden. Um es anders auszudrücken: Wenn sich die Gräben vertiefen und Ungleichheiten naturalisiert werden, hebt auch die Idee des Rassismus ihren Kopf empor. Das Auftauchen dieser Idee ist jedoch nicht nur Ausdruck der objektiven Existenz von Rassismus. Vielmehr wird sie explizit angerufen und mithilfe einer Rhetorik des Widerstandes heraufbeschwört. Es ist bezeichnend, dass die Feindseligkeit gegen die Ahmadis – eine heterodoxe pakistanisch-muslimische Gemeinschaft, deren ›wesentlicher Unterschied‹ zu anderen Pakistanis ein Unterschied in der religiösen Lehre ist – als »eine Form des religiösen [sectarian] Rassismus« bezeichnet wurde.[23] Es könnte eingewendet werden, dass es sich hier um eine falsche Verwendung des Rassismusbegriffs handelt: Ahmadis unterscheiden sich durch keine weiteren Merkmale außer durch ihren Glauben. Hierbei handelt es sich jedoch um ein gutes Beispiel für die Flexibilität und den Einfluss des Rassismuskonzepts (einem weiteren Beispiel dafür werden wir später bei der Diskussion des indischen ›Kasten-Rassismus‹ begegnen). Der Fall der Ahmadis – etwa vier Millionen Menschen in Pakistan – ist wichtig, weil sie der ersten Welle religiöser [sectarian] Unterdrückung durch den islamisierenden Staat ausgesetzt waren. Seit den frühen 1950er Jahren machten radikale Fundamentalist:innen gegen sie mobil, unter anderem wegen ihres angeblichen Reichtums und ihrer angeblichen Prominenz, und es wurde gefordert, die Ahmadis als eine nicht-islamische Sekte zu definieren. Die Regierung gab dieser Forderung nach und durch eine Verfassungsänderung wurde den Ahmadis 1974 schließlich gesetzlich untersagt, sich selbst als muslimisch zu bezeichnen. Seitdem waren die Gemeinschaften der Ahmadis regelmäßig Angriffen ausgesetzt, was dazu führte, dass sich viele Tausende von ihnen den anderen Minderheiten auf ihrer Flucht aus dem Land anschlossen. Der Fall der Ahmadis zeigt, wie die Verfolgung und das *Othering* einer Gruppe Züge von Rassismus annehmen können, selbst wenn sie nicht nach ethnischen, geschweige denn ›rassischen‹, Kriterien funktionieren.

Der ›minoritäre‹ Charakter Pakistans erklärt zum Teil, warum sich der Staat so sehr auf Religion als verbindendes Element gestützt hat. In Pakistan gibt es keine zahlenmäßig eindeutig dominante Gruppe und es herrscht etwas, das als Machtkampf beschrieben werden könnte, beziehungsweise als heikler und fortwährender Aushandlungsprozess zwischen verschiedenen Organisationen und Individuen, die den Anspruch erheben, für die größeren der Bevölkerungsgruppen des Landes zu sprechen (die größten davon sind die Punjabis und die Paschtun:innen). In islamisierenden Staaten mit einer einzelnen dominanten Ethnie kann die ethno-nationalistische Rolle der Religion hingegen von mehr Ambiguität geprägt sein. Dies gilt insbesondere für die Türkei und den Iran, wo islamistische Regime vorherige säkular-nationalistische Regime abgelöst haben. Wie bereits erwähnt, wurden Minderheitsidentitäten in der Türkei unter säkular-nationalistischer Herrschaft stark unterdrückt. Der Aufstieg einer islamistischen Partei versprach daher für kurze Zeit einen Wandel von der Assimilation hin zum Pluralismus. Dieses anfängliche Versprechen sollte sich jedoch nicht bewahrheiten. Ein ähnliches Urteil lässt sich über das Aufkommen eines post-säkularen Staates im Iran fällen. Die Dynastie der Pahlavi (1925–79) war nationalistisch, säkular und häufig unverhohlen rassistisch (siehe dazu auch Kapitel 1). Asgharzadeh erklärt:

> »Unter der Herrschaft von Reza Khan [Pahlavi] ersetzte rasch eine offiziell abgesegnete iranische Geschichtsschreibung die bis dahin bestehenden mündlichen und schriftlichen Überlieferungen der verschiedenen ethnischen Gruppen und Nationalitäten. Entsprechend der vorherrschenden rassistischen Ideologie sollten alle im Iran lebenden Menschen einen gemeinsamen ›arischen Ursprung‹ haben. Den nicht-persischen Nationalitäten wurden, entsprechend der arianistischen rassistischen Ideologie, neue geschichtliche Entwicklungslinien zugeschrieben. [...] Es wurde von ihnen verlangt, dass sie sich ›der überlegenen arisch/persischen Rasse und Kultur‹ unterordneten, und wenn sie die ›Überlegenheit der arisch/persischen Rasse‹ nicht akzeptierten, würden sie Erniedrigung, Marginalisierung und Ausgrenzung erfahren.«[24]

Die meisten Quellen gehen davon aus, dass etwa 60 % bis 75 % der Bevölkerung des Irans persisch sind. Es gibt eine anhaltende Debatte darüber, ob die Islamisierung des Landes (seit der Islamischen Revolution 1979) bestehende ethno-nationalistische, persisch-zentrierte Formen der Ausgrenzung weiter fortgeschrieben hat oder ob sie zu Verbesserungen für die Minderheiten geführt hat. Das deutet bereits an, dass die ethnischen Gruppen im Iran (Araber:innen, Kurd:innen, Azeri, Gilaki, Mazandaraner:innen, Belutsch:innen und Turkmen:innen) ebenso wie die religiösen Minderheiten (wie sunnitische Muslim:innen, Bahá'í, Zoroastrier:innen und

Christ:innen) ein kompliziertes Verhältnis zur Islamischen Revolution haben. Zuweilen stand der universalistische Anspruch des Islam im Vordergrund, der, insbesondere für die muslimischen und anderen anerkannten Minderheiten (Zoroastrier:innen, Jüd:innen und Christ:innen) Gleichheit versprach. In Abgrenzung zum Säkularismus der Vergangenheit richtete sich der künftige Führer des Landes, Ayatollah Khomeini, 1978 an die kurdische Bevölkerung des Irans und verkündete:

> »Der große Islam verurteilt alle Arten der Diskriminierung und sieht keine speziellen Rechte für irgendeine Gruppe im Besonderen vor. Frömmigkeit und Hingabe zum Islam machen die Würde eines jeden Mannes aus. [...] Im Schoße des Islam und der Islamischen Republik Iran besitzen alle Nationalitäten das Recht, an ihren eigenen Orten ihr eigenes kulturelles, wirtschaftliches und politisches Schicksal [...] zu bestimmen.«[25]

»Einige Minderheiten hießen die Islamische Revolution willkommen«, schreibt Blyth. »Sie glaubten, dass sie ihnen Unabhängigkeit bringen würde«, doch, fügt sie hinzu, merkten sie auch schnell, dass das neue System »alles unterdrückte, was eine Minderheit eigentlich auszeichnet – Sprache, Religion, Kultur, Identifikation mit einem Gebiet«. Blyth bringt das, was sie als ›Rassifizierung‹ der Minderheiten im Iran bezeichnet, mit der Verfestigung von Ausgrenzungsdiskursen und einem persisch-zentrierten Weltbild in Verbindung, wobei sie diese Prozesse auch anhand des staatlich verordneten Antisemitismus veranschaulicht.[26] Asgharzadeh argumentiert: »Die herrschende Gruppierung sieht sich selbst als Vertretung einer vereinten, ›authentischen‹ und ›essentialisierten‹ iranischen Nation, deren feste Parameter durch Irans territoriale Grenzen, die persische Sprache und den islamischen Glauben (Schiitentum) bestimmt sind«.[27]

Wie so oft bei der Diskussion von Rassismus in Asien und Afrika werden Behauptungen und Gegenbehauptungen bezüglich der Existenz von Rassismus im Iran ohne die Art von intensiver Forschung vor Ort aufgestellt, die uns etwas über die alltäglichen Erfahrungen gewöhnlicher Menschen sagen könnte. Wenn wir die Polemiken von Regierung und Regierungsgegner:innen außen vor lassen, entdecken wir jedoch ein gleichbleibendes Muster von verlässlichen Berichten aus dem Iran, die – wie auch in der Türkei – darauf schließen lassen, dass die post-säkulare ›Toleranz‹ der Islamischen Republik ausgesprochen begrenzt ist. Die Ausgrenzung von nicht-schiitischen, nicht-persischen und nicht-farsi-sprechenden Gruppen scheint fest verankert und fortwährend zu sein. Der kontinuierliche Strom von Geflüchteten aus dem Iran, von denen viele aus einer der beschriebenen Minderheiten stammen, liefert ebenfalls überzeugende Beweise für ihre Verfolgung. Beispielsweise setzt sich die seit Jahrzehnten andauernde Unterdrückung der Bahá'í-Glaubensgemeinschaft und damit auch die Vertreibung ihrer Gläubigen weiter fort. Die Bahá'í-Religion ist die größte Minderheitenreligion im Iran und wurde von offizieller Seite als subversive politische Organisation gebrandmarkt. Die Kriminalisierung der Bahá'í hat dazu geführt, dass Hunderte von ihnen verhaftet und inhaftiert wurden. Wie auch andere religiöse Minderheiten bilden die Bahá'í eine multiethnische Gruppe, auch wenn diese durch stereotype Darstellung, Essentialisierung und Kategorisierung vonseiten des Staates ethnisiert wurde. Eine Forschungsorganisation der Bahá'í schreibt, dass die Gemeinschaft durch die Konstruktion eines ›Wir-gegen-sie‹-Narrativs und durch Versuche der Medien, die Bahá'í zu ›entmenschlichen‹, verleumdet wurde, ebenso durch »die Organisierung von Hassgruppen und die ›Vorbereitung‹ ihrer Auslöschung«.[28]

Das Zusammenspiel von politischer Macht und islamischem Fundamentalismus hat einige dazu veranlasst, zu argumentieren, der Islamismus sei kein religiöses, sondern ein politisches Phänomen. Beispielsweise schreibt Ahmad, dass, trotz ihres spirituellen Anspruchs, »die fundamentalistischen Bewegungen [...] vorrangig politische statt religiöse gedankliche Bewegungen sind«, da ihr wesentliches Ziel darin bestehe, »das politische Leben zu *erobern*«.[29] Diese Argumentationsweise stellt Religion und Politik als grundlegend verschiedene Sphären dar und übersieht, wie sie einander überschneiden. Für einige ist es eine attraktive These, weil sie der Hoffnung Raum verschafft, dass die Gewalt des fundamentalistischen Islam eine Abweichung ist, etwas, das nichts mit dem ›wahren Islam‹ zu tun hat. Berween verkörpert diese Wunschvorstellung in seinem Artikel »Non-Muslims in the Islamic state«, in dem er sich lediglich auf ausgewählte Verse des Qur'an stützt. In dem 2006 verfassten Artikel ignoriert Berween jegliche Gegenbeweise, wenn er behauptet, dass »ein islamisches Modell ideal ist, um multi-religiöse, multi-kulturelle und multi-ideologische Gesellschaften zu regieren«, und dass »in der ganzen islamischen Geschichte Muslim:innen niemals Probleme mit Nicht-Muslim:innen hatten, abgesehen von einigen wenigen kleinen Vorfällen, die jedoch als nicht-islamisch beschrieben werden können oder die von den Nicht-Muslim:innen selbst provoziert wurden«.[30] Angesichts der anhaltenden Gewalt, die diverse Minderheiten durch diverse fundamentalistische und islamisierende Regime erfahren, haben diese Bemerkungen etwas Weltfremdes an sich. Es ist plausibler, anzunehmen, dass religiös-fundamentalistische Projekte der Staatsbildung eine Vielfalt verschiedener Interpretationen zulassen, von denen einige multikulturell, die meisten in der Praxis jedoch ›multi-phobisch‹ sind. In vielen Teilen der Welt hat man zugelassen, dass eine solche ›multiple Phobie‹ zum Kennzeichen sowohl von ›islamischen Regierungen‹ als auch von ›Fundamentalismus‹ geworden ist. Politische Fundamentalist:innen haben Glaube und Aktivismus miteinander verbunden und sich einer von Überlegenheitsfantasien und Populismus geprägten Praxis verschrieben, mit der sie die verunreinigte, ungläubige Welt zu bereinigen versuchen. Diese Bereinigung verspricht einen strahlenden Neuanfang für diejenigen, die mit Intoleranz und Dogmatismus zufrieden sind, und eine düstere Zukunft für alle anderen.

Kastendiskriminierung und Rassismus

Eine Kaste ist etwas, in das man hineingeboren wird, und für viele bestimmt sie die Grenzen des Möglichen. Kasten sind sozial, beruflich und – zumindest in Indien – religiös definierte Gemeinschaften, die vollständig oder semi-endogam organisiert sind. Menschen in unterschiedlichen Kasten unterscheiden sich weder physisch voneinander (obwohl Hautfarbe in Südasien ein Kastenmerkmal sein kann), noch sind Kasten von den linguistischen und kulturellen Unterschieden geprägt, die wir mit Aspekten von Ethnizität in Verbindung bringen. Die Definition von Rassismus, die ich in diesem Buch verwende, verortet ihn in ethnisierten und rassifizierten Formen der Macht, in Überlegenheitsideologie und Essentialismus. Das legt nahe, dass es sich bei der Diskriminierung aufgrund von Kaste (im Englischen: ›casteism‹), wie schlimm diese auch sein mag, nicht um Rassismus handelt. Diese definitorische Abgrenzung bringt jedoch ein Problem mit sich. Denn nicht nur ähneln sich kastenbasierte Vorurteile und Rassismus in der Praxis – insbesondere wenn es die einst als ›Unberührbaren‹, heute als ›Dalits‹ bekannte Gruppe betrifft (›Dalit‹ ist eine Selbstbezeichnung, die als ›die Unterdrückten‹ übersetzt werden kann) –, sondern diejenigen, die sich gegen Kastendiskriminierung einsetzen, behaupten selbst, dass das, was ihnen widerfährt, *Rassismus ist*.

Es wird damit infrage gestellt, wer definieren kann, was als Rassismus zählt. Die indische Bürgerrechtsaktivistin Teesta Setalvad fragt: »Ist es nicht an der Zeit, dass wir diese Terminologie mit unserer eigenen Geschichte füllen und damit ihre Bedeutung ausweiten?« Setalvad erklärt weiter:

> »Unter Politikwissenschaftler:innen und Soziolog:innen wird der Begriff des Rassismus genutzt, um Systeme der Ungleichheit und der Diskriminierung abbilden und beschreiben zu können. Die Situation der 160 Millionen Dalits erfüllt die Kriterien, die zur Beschreibung von Rassismus genutzt werden, mehr als genug. Der Begriff wird mittlerweile herangezogen, um zu zeigen, dass die (in Bezug auf die Definition) vorausgesetzte Entmenschlichung, die genutzt wird, um Rassismus zu beschreiben, zu verstehen und dagegen zu protestieren, mehr als erfüllt ist (tausendfach), wenn wir über Unberührbarkeit und kastenbasierte Diskriminierung sprechen.«[31]

Einen weiteren Versuch, etwas zu ›füllen‹, was viele als fremde Terminologie betrachten würden, stellt die *Dalit Lives Matter* Kampagne dar, eine Adaption von *Black Lives Matter*. *Dalit Lives Matter* knüpft an frühere internationale Entlehnungen an, insbesondere die 1972 gegründeten *Dalit Panthers* sowie die Beschreibungen einer indischen Form der ›Apartheid‹, wie beispielsweise Chandra Bhan Prasads *Reflections on Apartheid in India*.[32] Hier werden international einflussreiche Begriffe in Anspruch genommen. ›Rassismus‹, ›Black Lives Matter‹ und ›Apartheid‹ sind Begriffe, die bei den Menschen in Indien und auf der ganzen Welt Empörung auslösen und Aufmerksamkeit generieren sollen.[33]

Es gibt gute Gründe, warum das Kastenwesen mit Indien assoziiert wird. In Indien steht Kaste als soziales Thema und Problem so sehr im Vordergrund wie nirgendwo sonst. Am Ende dieses Unterkapitels gehe ich auch noch auf andere Länder ein, in denen ein Kastenwesen existiert, wenn auch in versteckterer Form. Es ist außerdem noch wichtig anzumerken, dass, auch wenn Kaste als soziale Kategorie auch unter den Muslim:innen, den Sikh und den Christ:innen in Indien existiert, meine Ausführungen hier die größtenteils hinduistische Bevölkerung betreffen. Es gibt vier Hauptkasten, denen jeweils eine bestimmte soziale, berufliche und religiöse Rolle zugewiesen wird. Diese Unterscheidungen sind im Laufe des letzten Jahrhunderts abgeschwächt worden, aber sie haben immer noch genug Einfluss, dass es notwendig ist, sie hier wiederzugeben. An der Spitze stehen die Brahman:innen, die mit gelehrten und priesterlichen Berufen assoziiert werden; darauf folgen die Kshatriyas (Militär und Grundbesitz) und die Vaishyas (Kaufleute, Landwirt:innen). Jungen, die einer dieser drei Kasten angehören, unterziehen sich dem Ritual der ›zweiten Geburt‹, einer Art spiritueller Wiedergeburt, womit sie sowohl von den Frauen unterschieden werden als auch von der untersten Kaste, den Shudras, deren berufliche Aufgaben körperlicher und häuslicher Natur sind. Die Dalits stehen außerhalb oder vielmehr unterhalb dieses Systems, ihre ›Unberührbarkeit‹ wird mit ihrer fehlenden Kastenzugehörigkeit assoziiert. Kastenbasierte Diskriminierung ist in Indien offiziell verboten und es wurden eine Reihe ehrgeiziger Maßnahmen verabschiedet, um Kastendiskriminierung zu bekämpfen und diejenigen durch *affirmative action* zu fördern, die in eine der drei von der indischen Regierung so bezeichneten Kategorien fallen: die ›*Scheduled Castes*‹ (übersetzbar als ›registrierte Kasten‹; Dalits), die ›*Scheduled Tribes*‹ (übersetzbar als ›registrierte Stammesgemeinschaften‹; indigene Gruppen/Adivasi) und die ›*Other Backward Classes*‹ (übersetzbar als ›andere zurückgebliebene Klassen‹). Rechtlicher Schutz, Quotenregelungen und andere Maßnahmen wurden jedoch nicht von einem entsprechenden kulturellen Wandel begleitet, der die alltägliche Last des Kastensystems und der ›Kastenlosigkeit‹ hätte mindern können. Wenn Setalvad von der ›tausendmal größeren‹ Entmenschlichung schreibt, verweist sie auf diese anhaltende und täglich erfahrene Diskriminierung. Die Kampagne »Halt the Hate« von *Amnesty International* hielt fest, dass im Jahr 2018 65 % aller in Indien begangenen Hassverbrechen, einschließlich zahlreicher Morde, gegen Dalits verübt worden waren.[34] Bei einigen dieser Angriffe handelte es sich um Lynchmorde.[35] Die Allgegenwärtigkeit dieser dalitfeindlichen Stimmung lässt sich am besten auf lokaler Ebene verstehen. In Purushothams und Margarets Untersuchung des Anantapur-Distrikts im indischen Bundesstaat Andhra Pradesh findet sich folgende anschauliche Vignette:

> »Den Dalits wurde nicht nur der Zutritt zu den Tempeln verwehrt. Es war ihnen nicht einmal gestattet, auf dem Boden der Anlagen rund um die Tempel zu stehen. Ihre Berührungen und ihre Schatten allein wurden als verunreinigend erachtet [...]. [Die Dorfbewohner:innen] tolerieren es nicht, dass Dalits die Pensionen oder Teestuben betreten und dort gemeinsam mit anderen sitzen, sie die gleichen Teller, Tassen und Untertassen benutzen. In vielen Dörfern werden

noch heute separate Gläser und Teller außerhalb der Teestuben und Pensionen aufbewahrt. Die Dalits müssen diese Gläser und Teller benutzen, wenn sie etwas essen und wenn sie Kaffee oder Tee trinken wollen. Das Essen wird ihnen auf die Teller geschleudert, ohne dabei den Teller selbst zu berühren. Nachdem sie fertig gegessen und getrunken haben, sollen sie die Gläser und Teller selbstständig abwaschen und an einen für sie festgelegten Ort zurückstellen [...]. Der Zugang zu Trinkwasser stellte die Dalits vor eine sehr große Herausforderung. Sie konnten sich sauberes Trinkwasser nicht mit anderen teilen. Die Zisternen, Brunnen und Wasserzapfstellen standen ihnen nicht zur Verfügung, da sie von Menschen aus den oberen Kasten betrieben wurden.«[36]

Diese Schilderung verdeutlicht, dass es nicht die Überzeugungen, das Verhalten oder die Geschichte der Dalits sind, die beanstandet werden, sondern die Körper der Dalits selbst. Sie werden als von Natur aus unrein und ihre Anwesenheit daher als eine Form der Verunreinigung angesehen. Die ihnen traditionell zugewiesene Arbeit ist Ausdruck und zum Teil auch Erklärung dieser Antipathie. Dalits haben traditionellerweise ›herabwürdigende‹ Arbeiten ausgeführt, wie die Bearbeitung von Leder und das, was als ›manuelle Spülung‹ bezeichnet wird: die Entleerung von Latrinen, bei der menschliche Exkremente mittels Hand, Schaufel und Besen entfernt werden.

Die Behandlung und die Erfahrung von Dalits ist nichts Statisches und variiert von Ort zu Ort. In urbanen und weniger konservativen Kontexten würde der von mir soeben beschriebene Umgang sehr wahrscheinlich als schockierend und unzeitgemäß aufgefasst werden. Auch die Meinungen unter den Dalits selbst sind divers, und es gibt unter ihnen viele verschiedene Perspektiven auf ihre ›Misere‹ und das hinduistische Kastensystem. Bei der Wahl 2014 wurden 40 der 48 für Dalits reservierten Sitze im Parlament des Landes von der hindunationalistischen *Bharatiya Janata Party* (BJP) unter der Führung von Narendra Modi gewonnen (der behauptet, aus einer der offiziell gelisteten ›*Backward Castes*‹ zu sein). Für einige Dalits verspricht das Projekt der BJP, die indische Wirtschaft durch neoliberale Reformen zu ›befreien‹, Chancen und Veränderungen: Die Fluidität und der Reichtum von Modis indischem Kapitalismus wird dabei der unverrückbaren Unterordnung in der Vergangenheit gegenübergestellt. Die moderne Geschichte der Dalits kann als eine Geschichte des Wandels und der Verbesserungen erzählt werden, als eine Geschichte der Erlangung von Rechten und der heldenhaften Bestrebungen führender Dalit-Persönlichkeiten. Einer der ersten und geachtetsten dieser Persönlichkeiten war Bhimrao Ramji Ambedkar (1891–1956). Purushotham und Margaret zufolge war bis zum »Erscheinen von Dr. Ambedkar auf der politischen Bühne Indiens das Leben der Dalits elend und unerträglich, da sie zu Sklaverei, Segregation und Unberührbarkeit verdammt waren«.[37] Wie auch die Aktivist:innen, die nach ihm kamen, sah Ambedkar seine Aufgabe zum Teil darin, die Behandlung der ›Unberührbaren‹ einem internationalen Publikum verständlich zu machen. In einem Briefwechsel mit W. E. B. Du Bois in den 1940er Jahren schrieb er: »Es gibt viele Ähnlichkeiten zwischen der Stellung der Unberührbaren in Indien und der Stellung der Schwarzen [Negroes] in Amerika.«[38]

Eine weitere Aufgabe bestand für Ambedkar darin, die rassistische Rechtfertigung für den niedrigen gesellschaftlichen Status der Dalits infrage zu stellen. Denn trotz der Tatsache, dass das Kastensystem heutzutage für gewöhnlich unter sozialen und religiösen Gesichtspunkten diskutiert wird, ist seine Auslegung von ethnischen und ›rassischen‹ Aspekten durchzogen, die stark vom kolonialen Rassismus des Britischen Empire beeinflusst wurden. Der britische Kolonialismus brachte eine Reihe rassistischer Vorstellungen mit sich, mit denen die Kolonialherren versuchten, sich Indiens zuvor bestehende gesellschaftliche Hierarchie verständlich zu machen. Eine der zentralen Theorien besagte, dass die angeblich hellhäutigeren Brahman:innen die Nachkommen arischer Invasor:innen und damit ›rassisch‹ von der ›einheimischen‹, dunkelhäutigen Bevölkerung unterschieden seien. Der große Einfluss dieser Theorie erklärt, warum Ambedkar in seiner wegweisenden Abhandlung über »Die Auslöschung des Kasten-Systems« (Original: »The Annihilation of Caste«, 1936) so viel Energie darauf verwendet, zu zeigen, dass das Kastensystem »keine Rassenunterschiede bezeichnet«.[39] Die Beiträge in dem bahnbrechenden, von Robb herausgegebenen Sammelband *The Concept of Race in South Asia* untersuchen ebenfalls fast alle, wie koloniale Theorien die indische Realität missverstanden und ihnen etwas Fremdes aufgezwungen haben.[40] Sie stimmen auch in der Ansicht überein, dass mit diesem Prozess die weniger eng gefassten, ›unscharfen‹ indischen Perspektiven auf menschliche Differenz von einer starren, modernen und systematisierenden Denkstruktur überlagert wurden. Chakrabarty hat die Essentialisierung indischer ethno-religiöser Kategorien ebenfalls mit dem Aufkommen der Moderne in Verbindung gebracht. Er präsentiert dieses Argument, indem er zunächst Kavirajs Beschreibung der traditionellen Grenzen zwischen den Gemeinschaften in Indien als komplex und uneindeutig zitiert:

> »Gemeinschaften waren in zweierlei Hinsicht unscharf. Selten – wenn überhaupt – gehörte ein Mensch einer Gemeinschaft an, die den Anspruch erhob, all die komplexen Ebenen seines individuellen Seins zu erfassen oder zu vertreten [...]. [Ihre Identität] war aber noch in einer weiteren Hinsicht unscharf. Zu sagen, ihre Gemeinschaften seien unscharf, bedeutet nicht, zu sagen, sie seien ungenau. Bei der passenden Gelegenheit setzte jeder Einzelne seinen kognitiven Apparat ein, um jede Person, mit der er interagierte, zu verorten und zu entscheiden, ob er mit ihr eine Mahlzeit teilen, auf eine Reise gehen oder eine Hochzeit zur Vereinigung der Familien arrangieren könnte.«[41]

Chakrabarty erklärt weiter, dass die ab 1872 alle zehn Jahre stattfindenden britischen Zensuserhebungen der indischen Bevölkerung einen Wendepunkt bei der Fixierung von Identitäten bedeuteten. Was zuvor ›unscharf‹ war, wurde nun zunehmend statisch und ›scharf‹.

> »Die Zensuserhebungen und andere, ähnlich geartete Mittel der Dokumentation definierten die Bedeutung von ›Gemeinschaft‹ oder ›Ethnizität‹ neu und vermittelten den Inder:innen drei zentrale politische Botschaften, die alle mit der liberalen politischen Philosophie, wie wir sie kennen, vollständig kommensurabel sind. Die Botschaften waren: (a) dass Gemeinschaften numerisch erfasst werden können und dass in diesen Zahlen die politische Schlagkraft der eigenen Gemeinschaft liegt; (b) dass der soziale und ökonomische Fortschritt einer Gemeinschaft messbar ist, im Falle der indischen Zensuserhebungen durch die Bezifferung der Teilnahme am öffentlichen Leben (Bildung, Berufsarten, Beschäftigungsverhältnisse usw.); und (c) dass damit Regierungen und Gemeinschaften dazu in der Lage sind, objektive Kriterien für die relative ›Rückständigkeit‹ einer gegebenen Gemeinschaft zu entwickeln.«[42]

Die Zensuserhebungen förderten also die Möglichkeit einer fairen Repräsentation verschiedener Gemeinschaften im öffentlichen Leben und in der Arbeitswelt, gleichzeitig wurden diese somit jedoch auf atomisierte Entitäten reduziert und kommunale und kastenbasierte Differenz wurde zementiert. Dharampal-Frick und Götzen argumentieren auf ähnliche Weise, wenn sie beschreiben, wie das »undogmatische und weniger ideologisch aufgeladene Verständnis der pluralen und kontextabhängigen Natur der verschiedenen Gemeinschaften, die die indische Gesellschaft bilden, [durch den Kolonialismus] radikal transformiert wurde«. Als ein Beispiel für diese Transformation nennen sie die Fehlinterpretation der traditionellen indischen Farbsymbolik, die mit dem Kastensystem verbunden ist. Im Kastensystem ist jede Kaste mit einem *Varna*, also einer Farbe, verknüpft (das Varna der Brahman:innen ist Weiß, das der Kshatriyas Rot, das der Vaishyas Gelb und das der Shudras Schwarz; Dalits haben kein Varna). Und auch wenn, worauf Dharampal-Frick und Götzen hinweisen, Varna eine »›Kategorie‹ bzw. ›Eigenschaft‹ und ›Farbe‹ nur in einem symbolisch-rituellen Kontext anzeigt«, hat es »zu einer weitverbreiteten Verständnisweise geführt (die noch immer großen Einfluss genießt), der zufolge diese Farben Hautfarben oder Pigmentierungen kennzeichnen würden, sodass die viergliedrige konzeptionelle Hierarchie im Sinne von ›Rassen‹-Kategorien verstanden werden könne«.[43] Auch Ambedkar beschwerte sich darüber: »Europäische Betrachter:innen haben die Rolle der Farbe im Kastensystem übermäßig hervorgehoben.« Den Ursprung dieses Fehlers sieht er darin, dass sie so stark »geprägt von Farbvorurteilen« waren, dass »sie ohne Weiteres annahmen, diese würden den Kern des Kastenproblem darstellen«.[44]

Allerdings passt die Schlussfolgerung, der Rassismus sei dem Kastensystem einfach von unwissenden Außenstehenden aufgezwungen worden, weder zu der Bereitwilligkeit, mit der diese rassistischen Mythen von indischen Denkern aufgenommen wurden, noch zu der wichtigen These von Setalvad und anderen, dass der ›Kastenrassismus‹ unabhängig von der Präsenz von Konzepten der ›Rasse‹ oder Ethnizität bestimmt werden kann und sollte. Modelle, die von Diffusion oder einer schlichten Auferlegung von außen ausgehen, werden auch von dem bedeutenden Historiker des Hindunationalismus Christophe Jaffrelot kritisiert, der argumentiert, dass »diffusionistische Theorien« nicht die »strategische Nachahmung« berücksichtigen würden, mit der sich nationalistische Intellektuelle europäische ›Rassen‹-Theorien angeeignet und mit neuen Interpretationen hinduistischer Traditionen vermischt haben, sodass ein »Rassismus der Herrschaft der oberen Kasten natürlich erscheint«.[45]

Als Dayananda Saraswati 1875 die *Arya Samaj* (›Gesellschaft der Noblen‹) gründete, war er Teil eines größeren hinduistischen Revivals. Wie Baber erklärt, bediente sich Dayananda an westlichen Ideen ›arischer‹ Überlegenheit (daher ›Arya‹), »um die Idee zu artikulieren, dass die Hindus eindeutig die Nachfahren der Arier:innen seien, ihrerseits ein auserwähltes und ursprüngliches Volk«.[46] Das Wort ›Hindutva‹ (übersetzt als ›Hindutum‹ oder Hindunationalismus) bezeichnete später den militanten Ausdruck hinduistischer Identität. Die Bezeichnung wurde in den 1920er Jahren durch Vinayak Damodar Savarkar als ein kultureller, ›rassischer‹ und religiöser Ausdruck des Nationalismus populär gemacht. In seinem Text *Hindutva: Who is a Hindu?* (1923) schreibt Savarkar, dass Hindus »nicht nur eine Nation, sondern auch eine Rassen-*jati*« (eine ›Rassengruppe‹) seien und dass »alle Hindus beanspruchen, in ihren Adern das Blut der mächtigen Rasse zu haben, die von den vedischen Vätern abstammt und mit ihnen verbunden ist«.[47] Die Hindutva-Ideologie basiert – wie Parel zusammenfasst – auf dem Mythos von Indien, Hinduist:innen und ihrer Kultur als »Schöpfung einer überlegenden ›Rasse‹, den Arier:innen«:

> »Für die Außenwelt wurden sie als Hindus bekannt, als das Volk jenseits des Flusses Indus. Ihre Identität entstand durch ihre ›Rasse‹ (*jati*) und ihre Kultur (*sanskriti*) […]. Sie schufen eine Kultur – ein Ensemble von Mythen, Legenden, epischen Geschichten, Philosophie, Kunst und Architektur, Gesetzen und Riten, Festessen und Festtagen. Zu Indien weisen sie ein spezielles Verhältnis auf: Indien ist für sie sowohl Vaterland als auch heiliges Land.«[48]

Eine der Folgen der Hybridisierung des kolonialen und nationalistischen Hindutva-Rassismus war, dass die Assoziation von heller Haut mit hohem Status gleichzeitig verfestigt und modernisiert wurde.[49] Denn auch wenn diese Assoziation als eine äußere Fehlinterpretation der indischen Tradition betrachtet werden kann, wurde sie dennoch im Kontext der Globalisierung des *Weiß*seins – als ein Symbol für Schönheit – und des Konsumkapitalismus (siehe Kapitel 5) in die heutige indische Kultur übernommen und dort adaptiert. Diese Verflechtungen erklären die heute verbreitete Vorliebe für ›helle‹ Haut in Indien, beobachtbar in Werbung, Film und Heiratsanzeigen. Sie erklären möglicherweise außerdem die ›anti-Schwarze‹ Diskriminierung, die afrikanische Studierende in Indien erfahren.[50] Dem Dalit-Politiker Udit Raj zufolge sind »Vorurteile hinsichtlich der Hautfarbe in Indien Teil des größeren Übels der Kastendiskriminierung«. Raj erklärt weiter: »In Indien ist das Kastensystem tief verankert, dunkle Haut ist die Haut der niedrigsten Kasten, die traditionell unterjocht werden und daher abzulehnen sind.«[51] Unter einigen Dalit-Aktivist:innen hat das Bewusstsein für diese ›Vorurteile hinsichtlich der Hautfarbe‹ wiederum einen Stolz und eine Trotzhaltung angesichts ihrer zugeschriebenen ›Rasse‹ hervorgerufen.

Eine der paradoxen Folgen der kolonial-rassistischen Theorie, der zufolge Indien vor langer Zeit von hellhäutigen Arier:innen überfallen wurde, die den dunkelhäutigen Einheimischen ihren Willen aufzwangen, ist, dass sie in eine antirassistische und anti-brahmanische Polemik umgewandelt wurde. Einige Dalit-Aktivist:innen verwerfen die blumige Vorstellung eines ›unscharfen‹, toleranten, ›traditionellen‹ vor-kolonialen Indiens und stützen sich vielmehr auf essentialistische und ahistorische Argumentationsweisen, denen zufolge der Rassismus ein wesentliches Merkmal des Hinduismus sei. Einige behaupten gar, Indien sei »der Ursprungsort des Rassismus«.[52] In einem Pamphlet, in dem er die Kämpfe von Afroamerikaner:innen und Dalits zusammenbringt, schreibt V. T. Rajshekar, Gründer der mittlerweile eingestellten Zeitschrift *Dalit Voice*:

> »Das Kastensystem – und die erniedrigende Position, die die Schwarzen Unberührbaren ihm gegenüber einnehmen – entsprang der Unterwerfung der ursprünglichen Schwarzen Bevölkerungsgruppen von afrikanischer Abstammung durch die hellhäutigen Arier:innen. Das Kastensystem, das zur sozialen Kontrolle von verschiedenen Populationen eingerichtet wurde und auf ethnischer oder rassischer Basis operierte, war von Anbeginn an seinem Wesen nach rassistisch.«[53]

Rajshekars unverblümte Äußerungen führten mehrfach zu seiner Verhaftung. Die Begründung: Er habe »Zwist zwischen den Gemeinschaften gesät«.[54]

Die Diskussion um Rassismus und Kastendiskriminierung in Indien erlangte im Vorfeld der 2002 in Durban stattfindenden »Weltkonferenz gegen Rassismus« (World Conference Against Racism, Racial Discrimination, Xenophobia and Related Intolerances; WCAR) internationale Aufmerksamkeit. Bereits 1996 hatte das UN-Komitee der Internationalen Übereinkunft zur Beseitigung jeder Form von Rassendiskriminierung erklärt, dass »die Situation der *Scheduled Castes* und *Scheduled Tribes* in den Geltungsbereich der Übereinkunft fällt«.[55] Dalit-Aktivist:innen beabsichtigten, die Konferenz zu nutzen, um die Regierungen zu einem stärkeren Vorgehen gegen Kastendiskriminierung zu bewegen und um allgemeiner die Weltöffentlichkeit auf das Thema der Kastendiskriminierung aufmerksam zu machen. In dem Entwurf der Konferenzorganisation für ein Aktionsprogramm wurden die Regierungen aufgefordert, »Diskriminierung auf der Basis von Arbeit und Abstammung zu beseitigen«, und Kofi Annan selbst, der Generalsekretär der Vereinten Nationen, brachte das Thema Kaste in der Eröffnungssitzung der WCAR zur Sprache.[56] Trotz alledem gelang es der indischen Regierung, eine Auseinandersetzung mit dem Thema zu unterbinden. Die indische Regierung ließ dazu verlautbaren:

> »Wir sind der festen Überzeugung, dass Fragen bezüglich des Kastensystems kein geeigneter Diskussionsgegenstand auf dieser Konferenz sind – diese Weltkonferenz oder, was das anbelangt, auch die Vereinten Nationen sind weder berechtigt, noch dazu in der Lage, individuelle Verhaltensweisen in unseren Gesellschaften zu regeln, geschweige denn zu kontrollieren.«[57]

Viele akademische Stimmen unterstützen diese Position. Einige, etwa der renommierte indische Soziologe André Béteille, argumentieren: »Das Kastensystem als eine Form des Rassismus einzustufen, ist politisch schädlich; schlimmer noch ist, dass es auch wissenschaftlich unsinnig ist.« Es würde außerdem »der alten und disqualifizierten Vorstellung von Rasse unweigerlich neuerlichen Auftrieb verleihen«. Béteille zufolge würde es »die Büchse der Pandora für Vorwürfe des Rassismus auf der ganzen Welt öffnen«.[58] In ähnlicher Weise vertrat auch D. L. Sheth die Position, dass die Darstellung von Kastendiskriminierung als Rassismus eine »koloniale Mentalität [widerspiegelt], die indische Realität mittels westlicher Analysekategorien zu verstehen«.[59] Diese Argumente finden sich auch in dem Beitrag von Dharampal-Frick und Götzen wieder, auch wenn sie antirassistische Dalit-Aktivist:innen noch expliziter beschuldigen, »das rassistische Virus« auszubrüten, indem sie »das Kastensystem als eine rassistische Institution stigmatisieren und festnageln« würden.[60]

Die Kontroverse, die durch das Vorgehen der indischen Regierung auf der Konferenz in Durban entfacht wurde, hat also eine Debatte darüber ausgelöst, wie sich Kastensystem und Rassismus zueinander verhalten. Während sich Dharampal-Frick und Götzen über die ›Stigmatisierung‹ des Kastensystems sorgen, zeigen sich Dalit-Aktivist:innen hingegen darüber besorgt, dass es noch nicht genug stigmatisiert wird. Für einige ist die Übersetzung der Kastendiskriminierung in die Begriffswelt des Rassismus ein bewusster Versuch, Erstere auf eine Art und Weise neu zu fassen, die auch ›die internationale Gemeinschaft‹ verstehen kann. Bhimraj erklärt, dass es keine »andere Sprache« gibt, um der »internationalen Gemeinschaft die Schrecken des Kastensystems verständlich zu machen«.[61] Majumdar gibt diesbezüglich die aufschlussreichen Überlegungen von zwei anonymen Dalit-Aktivist:innen wieder, die in den USA leben:

»Rassismus ist die Konnotation, die sich leicht in die westliche Kultur übertragen lässt. Der *weiße* Mann oder ein Schwarzer Mann in einem westlichen Kontext kann das verstehen und einordnen. Beim Kastensystem wissen sie möglicherweise nicht, wie ernst oder wie schlimm es ist.

Man muss die Kastendiskriminierung übersetzen [und vermitteln], dass dies nicht Rassismus ist, sondern dass sie schlimmer als Rassismus ist.«[62]

Das verdeutlicht, dass die Sprache des Rassismus von Dalit-Aktivist:innen nicht so sehr in Unkenntnis der Debatte von dessen Anwendbarkeit in Indien verwendet wird, sondern vielmehr eben aus der Erkenntnis heraus, dass Worte nicht nur Beschreibungen, sondern auch Werkzeuge sind. ›Rassismus‹ ist ein wirkmächtiges Druckmittel sowie eine Aufforderung zum Handeln, und durch die Verwendung dieses Begriffs kann sich dessen Bedeutung verändern und erweitern. Die von Umakant und Thorat in Kooperation mit dem *Indian Institute of Dalit Studies* herausgegebene Aufsatzsammlung *Caste, Race and Discrimination: Discourses in International Context* bietet einen der besten Einblicke in die Bandbreite, aber auch in die kritische Selbstreflexion der aktivistischen Debatte. Viele der Beitragenden argumentieren, dass Rassismus nicht auf ›Rassenvorurteile‹ reduziert werden sollte, und sie betonen das Recht wie auch die Notwendigkeit, Rassismus jenseits von ›Rasse‹ und Ethnizität neu denken zu können. Für Teesta Setalvad ist es »Rassismus und nicht die Theorie von Rasse, mit dem die Dalit-Bewegung als Ganze ihre Situation in Verbindung zu bringen und mit dem sie von der Welt Verständnis, internationale Verurteilung und, ja, Unterstützung zu fordern versucht«.[63]

Zuvor habe ich in diesem Buch argumentiert, dass Rassismus von einer ausschließlichen Verknüpfung mit dem Konzept von ›Rasse‹ losgelöst und stattdessen geöffnet werden muss, um die schlimmsten Arten ethnischer Diskriminierung miteinschließen zu können. Dabei basiert dieses Argument zum Teil schlicht auf gegebenen Tatsachen: Ob es uns nun gefällt oder nicht, die Vorstellung von Rassismus wurde um den Aspekt der Ethnizität erweitert. Die Überzeugung, dass auch Kastendiskriminierung als Rassismus bezeichnet werden kann, steht im Einklang mit dieser begrifflichen Ausweitung, gleichzeitig stellt sie diese aber auch vor gewisse Herausforderungen. Sie steht mit ihr im Einklang, weil sie ein eindrucksvolles Beispiel dafür liefert, wie die Vorstellung von Rassismus ›jenseits von ›Rasse‹‹ zum Einsatz kommt. Sie stellt sie jedoch auch vor

Herausforderungen, denn, indem die vielfältigen Wege aufgezeigt werden, wie soziale Differenz naturalisiert wird und Hierarchien geschaffen werden, ergibt sich die Frage: »Warum bei Ethnizität Halt machen?« Doch anstatt diese Diskussion reglementieren zu wollen und auf einer allgemeingültigen Definition von Rassismus zu bestehen, ist es notwendig, anzuerkennen, dass es nicht eine einzige, globale Diskussion um Rassismus gibt, sondern viele, jede verbunden mit, aber auch verwurzelt in einem bestimmten Kontext. Statt uns also auf die Suche nach einem wie auch immer gearteten internationalen ›Standard‹ zu begeben, sollten wir zugeben, dass sich die Definitionen fortwährend ändern und dass unterschiedliche, mitunter sogar nicht miteinander vereinbare antirassistische Aktivismen koexistieren.

Die Veränderbarkeit und Besonderheit der jeweils verfügbaren Sprache zur Bezeichnung von Diskriminierung sollte anerkannt und respektiert werden. Darin liegt ein Unterschied zu denjenigen, die wie Chakrabarty argumentieren, dass ›Kommunalismus‹ [communalism] in Indien ein Wort ist, das »als Ersatz für ›Rassismus‹ fungiert«.[64] Chakrabarty erklärt nicht, warum ›Rassismus‹ echt und Kommunalismus ein ›Ersatz‹ ist, allerdings macht er die interessante Behauptung, dass »das verbreitete Wort ›Rassismus‹ den Vorteil hat, Indien nicht als ›eigenartig‹ dastehen zu lassen«.[65] Doch Indien ist ›eigen-artig‹; ebenso China, Russland, Großbritannien, die USA und alle dazwischen. Die Frage ist, wie wir Rassismus an all diesen Orten anerkennen und diskutieren können, während wir gleichzeitig deren jeweilige Besonderheit und die Tatsache berücksichtigen, dass überall die Bedeutung von Rassismus intellektuellen und politischen Kämpfen unterworfen ist. Ein Ansatz, der die Pluralität der Moderne in den Fokus rückt, kann uns bei dem Verständnis dieses umkämpften Terrains möglicherweise helfen. Im Falle Indiens bringt uns ein solcher Ansatz dazu, uns weniger auf eine einzelne historische Wurzel von Rassismus zu konzentrieren und stattdessen mehr auf die verwobenen Narrative des 20. und 21. Jahrhunderts zu blicken, mit denen das Kastenwesen zunehmend politisiert und ökonomisch instrumentalisiert wurde. Neue Transformationen und Brüche mit der Vergangenheit verändern die Bedeutung des Kastenwesens und verwischen die von ihm gezogenen Grenzen. Darin spiegelt sich zum Teil die Art und Weise wider, wie neoliberale, auf Flexibilität ausgelegte Arbeitsregime Arbeiter:innen mit sehr unterschiedlichen Hintergründen zusammengeworfen haben, aber es spiegelt auch das wider, was als ›Säkularisierung‹ oder ›Politisierung‹ des Kastenwesens bezeichnet wurde.[66] Jaffrelot erklärt, dass die Politisierung des Kastenwesens dazu geführt hat, dass Kastengruppen, darunter auch Dalits, zunehmend als ›Interessengruppen‹ auftreten.[67] Eine spezifisch moderne und spezifisch indische kastenbasierte Politik der Massen hat sich herausgebildet, die zu dem führt, was Rao als die »Reorganisation des Kastenwesens in der politischen Moderne« bezeichnet.[68] Im heutigen Indien kommen Gemeinschaften, die als ›*tribal*‹ [›Stammes-‹], ›*scheduled*‹ [›gelistete‹] oder ›*backward*‹ [›zurückgebliebene‹] Kastengruppen erfasst werden, erhebliche Mittel und Unterstützung vonseiten des Staates zu. Das hat zu gezielten Versuchen von einigen Gemeinschaften geführt, ihre Zugehörigkeit zu einer dieser Gruppen offiziell anerkennen zu lassen. Um ein Gefühl für die Komplexität und die Bedeutung dieser Zusammenhänge zu vermitteln, sei hier auf die Kampagne der Mitglieder des Gujjar-Stammes in Rajasthan verwiesen, die derzeit unter den ›*Other Backward Classes*‹ [›Andere zurückgebliebene Klassen‹] erfasst werden und die eine Neueinstufung in die ›niedrigere‹ Kategorie der ›*Scheduled Castes*‹ [›Gelistete Kasten‹] (welcher auch die Dalits zugeordnet sind) fordern. Dabei handelt es sich um eine politische und keine religiöse Forderung. Eine geänderte Einstufung würde materielle Vorteile mit sich bringen, wie beispielsweise einen verbesserten Zugang zu Arbeitsplätzen im öffentlichen Dienst. Im Mai 2008 brachen zur Unterstützung dieser Forderung fünf Tage lang Unruhen aus, bei denen 38 Menschen von der Polizei erschossen wurden.[69] Solche Unruhen sind in Indien keine Seltenheit. Während sich das Kastenwesen in ein Instrument zur Verteilung von Ressourcen verwandelt hat, scheinen dessen spirituelle Dimensionen mitunter immer weniger bedeutsam. Das Kastensystem und die kastenbasierten Vorurteile verändern sich, was wiederum darauf hindeutet, dass die zwischen Kastendiskriminierung und Rassismus geschmiedeten Verbindungen ebenfalls im Wandel begriffen sei könnten.

Doch unabhängig davon, ob der antirassistische Aktivismus der Dalits in den kommenden Jahrzehnten weiter an Boden gewinnt oder nicht, hat er bereits gezeigt, dass in Diskussionen über Diskriminierung aufgrund von Ethnizität und ›Rasse‹ auch das durch das Kastenwesen ausgelöste Leid berücksichtigt werden muss. In dieser Hinsicht nimmt die indische Debatte eine globale Vorreiterstellung ein. Die kontrovers geführte Auseinandersetzung um das Kastenwesen unterscheidet die indische stark von jenen anderen Gesellschaften, in denen zwar ebenfalls ein Kastenwesen existiert, wo jedoch kaum darüber gesprochen wird. Es könnte eingewendet werden, dass dies nicht ganz auf Japan zutrifft, wo Aktivist:innen der Burakumin – eine ehemals kastenlose Gruppe – gut organisiert sind und häufig internationale Bühnen genutzt haben, um auf ihre Erfahrungen hinzuweisen, wobei sie sich häufig der Sprache des Rassismus bedienten.[70] In den meisten Ländern, in denen ebenfalls Kastensysteme bestehen, wird das Thema allerdings totgeschwiegen. In einer ganzen Reihe von Regionen und Ländern Westafrikas beispielsweise, in denen Kaste von großer Bedeutung ist, bleibt der Aktivismus dagegen begrenzt.[71] Eine der bekannteren kastenlosen Gruppen ist die der Osu des Igbolandes in Nigeria. Dike schreibt, dass sie »als Untermenschen, als unreine Klasse oder als Sklav:innen betrachtet werden«.[72] Doch Nwaka erklärt, dass »viele Igbo-Wissenschaftler:innen, die sich ernsthaft Sorgen um das Kastenproblem in Igboland machen, zögern, darüber zu schreiben oder sich öffentlich dagegen auszusprechen«. Dafür gibt es, wie Nwaka weiter erklärt, zwei Gründe: »Angst davor, selbst mit dem Thema Kaste in Verbindung gebracht zu werden oder die zweifelhafte Annahme, dass das ›aussterbende Problem‹ am besten der Zeit, der Bildung, dem Christentum und der Modernisierung überlassen wird. Forschung zu diesem Thema wird also durch dessen heikle Natur behindert.«[73]

Es gibt jedoch noch eine einfachere Erklärung: Kastenlose Gruppen und Gruppen, die eine niedrige Position innerhalb eines Kastensystems einnehmen, haben sehr wenige Verbündete, sowohl im eigenen Land als auch jenseits davon. Sie sind ohne Fürsprecher:innen und ohne Repräsentation. Dies trifft auch auf die als Pygmä:innen bezeichneten Gruppen in Zentralafrika zu, die – zumindest in einigen Regionen – weiterhin als eine Sklavenkaste behandelt werden. Es wird allgemein davon berichtet, dass »die Abwertung ihrer Kultur, die Verwehrung von Rechtsansprüchen, Plünderungen und Gewalt allesamt Dinge sind, denen zahlreiche Pygmä:innen täglich ausgesetzt sind«.[74] In Nordafrika ist das Problem der Kastendiskriminierung besonders akut in Mauretanien, wo das Kastenwesen mit Aspekten von ›Rasse‹, Versklavung und Islamismus verknüpft ist. Bullard schreibt: In Mauretanien ist »der Rassismus tief verwurzelt«, doch Gegner:innen dieses rassifizierten Kasten- und Sklavensystems liefen Gefahr, als Abtrünnige oder Feind:innen des Islams denunziert zu werden. Um dies zu verdeutlichen, schildert Bullard den Fall von Mohamed Cheikh Ould Mkhaitir. Am 2. Januar 2014

»veröffentlichte [dieser] junge, mauretanische Ingenieur aus der im Norden gelegenen Industriestadt Nouadhibou einen Artikel, in dem er den kastenbasierten Rassismus anprangerte und zu religiösen Reformen aufrief. Er wagte es, sich gegen die Diskriminierung der Moulamines auszusprechen, der untersten Schicht der mauretanischen Gesellschaft, und das tat er, indem er provokativ einige der Taten des Propheten Mohammed kritisierte. Seine Forderung, die Mauretanier:innen sollten ihre Religion vom Rassismus befreien, wurde von der Regierung als ein grundlegender Angriff auf die mauretanische Identität gewertet. Er wurde umgehend verhaftet und der Apostasie bezichtigt, die mit dem Tode bestraft wird.«[75]

Nach fünfeinhalb Jahren im Gefängnis wurde Mkhaitir 2019 entlassen. Heute lebt er im Exil.[76]

Die in internationalen Medien verbreiteten nationalen Stereotype bringen bestimmte Probleme nur mit bestimmten Orten in Verbindung. Das Kastenwesen und Indien sind ein solches Paar, das regelmäßig zusammen genannt wird, wodurch das Problem anderorts in der Welt unbeachtet bleibt. Die religiöse Assoziation von Kastenwesen und Hinduismus beispielsweise bedeutet, dass in den muslimischen Nachbarländern Indiens das Kastenwesen ein besonders heikles Thema bleibt. Gazdar berichtet, dass es in Pakistan »wenig Toleranz in der Öffentlichkeit [gibt], das Thema des Kastenwesen oder der kastenbasierten Unterdrückung ernsthaft anzusprechen«. Er erklärt außerdem, dass »derartiges Gerede« schnell zum Schweigen gebracht wird, durch »Ausrufe wie: ›Wir sind alle muslimisch‹ und ›Kasten gibt es in einem anderen Land‹ – wobei klar ist, welches Land damit gemeint ist«.[77] Nichtsdestotrotz widersetzen sich einige pakistanische Aktivist:innen und Intellektuelle diesem Narrativ und bringen das Thema nicht nur zur Sprache, sondern erforschen zudem, wie komplex das Kastensystem in Pakistan ist.[78]

Die Assoziation von Kaste mit Indien und mit einer aussterbenden, vormodernen Vergangenheit erklärt, warum die starke Verbreitung des Kastenwesens bisher ignoriert wurde. Die Vorstellung, dass das Kastenwesen ein Überbleibsel aus der Vergangenheit ist, ist dabei jedoch noch fehlgeleiteter als die Annahme, dass es ein rein ›indisches Problem‹ sei, da dadurch nämlich eine Haltung des Nichtstuns als vermeintliche Lösung daherkommt. Das Kastenwesen – so die törichte Vorstellung – werde unweigerlich dem Feuer des Fortschritts und der Modernisierung zum Opfer fallen. Doch wie wir im Falle Indiens gesehen haben, kann ein Kastensystem auch in neue politische und ökonomische Strukturen eingegliedert werden. Das Kastenwesen verschwindet nicht, es verändert sich, und diese Veränderung wird auch dessen Verbindung zum Rassismus nicht unberührt lassen.

Antimuslimische Politik und Rassismus in Indien und China

Genauso wie der radikale Islamismus durch Essentialisierung und Unterwerfung die Religion in ein Vehikel für Rassismus verwandeln kann, kann dies auch durch antimuslimische Einstellungen und Praktiken geschehen. Diese Aussage mag ein unmittelbares Zusammentreffen von beidem nahelegen, doch die beiden von mir ausgewählten Beispiele für antimuslimischen Rassismus stammen von Orten (Indien und China), die weit davon entfernt sind, Epizentren des muslimischen Fundamentalismus zu sein, und die vielmehr pluralistische und politisch säkulare islamische Traditionen aufweisen. Das Zusammenspiel zwischen dem globalen Schreckgespenst des islamischen Fundamentalismus einerseits und regionalen antimuslimischen Stimmungen andererseits hat eine komplexe Geografie von Verfolgung und Leid hervorgebracht. Innerhalb dieser neuen Geografie ragen einige Orte und Ereignisse besonders hervor, wie beispielsweise die ethnischen Säuberungen der muslimischen Rohingya in Myanmar oder der bosnischen Muslim:innen im ehemaligen Jugoslawien. Mein Fokus auf Indien und China soll demgegenüber die Politisierung und die Ethnisierung und Rassifizierung von Religion in scheinbar säkularen Staaten aufzeigen. Es gibt zahlreiche wissenschaftliche Arbeiten, die darauf hindeuten, dass der ›Kommunalismus‹ in Indien (der sich auf religiöse Gewalt bezieht) vom Staat und anderen politischen Akteur:innen politisch mobilisiert wird.[79] Und die Internierung von Muslim:innen in der chinesischen Provinz Xinjiang ist Teil einer umfassenderen staatlichen Kampagne gegen separatistische Gruppierungen, die die nationale Einheit bedrohen, und damit ebenfalls politisch motiviert und erkennbar modern.

Antimuslimische Politik in Indien

Nach Angaben des indischen *National Crime Records Bureau* kam es 2017 an einem durchschnittlichen Tag in Indien zu 161 gewaltsamen Ausschreitungen mit 247 getöteten oder verletzten Menschen.[80] Dabei war das kein außergewöhnliches Jahr: Blutige Konflikte sind in Indien an der Tagesordnung. Im Jahr 2017 wurden 723 dieser Ausschreitungen als ›kommunal‹ klassifiziert. Mit dem Begriff werden gewaltsame interreligiöse Zusammenstöße bezeichnet, die meisten davon finden zwischen Muslim:innen und Hindus statt.[81] Doch anders als bei anderen erfassten Unruhen, bei denen es meist um Land- oder Kastenrechte geht, richtet sich antimuslimische Gewalt gegen die Präsenz eines Teils der indischen Bürger:innen selbst (etwa 200 Millionen Inder:innen sind muslimisch). Mehr noch: Diese Gewalt schien gelegentlich von offizieller Seite gebilligt zu werden, insbesondere von den Regierungen (regional und national), die von der hindunationalistischen *Bharatiya Janata Party* (BJP) gebildet wurden. So weigerte sich beispielsweise die Polizei in Delhi im Februar 2020 mehrere Tage lang, in anhaltende kommunale Ausschreitungen einzugreifen, die in einer einst religiös gemischten Gegend stattfanden und bei denen 53 Menschen ums Leben kamen, die meisten davon Muslim:innen. Auslöser waren Proteste gegen ein neues Staatsbürgerschaftsgesetz, das 2019 verabschiedet wurde und mit dem Migrant:innen ohne Papiere aus Afghanistan, Bangladesch und Pakistan die indische Staatsbürgerschaft erhalten, vorausgesetzt, sie sind nicht muslimisch. Die Gegend, in der die Gewalt wütete, ist seitdem physisch geteilt und viele muslimische Familien sind geflohen.

Im Nachgang der Ermordung von George Floyd in Minneapolis schrieb der Kolumnist und ehemalige Armeeoffizier Saroj Chadha im Juni 2020 in einem Artikel der Zeitung *The Times of India*, dass »übereifrige indische Liberale, Medienpersönlichkeiten und andere schnell dazu übergegangen sind, die Not der Schwarzen in den USA mit der der Muslime in Indien gleichzusetzen«.[82] Ironischerweise ist einer der von Chadha vorgetragenen Gründe, warum sich die zwei Fälle voneinander unterscheiden, der, dass die Schwarzen in den USA – anders als die Muslim:innen in Indien – nicht mit ausländischen Kräften im Bunde stünden und niemals ›ethnische Säuberungen‹ gegen nicht-Schwarze Bürger:innen durchgeführt hätten, wie er es nennt. Selbst in dem Versuch, den Vorwurf des Rassismus zurückzuweisen, offenbaren sich also tiefes Misstrauen und große Abneigung gegen Muslim:innen. Bis vor Kurzem noch schienen Chadhas Sorgen aus der Luft gegriffen zu sein: Im Gegensatz zu den organisierten Versuchen einiger Dalit-Aktivist:innen, das Konzept des Rassismus für ihre Sache nutzbar zu machen, wurde die Abneigung gegen Muslim:innen bisher auf vielfältige Weise beschrieben – als Kommunalismus, religiöse Intoleranz [sectarianism] und ethnischer Konflikt –, aber selten als rassistisch. Es gibt jedoch Anzeichen dafür, dass die Sprache des Rassismus allmählich auch Einzug in die Debatte über antimuslimische Gewalt hält.[83] Solche antirassistischen Stimmen verweisen häufig auf die Tatsache, dass der Hindunationalismus – wie im vorherigen Abschnitt erwähnt – auf eine lange Geschichte rassistischer Theoriebildung zurückblickt.

Die Bedrohung durch ›fremde‹ religiöse Einflüsse, insbesondere den Islam, war ein zentrales Motiv in den Gründungstexten der Hindutva. Dieses Motiv hat sich über die Jahrzehnte erhalten, ebenso wie die damit verbundene Vorstellung, dass große muslimische Familien eine demografische Herausforderung für die Aufrechterhaltung der hinduistischen Vorherrschaft darstellten. Mit dem Titel seines 1909 erschienenen Buches *Hindus: A Dying Race* [Hindus: Eine aussterbende Rasse] warnt U. N. Mukherji davor, dass Muslim:innen eine sich vermehrende, fremde Präsenz darstellen würden.[84] Diese Sorge vor demografischer Veränderung wird heute noch immer geäußert. Baber erklärt, dass Mukherji »bestehende stereotype Bilder von muslimischen Männern als besonders lüstern und sexuell getrieben« nutzt, um »Schuldgefühle des angeblich verweichlichten hinduistischen Mannes, dem vorgeworfen wurde, nicht dazu in der Lage zu sein, sein Land und ›seine Frauen‹ zu verteidigen, gleichzeitig zu erzeugen und sich zunutze zu machen«.[85] Mukherjis Text verdeutlicht außerdem, dass solche Ängste häufig von einer Art grimmiger Bewunderung geprägt sind. Die »Überlegenheit der Mohammedaner«, schreibt Mukherji, »ist gänzlich das Ergebnis ihrer religiösen Neuerweckung und ihrer systematischen moralischen Unterweisung«.[86] Im Jahr 1925 wurde die militante, paramilitärische *Rashtriya Swayamsevak Sangh* (RSS; *Nationale Freiwilligenorganisation*) zur Stärkung und Verteidigung der hinduistischen Kultur gegründet. Heute wird ihre Mitgliederzahl auf etwa fünf Millionen beziffert.[87] Wie das harte, hypermaskuline Auftreten der RSS andeutet, ist der Hindunationalismus (oder Hindutva) nicht nur einfach *anti*muslimisch: Er bekämpft, indem er nachahmt. Er beansprucht die Männlichkeit, Zielstrebigkeit und Disziplin, die er mit dem Islam assoziiert, in einem Prozess für sich, den Jaffrelot als »zeitgleiche Nachahmung und Stigmatisierung« bezeichnet.[88] Jaffrelot hat aufgezeigt, dass der Hindunationalismus eine seit Langem bestehende und sich gegenseitig verstärkende Beziehung zum islamischen Fundamentalismus aufweist. Er argumentiert, dass in den 1920er Jahren ein südasiatischer Panislamismus der Auslöser für die Entstehung des militanten Hindutva war und dass erneut »in den 1980er Jahren ein islamischer Proselytismus, der seit der Islamischen Revolution im Iran in einem fundamentalistischeren Licht erschien, eine hindunationalistische Gegenmobilisierung befeuert hat«.[89]

Allerdings ist das Zusammenspiel der ›Fundamentalismen‹ in Indien kein ausgeglichenes Aufeinandertreffen, da die muslimische Minderheit immer wieder als ›unindische‹ Präsenz zu ›Anderen‹ erklärt wird. Baber kommt zu dem Schluss: »In Indien wurden religiöse Marker historisch nicht nur zu ethnischen Grenzziehungen eingesetzt, sondern auch, um langfristig einen Prozess der ›Rassifizierung‹ solcher Differenzen in Gang zu setzen.«[90] Viele Beobachter:innen sind der Ansicht, dass die Mauern zwischen Hindus und Muslim:innen in Indien höher und breiter werden. Noch 1996 beschreibt Jaffrelot die Hindutva-Ideologie als einen »Rassismus der Beherrschung« und nicht als einen »Rassismus der Ausrottung«.[91] Doch 2003, im Nachgang von dem, was weithin als politisch orchestrierte Unruhen im Bundesstaat Gujarat angesehen wurde (woran auch der damalige Regierungschef von Gujarat und spätere Premierminister Narendra Modi beteiligt war), bei denen mehr als tausend Menschen zu Tode kamen, schreibt auch Jaffrelot von einer »wahrhaften ethnischen Säuberung«. Er fährt fort: »Es zirkulierten unzählige Flugblätter, in denen Hindus dazu aufgerufen wurden, sich der wahren Essenz ihres Selbst zu stellen – was daraufhin viele taten.« Aus einigen dieser Flugblätter zitiert er:

> »Wir werden keinen einzigen Muslim in Gujarat am Leben lassen. […] Löscht die Muslime in Bharat aus […]; die muslimischen Könige zwangen unsere hinduistischen Brüder zu konvertieren und verübten dann Gräueltaten an ihnen. Das wird immer wieder geschehen, wenn die Muslime nicht ausgerottet werden. […] Die Hindus aus den Dörfern sollten sich jetzt den Hindus aus den Städten anschließen, um die Auslöschung der Muslime zu Ende zu bringen.«[92]

Viele Stimmen, die sich in Indien gegen die Hindutva aussprechen, haben sich westlicher Bezeichnungen wie ›Faschismus‹ oder ›Islamophobie‹ bedient, um den Hindunationalismus zu beschreiben. Mahmood bezeichnet die Ausschreitungen 2020 in Delhī beispielsweise als »Indiens Kristallnacht« und er argumentiert, dass »die Strategie von Modi und seiner Partei der hinduistischen Vorherrschaft, der BJP, darin besteht, Muslim:innen unaufhörlich zu dämonisieren, zu terrorisieren und zu marginalisieren, sodass sie auf den Status von Untermenschen degradiert und Hindus als die ›echten‹ Inder:innen neu definiert werden«.[93] Mahmoods Fokus auf antimuslimische Gewalt als politische ›Strategie‹ verweist auf einen Leitgedanken, der sich durch all diese Darstellungen zieht: dass diese Gewalt weder in uralten Animositäten noch in einem importierten Rassismus begründet liegt, sondern darin, wie moderne Massenpolitik in Indien heute mit der ›Produktion‹ von kommunalen, also religiösen, (und kastenbasierten) Identitäten und Konflikten zusammenhängt. In seinem Buch *The Production of Hindu-Muslim Violence in Contemporary India* erklärt Brass, dass kommunale Ausschreitungen

> »konkrete Vorteile für bestimmte politische Organisationen und einen größeren politischen Nutzen haben. Antagonismus, Spannungen und Gewalt zwischen Hindus und Muslim:innen stellen die zentrale Legitimationsgrundlage für die Existenz von einer ganzen Hand voll lokaler politischer Organisationen in den Städten Nordindiens dar, die zur größeren Familie militanter, hindunationalistischer Organisationen gehören und aus eben diesen Spannungen ihre Stärke ziehen.«[94]

Die wichtigste politische Organisation in dieser ›Familie‹ ist Indiens größte Partei, die BJP. Jaffrelot verweist auf Daten, die zeigen, dass sich kommunale Gewalt insbesondere während Wahlperioden häuft, und er argumentiert, dass Hindunationalist:innen das »ideologische Muster« des hinduistischen Grolls »kodifiziert« haben und »es während ihrer Wahlkampagnen einsetzen, um mehr Stimmen zu erlangen, womit sie den Boden für Gewaltausbrüche bereiten«:

> »Ihr Ziel ist es, solche Unruhen zu provozieren, um die Wählerschaft entlang der religiösen Trennlinie noch effektiver zu spalten [...], was die Mehrheit der Hindus, nun mit einem stärkeren Gefühl ihrer hinduistischen Identität, dazu führt, ihre Stimme der BJP zu geben. Dies erklärt die Korrelation zwischen Wahlperioden und Perioden vermehrter gewaltsamer Unruhen.«[95]

Die Modernität dieses Unterfangens geht weit über dessen Zweckdienlichkeit in Wahlperioden hinaus. In ihrem Buch *The God Market* untersucht Nanda dessen ökonomische Dimension und zeigt, wie der Kapitalismus in eine selbstbewusste, neue Form des Hinduismus integriert wurde, wodurch sich ein ganzer Nexus konsumtiv-spiritueller Möglichkeiten ergibt.[96] Der Hindunationalismus, schreibt Banji, »schlachtet die Taktiken und das Vokabular des Antiterrorismus, des Antiimperialismus, der Digitalisierung und der Entwicklung aus«, und zwar in einer »zwingend modernen Art und Weise«. Damit gelangt er zu einem Vokabular von Transformation und Widerstand, das nach hinten schaut, um nach vorne zu blicken.[97] In dieser wutgeladenen, fiebrigen Atmosphäre sind Identität und Ressentiment nicht mehr auseinanderzuhalten und Argwohn gegenüber Muslim:innen wird zur patriotischen und religiösen Pflicht.

Antimuslimischer Rassismus in der Provinz Xinjiang

Seit den Anschlägen vom 11. September 2001 in New York führt die chinesische Regierung eine ›Anti-Terror-Kampagne‹ durch, die sich auf die muslimische Bevölkerung der Provinz Xinjiang im Nordwesten des Landes konzentriert.[98] Bei den Muslim:innen in Xinjiang, das an eine Reihe vornehmlich muslimischer Länder grenzt, handelt es sich überwiegend um Uigur:innen, doch es gibt dort auch noch weitere, zahlenmäßig kleinere muslimische Minderheiten. Sie sind Opfer von massenhafter Internierung, Überwachung und Misshandlung geworden. Ein Experte für die Region, Adrian Zenz, spricht von »der umfangreichsten Inhaftierung einer ethnischen Gruppe seit dem Holocaust«.[99] Heute wird davon ausgegangen, dass etwa eine Million Muslim:innen in sogenannten ›Umerziehungseinrichtungen‹ inhaftiert sind. Obwohl von den Behörden bestritten, deuten Aussagen aus erster Hand auch darauf hin, dass der Staat ein Programm der Geburtenkontrolle durchsetzt, bei dem bereits Sterilisationen und Abtreibungen bei »Hunderttausenden« durchgeführt wurden.[100] Seit 2004 sind uigurischsprachige Schulen der Primär- und Sekundarstufe in chinesischsprachige Schulen umgewandelt worden, wodurch die Verwendung des Uigurischen als Unterrichtssprache stark eingeschränkt wurde.[101] Außerdem wurden offenbar Moscheen in großem Umfang zerstört sowie Burkas, Schleier und ›abnormale Bärte‹ verboten.[102] Des Weiteren ist Xinjiang einem hoch technologisierten Kontrollsystem unterworfen. Neue Regulationen zwangen Autobesitzer:innen in Xinjiang 2017 dazu, GPS-Sender einzubauen, damit die Bewegungen ihrer Fahrzeuge verfolgt werden können. Die *New York Times* berichtet 2019 von dem »erste[n] bekannte[n] Beispiel, bei dem eine Regierung eine künstliche Intelligenz mit dem erklärten Ziel des Racial Profilings einsetzt«. Dabei wurde ein System mit »fortgeschrittener Gesichtserkennungstechnologie« eingeführt, um Tibeter:innen und Uigur:innen »verfolgen und kontrollieren« zu können, beides ethnische Gruppen mit charakteristischen Gesichtszügen.[103]

In Xinjiang ist die Behandlung von Muslim:innen – die sich sprachlich, kulturell und als aus der Familie der Turkvölker stammend häufig auch physisch von der chinesischen Mehrheitsbevölkerung der Han unterscheiden – eindeutig rassistisch. Die gegen sie gerichteten Kampagnen arbeiten mit Essentialisierungen und haben eine ganze Bevölkerungsgruppe zum Ziel. Nationale Identität, Separatismus und Terrorismus werden in einen Topf geworfen und nicht nur die Kultur und Religion der muslimischen Bevölkerung in Xinjiang, sondern deren demografische Existenz überhaupt wird als Bedrohung für den chinesischen Staat dargestellt. Enze Han, ein Spezialist für die chinesischen Grenzgebiete, erklärt, dass die Diskriminierung der Uigur:innen eine Mischung aus politischem Misstrauen, ökonomischer Marginalisierung und kultureller Stereotypisierung sei:

> »Da Han-Chines:innen in den Städten im privaten Sektor stärker vertreten sind, werden dort bei der Vergabe von Arbeitsplätzen Han-Chines:innen oder Personen aus ethnischen Minderheiten bevorzugt, die die chinesische Sprache gut beherrschen; in vielen Stellenanzeigen wird sogar explizit darauf hingewiesen, dass sich nur Han-Chines:innen bewerben können. Uigur:innen, die das uigurische Bildungssystem durchlaufen haben, haben hingegen einen starken Nachteil bei der Arbeitssuche im privaten Sektor. [...] [V]iele Han-Chines:innen neigen außerdem dazu, Uigur:innen als rückständig, schmutzig, faul und undankbar zu betrachten angesichts der wirtschaftlichen Entwicklung, die die Han-Chines:innen nach Xinjiang gebracht haben. Zusätzlich dazu bringen Han-Chines:innen Uigur:innen oftmals mit kriminellen Machenschaften in Verbindung und versuchen daher bewusst, sich von ihnen zu distanzieren.«[104]

Die Ablehnung ist häufig beidseitig. Viele der Han-Chines:innen in Xinjiang sind eingewandert, von der Regierung ermutigt, sich dort niederzulassen. Von einigen Uigur:innen werden sie daher als unwillkommene Fremde behandelt. Enze Han bemerkt: »[Uigur:innen] lassen sich keine Gelegenheit entgehen, Han-Chines:innen ihre Abneigung und Verachtung zu zeigen.« Außerdem sei die »gegenseitige Diskriminierung ein fortwährendes, sich verstärkendes Wechselspiel«. Die Trennung der beiden Gemeinschaften erstreckt sich auf viele Lebensbereiche, so zum Beispiel auch auf die Frage, wo Menschen wohnen, essen oder ihre Freizeit verbringen. Diese ethnische Zweiteilung betrifft sogar die Frage, wie spät es ist. Während sich die Han an die vereinheitlichte Zeitangabe halten, die 1949 vom kommunistischen Staat für das gesamte Land eingeführt wurde, verwenden die Uigur:innen eher die ›Xinjiang-Zeit‹, die zwei Stunden hinter der ›Peking-Zeit‹ liegt. Wie Enze Han erklärt, halten die Han »trotz der damit verbundenen Unannehmlichkeiten [...] stur an der Peking-Zeit fest, um ihre Loyalität gegenüber dem chinesischen Staat und ihre Abgrenzung von den Uigur:innen zu demonstrieren«. Ein Han-Chinese erklärte ihm in einem Interview: »Wir haben unsere Zeit, sie haben ihre, und wir vermischen uns nicht.«[105]

Das Vorgehen gegen den Separatismus in Xinjiang (von uigurischen Nationalist:innen Ostturkestan genannt) wurde im Verlauf des letzten Jahrzehnts intensiviert, blickt jedoch bereits auf eine längere Geschichte zurück. Im 20. Jahrhundert gab es zwei flüchtige Momente der Unabhängigkeit: die Islamische Republik Ostturkestan (1933–34) und die Republik Ostturkestan (1944). Diese und eine Reihe von nachfolgenden Aufständen zeugen vom anhaltenden Charakter der Auseinandersetzung zwischen chinesischem und ›ostturkestanischem‹ Nationalismus. 1996 begann der chinesische Staat seine Kampagne »Harter Schlag«, um Abspaltungsbewegungen in der Region auszumerzen. Koranschulen und deren Schüler:innen wurden zur Zielscheibe, was zu Unruhen mit vielen Toten führte. Diese Kampagne richtete sich ebenso wie jene neueren Datums gegen den Separatismus, wobei der uigurische Islamismus als Ausdruck eines anti-chinesischen Nationalismus aufgefasst wurde. Die vom Staat verfolgte langfristige Lösung besteht darin, Xinjiangs Demografie zu verändern. Die jüngsten Einschränkungen der reproduktiven Rechte muslimischer Frauen erfolgten vor dem Hintergrund eines jahrzehntelangen Umsiedlungsprogrammes, in dessen Verlauf Millionen von Han-Chines:innen nach Xinjiang kamen. Während in den 1950er Jahren die Han etwa sechs Prozent der Bevölkerung in der Provinz ausmachten, sind es heute etwa 40 Prozent.

Die Unterdrückung der Uigur:innen hat einige kritische Stimmen aus dem Ausland zu der Schlussfolgerung veranlasst, dass der chinesische Staat islamfeindlich sei.[106] Viele von ihnen sind der Ansicht, dass China eine westliche Form der Islamfeindlichkeit, die alle Muslim:innen als terroristische Bedrohung stereotypisiert, kopiere. Allerdings lässt sich die Repression in Xinjiang besser erklären, wenn man die seitens des chinesischen Staates vorgenommene Verquickung von Separatismus und Islam in Xinjiang sowie die Herausforderung berücksichtigt, die dies für den staatlich verordneten Mythos eines geeinten Chinas bedeutet. Westliche Varianten der Islamfeindlichkeit (oder der Islamophobie), bei denen das gefürchtete muslimische ›Andere‹ als exotische Bedrohung stereotypisiert wird, besitzen in China kaum Relevanz. Der Islam ist seit vielen hundert Jahren Teil der nationalen Erzählung Chinas. Ein Vergleich der uigurischen Muslim:innen mit Chinas größter muslimischer Minderheit, den Hui, ist an dieser Stelle aufschlussreich. Die Hui (die manchmal auch als ›chinesische Muslim:innen‹ bezeichnet werden) leben im ganzen Land verteilt und gelten seit Langem als gut in die chinesische Gesellschaft integriert. Dru Gladney, ein amerikanischer Ethnologe, der zu Hui-Gemeinschaften in ganz China geforscht hat, sieht sich 1988 zu der Aussage veranlasst: »Die Chines:innen haben nur dann Härte gegenüber ihren muslimischen Gruppen gezeigt, wenn sich unter ihnen die radikalsten politischen Ansichten durchgesetzt haben.« Daraus schlussfolgert er, dass China »bestimmte Minderheiten bevorzugt behandelt« hat.[107] Die Herausbildung einer Hui-Identität, begünstigt durch das Interesse des chinesischen Staates an der Kategorisierung und Eingliederung von ›ethnischen Minderheiten‹, stelle Versuche, die Behandlung von Muslim:innen in China als bloße Nachahmung der Islamfeindlichkeit im Westens darzustellen, infrage. Allerdings ist hier relevant, zu welchen Zeitpunkt Gladney diese Aussagen trifft: Bevor die Situation in Xinjiang ihren aktuellen düsteren Verlauf nimmt. In einem 2014 geführten Interview besteht er immer noch darauf, dass der chinesische Staat an sich nicht einfach auf undifferenzierte Art und Weise ›gegen den Islam‹ sei, erkennt jedoch an, dass er es in bestimmten Kontexten durchaus sein könne:

> »Es gibt in China ganz klar viele Möglichkeiten, sich ungehindert religiös auszudrücken, aber wenn man die häufig nebulöse und sich verschiebende Grenze dessen, was der Staat als politisch betrachtet, überschreitet, befindet man sich auf gefährlichem Terrain. Das sehen wir zweifelsohne in Xinjiang und in Tibet.«[108]

Die Entwicklung des antimuslimischen Rassismus in China muss im chinesischen Kontext verstanden werden. Weder die Beweggründe noch die Mittel der Kontrolle, die dieser Entwicklung zugrunde liegen, lassen sich durch ein ›Herüberkopieren‹ eines westlichen Vokabulars erklären. Das von Zenz angeführte Zitat zu Beginn dieses Abschnitts, in dem er die Internierungslager mit dem Holocaust vergleicht, ist ein Beispiel für dieses Problem. Politische Umerziehungslager sind seit den frühen 1950er Jahren Teil des Kontrollsystems der *Kommunistischen Partei* und heute finden sich zahlreiche solcher Orte im ganzen Land. An diesen Orten findet

Zwangsumerziehung und häufig auch Zwangsarbeit statt, aber im Visier stehen dabei diejenigen, die als politisch subversiv gelten, nicht ethnische Gruppen an sich. So brutal und ungerecht sie auch sind, es sind keine Vernichtungslager. Wie wir in Kapitel 2 gesehen haben, waren Chinas lange Geschichte und ungleiche Erfahrung der Staatsbildung die Bedingung dafür, dass sich die Ideologie der Vorherrschaft der Han gemeinsam mit einem allgemeinen Misstrauen gegen destabilisierende, unpatriotische Elemente entwickelt hat. In den letzten zwei Jahrzehnten hat sich aber auch die zuvor komplexe und ambivalente Position der Muslim:innen in China verändert. Darstellungen des Islam sind zunehmend negativ geworden, geknüpft an Bilder von Dissens und unüberwindbarer Differenz. Einigen Berichten zufolge könnten tatsächlich Hui-Muslim:innen, die in Xinjiang leben, nun ebenfalls in den Internierungslager gelandet sein – Opfer einer neuen Angst, die alle Muslim:innen als potenziell abtrünnig betrachtet.[109] Der antimuslimische Rassismus in China entwickelt sich weiter und vieles deutet darauf hin, dass er schlimmer wird. Er bringt Jahrhunderte der Koexistenz von Muslim:innen und Han ins Wanken und stellt die beiden als unvereinbare Gemeinschaften gegenüber.

Schlussfolgerung

> »Die gesammte Menschheit stammt von Adam und Eva. Ein Araber hat weder Vorrang vor einem Nicht-Araber, noch hat ein Nicht-Araber Vorrang vor einem Araber; Weiß hat keinen Vorrang vor Schwarz, noch hat Schwarz irgendeinen Vorrang vor Weiß; [niemand ist einem anderen überlegen] außer in Gottesfurcht und in guter Tat.«[110]

Im Jahr 623 unserer Zeitrechnung hielt Mohammed seine Abschiedspredigt und nutzte die Gelegenheit, um unter den Zuhörenden die Botschaft der muslimischen Gleichheit zu verkünden. Universalistische Religionen wie der Islam, mit ihrer Heilsbotschaft für die gesamte Menschheit, sind in ihrer Lehre antirassistisch. Warum also ist die Geschichte der Religionen so voller Geschichten von Diskriminierung, Konflikt und Rassismus? Zum Teil liegt das daran, dass Religion vererbt wird: Die meisten Menschen hängen dem Glauben ihrer Eltern und ihres erweiterten Umfeldes an. Das bedeutet, dass Aspekte von Ethnizität und *race* auf Religion übertragen werden. Wenn zu einer Ideologie religiöser Überlegenheit auch noch Vererbung hinzukommt – wobei Nicht- oder Andersgläubige als minderwertig oder verdorben angesehen werden –, ist es einfach zu verstehen, warum Religion und Rassismus so gut zusammen funktionieren können. Das Ganze ist also eine alte Geschichte, aber wie wir in diesem Kapitel gesehen haben, ist sie weder unveränderlich noch überall die gleiche, stattdessen ist sie eng verknüpft mit der Entstehung unterschiedlicher Modernen. Ich bin der Beziehung von religiöser Intoleranz und Rassismus anhand von drei sehr verschiedenen Beispielen nachgegangen. Was der radikal-islamistische Rassismus, der Rassismus und das Kastenwesen in Indien sowie der antimuslimische Rassismus in Indien und China gemein haben, ist, dass es sich bei allen um moderne Kontexte und moderne Arten der Verfolgung handelt. Ich habe hier also das Aufkommen von radikalen und radikalisierenden ›Glaubenssystemen‹ [›belief systems‹] nachvollzogen, die durch rasanten gesellschaftlichen Wandel, Nationalismus, Massenpolitik und Projekte der Staatsbildung geprägt wurden.

Ich bin mit der Formulierung ›Glaubenssysteme‹ etwas zögerlich – daher auch die Anführungsstriche –, weil sich Religion und Rassismus eher auf der Ebene der Praxis denn auf der Ebene der Ideologie treffen. Rassismus wird heutzutage überall öffentlich geächtet und selbst rechtsextreme Gruppen versuchen, ein tolerantes Bild von sich selbst nach außen zu tragen. Darum habe ich zuvor beispielsweise aus den kurzlebigen hindunationalistischen Flugblättern zitiert statt aus den offiziellen Verlautbarungen der BJP, die in ihrer Sprache eher zurückhaltend sind. Die Propagandisten und Anführer des ›Islamischen Staates‹ waren ebenfalls – obwohl sie ihre Anhänger:innen öffentlich dazu aufriefen, alle Ungläubigen zu töten – darauf bedacht, den ›I.S.‹ als eine multiethnische Gemeinschaft von Brüdern darzustellen.[111] Wir müssen also eher darauf achten, was getan wird, als auf das, was gesagt wird, um die Realität von religiös motivierter rassistischer Intoleranz (oder rassistisch motivierter antireligiöser Intoleranz) erfassen zu können.

In den letzten zwanzig Jahren gab es zahlreiche religiös motivierte Massaker an ethno-*racial* Gemeinschaften und eine Reihe von versuchten Genoziden. Gleichzeitig wurde in China ein riesiges System von Internierungslagern errichtet, um ›problematische‹ Minderheiten einzusperren. Vielleicht bin ich naiv, aber ich finde es erschreckend, dass solche Dinge zu meinen Lebzeiten, ja zu den Lebzeiten meiner Studierenden stattgefunden haben. Ich glaube, dass zukünftige Generationen fragen werden, warum dies so wenig Reaktion hervorgerufen hat: Wie konnte es sein, dass wir im Zeitalter des Internets – als man sich damit rühmte, dass jeder und jede Zugriff auf Ereignisse auf der ganzen Welt hat – Massaker, Genozide und Masseninternierungen miterlebt haben und nichts gesagt haben? Ich habe keine gute Antwort darauf. Ich bin mir jedoch sicher, dass diese Frage gestellt werden wird. Und vielleicht werden wir, wenn wir anfangen, diese Ereignisse als das zu verstehen, was sie sind – nämlich Akte massenhafter rassistischer Gewalt –, einen Weg finden, wirklich gegen sie anzugehen.

Weiterführende Lektüre

Laura Robson (Hrsg.), Minorities and the Modern Arab World: New Perspectives (Syracuse: Syracuse University Press, 2016). Religion bildet die zentrale Achse ethnischer Identität in den Kapiteln dieses faszinierenden Sammelbandes. Es ist bezeichnend, dass sich mehrere der Kapitel mit Minderheiten beschäftigen, die zum Großteil oder sogar vollständig aus ihren Heimatländern geflohen sind, wie die Jüd:innen aus Ägypten oder die chaldäischen Christ:innen aus dem Irak.

Christophe Jaffrelot, The Pakistan Paradox: Instability and Resilience (London: Hurst, 2015). Jaffrelot untersucht mit bewundernswerter Klarheit die Spannungen zwischen dem multiethnischen Charakter Pakistans einerseits und dem Aufstieg des Islamismus andererseits. Es ist eine wissenschaftliche und düstere Darstellung, mit der er die sich verändernde und paradoxe Beziehung zwischen Staat, klerikaler Macht und ethnischer Zugehörigkeit herausarbeitet.

S. Thorat und Umakant (Hrsg.), Caste, Race and Discrimination: Discourses in International Context (Jaipur: Rawat Publications, 2004). Dieser Sammelband wurde in Zusammenarbeit mit dem *Indian Institute of Dalit Studies* in Neu-Delhi herausgegeben und zeichnet sich durch seine besondere Ausgeglichenheit aus. Er enthält Schlüsseltexte aus beiden Lagern der Debatte, also auch einige, die gegen eine Einstufung von Kastendiskriminierung als Rassismus argumentieren. Er bietet außerdem einen sehr guten Überblick über die verschiedenen Perspektiven unter Dalit-Aktivist:innen und über die Versuche, die Aufmerksamkeit der Vereinten Nationen auf das Thema zu lenken.

Angana P. Chatterji et al. (Hrsg.), Majoritarian State: How Hindu Nationalism is Changing India (London: Hurst, 2019). Ein breit gefächerter Sammelband, der sich mit den ökonomischen, ethnischen, politischen und internationalen Dimensionen des zeitgenössischen Hindunationalismus in Indien auseinandersetzt. Es gibt eine Reihe von Büchern, die sich diesem Phänomen annähern, aber angesichts der Schnelllebigkeit der Ereignisse empfiehlt es sich, eines der neueren zu lesen.

Enze Han, »Boundaries, Discrimination, and Interethnic Conflict in Xinjiang, China«, International Journal of Conflict and Violence, 4, 2 (2010), 244–56. Enze Han bietet ein ethnografisch detailliertes Bild von den Spannungen zwischen Han-Siedler:innen und uigurischen Muslim:innen in der Provinz Xinjiang. Hans Artikel, der noch vor der neuesten Internierungswelle geschrieben worden ist, zeigt, wie die Menschen in der Provinz in ihrem Alltag mit diesen ethnischen Spannungen umgehen.

Dru Gladney, Dislocating China: Muslims, Minorities, and Other Subaltern Subjects (London: Hurst, 2004). Muslim:innen in China sind divers und sie werden auch auf diverse Art und Weise ethnisiert. Gladneys Buch stellt ein wichtiges Korrektiv gegen Stereotype von chinesischer Islamfeindlichkeit dar und es ist selbst eine bedeutende Studie darüber, wie ethnische Identitäten vom Staat und seinen Bürger:innen immer wieder neu konstruiert werden.

Kapitel 4
Politische Schauplätze der rassistischen Moderne: Kommunismus, Kapitalismus und Nationalismus

In diesem Kapitel untersuche ich die Beziehung von Rassismus zu Kommunismus, Kapitalismus und Nationalismus. Die nicht-westlichen Geschichten dieser ›Ismen‹ können nicht einfach als abgeleitete Diskurse erzählt werden.[1] Ich beginne mit der Moderne und dem Rassismus in der kommunistischen UdSSR und wende mich danach der Moderne und dem Rassismus im kapitalistischen Indonesien zu. Beide dieser großen, vielfältigen und komplexen Gesellschaften haben viele unterschiedliche Geschichten sowohl des Rassismus als auch des Antirassismus hervorgebracht. Ich behaupte, dass Rassismus in der UdSSR die Form einer auf Ethnizität zentrierten Politik [ethnopolitics] annahm, unter der der Verdacht auf eine Bedrohung des Staates das Politische mit dem Ethnischen verschmolz. Im Falle Indonesiens betrachte ich die Verbindungen zwischen Kapitalismus und Rassismus sowohl aus der Perspektive der Gewinner:innen des Kapitalismus als auch aus der Perspektive seiner Verlierer:innen: Zunächst konzentriere ich mich auf die Feindseligkeiten gegen chinesische Indonesier:innen, die häufig als wohlhabend stereotypisiert werden, dann auf die Ausbeutung von Mensch und Natur in Westpapua, der westlichen Hälfte des Insel Neuguinea, die seit 1963 zu Indonesien gehört.

Politik und Nationalstaaten prägen und unterteilen unsere heutige Welt. Gegen Ende des 20. Jahrhunderts erklärten einige voreilige Wissenschaftler:innen das Ende von beiden: Sie stellten sich ein vermeintlich ›post-politisches‹ Zeitalter vor, ein Zeitalter, in dem Nationen und der Nationalismus durch die Kräfte des Transnationalismus und der Globalisierung ersetzt werden würden.[2] Die Betrachtung moderner Rassismen hingegen zeigt, dass Nationen und Nationalismus nicht nur noch längst nicht überwunden sind, sondern dass die am stärksten ausgrenzenden, von Vorherrschaftsideologien geprägten und ethnisch essentialisierenden Formen des Nationalismus – was als rassistischer Nationalismus bezeichnet werden könnte – eine aktive Rolle in der politischen Welt des 21. Jahrhunderts spielen. Politik, Rassismus und Nationalismus sind selten voneinander zu trennen, aber die Vorstellung, dass die Nation auf einer uralten Blutslinie aufbaut, ist in der Auseinandersetzung mit Rassismus in Ostasien besonders bedeutsam. Für ein genaueres Verständnis dieser Form des rassistischen Nationalismus wende ich mich der Konstruktion einer ethnischen und ›rassischen‹ Nationalidentität in Südkorea zu. Rassismus, Kapitalismus, Sozialismus und Nationalismus sind verschiedene Worte, bedeuten aber in der Praxis nicht unbedingt etwas Verschiedenes. Im letzten Abschnitt dieses Kapitels zeige ich anhand des Beispiels der südafrikanischen Apartheid, wie sie koexistieren können.

Moderne und Rassismus in der kommunistischen UdSSR[3]

> »Regime, die idealistischen Fantasien nachjagen wie der kommunistischen Vision einer klassenlosen Gesellschaft oder eines ›neuen Menschen‹ oder ehrgeizigen Plänen einer Transformation, etwa einer forcierten industriellen oder landwirtschaftlichen Modernisierung, haben häufig auf begleitende rassistische oder gewalttätige Methoden zurückgegriffen, nicht selten in großem Maßstab bis hin zu einem Genozid. Das gilt auch für die beiden gigantischen kommunistischen Regime Stalins in der UdSSR und Maos in der Volksrepublik China.« (Ben Kiernan)[4]

Das Ausmaß und die Bandbreite der in der UdSSR durchgeführten ethnischen Säuberungsaktionen und Massendeportationen von verschiedenen ›Nationalitäten‹ sind beispiellos. Von den 1930er Jahren bis 1953 führte das, was Weitz als »das Stigma kollektiver Schuld, das die Sowjets verdächtigten Bevölkerungsgruppen anhängten«, und als einen »verhängnisvollen Schritt hin zur ›Rassifizierung‹ von Feinden« bezeichnet, zu zahlreichen Massendeportationen auf der Grundlage von Ethnizität.[5] Die erste dieser Massendeportationen betraf ethnische Koreaner:innen, die verdächtigt wurden, potenzielle japanische Verbündete zu sein. Weitz erklärt, dass das Regime »fast jede einzelne koreanische Person zur Deportation ausfindig machte«, eine Gründlichkeit, die noch vielen weiteren ethnischen und nationalen Gemeinschaften zuteilwerden sollte.[6] Insgesamt fielen diesen Massendeportationen 58 Gruppen zum Opfer. In den letzten Jahrzehnten wurden die daraus resultierten Todesfälle von verschiedenen offiziellen Stellen anerkannt. Beispielsweise hat das Europäische Parlament 2004 die Deportation der Tschetschen:innen und der Ingusch:innen als einen Akt des Genozids anerkannt und Parlamente in verschiedenen Ländern haben auch die Deportation der Krimtartar:innen als solchen eingestuft.[7] Die Bestimmung der genauen Zahlen der durch die Vertreibung verursachten Todesfälle in den jeweiligen Gemeinschaften wird allerdings dadurch erschwert, dass auch noch andere Formen der Gewalt, etwa die Erzeugung von Hungersnöten, gegen sie eingesetzt wurden.[8] Der Begriff ›Genozid‹ wurde von einigen Historiker:innen auf die Hungersnöte angewandt, die während der Zeit der Sowjetunion stattfanden, wovon die berühmteste die als ›Holodomor‹ (ukrainisch für: ›Tötung durch Hunger‹) bezeichnete Hungersnot von 1932–33 ist, der viele Millionen Ukrainer:innen zum Opfer fielen. Parallel zu diesen Praktiken entwickelte sich eine Ideologie der ethnopolitischen Reinheit. Weiner bemerkt, dass Gruppen und Individuen, die »als feindlich wahrgenommen« wurden, »mit biologisch oder hygienisch aufgeladenen Begriffen – beispielsweise Ungeziefer, Verschmutzung oder Dreck – versehen und fortwährender Säuberung ausgesetzt« wurden.[9] Auch Bukh erklärt mit Nachdruck: »Die ›Rassenpolitik‹ war ein zentraler Teil von Stalins politischem Vorgehen und ein rassifiziertes Verständnis von Nationalität resultierte häufig in der Entrechtung oder Säuberung ganzer Bevölkerungsgruppen.«[10]

Die Verbindung zwischen dem sowjetischen Sozialismus und der Rassifizierung und Ethnisierung der Moderne hat weitreichende politische Implikationen. Denn dieser Aspekt der Geschichte des 20. Jahrhunderts wirft Fragen auf, die den Kern dessen betreffen, wie wir über den sozioökonomischen Kontext nachdenken, der Rassismus ermöglicht und aufrechterhält. Genauer gesagt stellt dieser Aspekt des ›sowjetischen Experiments‹ den antirassistischen Anspruch des Kommunismus infrage und, allgemeiner gesprochen, auch die Vorstellung, dass die Politisierung von Identität ihrer Naturalisierung gegenüberstehen würde. ›Der Westen‹ wurde im sowjetischen Diskurs (besonders seit den späten 1920er Jahren) zu einem Synonym für soziale Missstände. Insbesondere durch die Behauptung, rassistische und ethnische Diskriminierung sei allein ein Leiden der westlich-kapitalistischen Welt, gaben die sowjetischen Anführer zu verstehen, dass die Feststellung dieser Probleme innerhalb der UdSSR nicht nur fehlgeleitet war, sondern geradezu konterrevolutionär. Tatsächlich war die Vorstellung, dass rassistische Diskriminierung in der UdSSR überwunden war, außerhalb des ›Ostblocks‹ einst sehr weit verbreitet. Darin wurde während des Kalten Krieges häufig ein Vorteil der Sowjetunion im Ringen um Asien und Afrika ausgemacht.[11] Dieses Bild hält sich noch immer hartnäckig in den Köpfen und erklärt zum Teil, warum das Thema in den meisten weltweiten Übersichtsarbeiten so stark vernachlässigt wird und warum der ›sowjetische Kolonialismus‹ entweder gänzlich ignoriert oder, wenn er denn behandelt wird, als eine Fortführung des zaristischen Imperialismus dargestellt wird, also als ein Anachronismus.[12] Die Sowjetunion war ein moderner, kolonialer Staat, wenn auch eines neuen Typus.[13] Die Ideologien, die der Entwicklung der UdSSR zugrunde lagen, spiegelten eine eurozentrische und russozentrische Herrschaft wider und legitimierten diese. Die ab den 1920er Jahren beobachtbare Zurückweisung des Westens und der damit verbundene Aufstieg eines russischen Nationalismus haben zuweilen die intensiven und komplexen Verwestlichungsversuche früherer Bolschewiki verdeckt. Lenin und Trotzki zufolge musste Russland zunächst verwestlicht werden, und das nicht nur, damit die Revolution erfolgreich sein konnte, sondern auch, damit sie überhaupt denkbar war. Lenin verkündet daher 1918: »[Es ist] unsere Aufgabe [...], keine diktatorischen Methoden zu scheuen, um diese Aneignung noch mehr zu beschleunigen als Peter der Große die Aneignung der westlichen Kultur durch das barbarische Russland beschleunigte, wobei er vor barbarischen Methoden des Kampfes gegen die Barbarei nicht zurückschreckte.«[14] Stalin, zu diesem Zeitpunkt Volkskommissar für Nationalitätenfragen, erklärt 1918 in der Zeitung *Prawda*, die Revolution habe »eine Brücke zwischen dem sozialistischen Westen und dem versklavten Osten geschlagen [...], gegen den Weltimperialismus«.[15] Die Verknüpfung von Barbarei und Sklaverei mit Asien war zum Teil ein Ausdruck der bolschewistischen Lektüre von Marx.[16] Nachdem Trotzki die politische Reaktion mit Bildern von Verfall und Zerstörung zusammenbrachte, erwartete er mit Freude die Entwicklung einer sauberen, neuen westlichen Zivilisation. »Die Revolution«, schreibt er 1923, »bedeutet den endgültigen Bruch des Volkes mit dem Asianismus, mit dem 17. Jahrhundert, mit dem Heiligen Russland, mit Ikonen und Kakerlaken.«[17]

Die sowjetischen Ideologien waren jedoch weit davon entfernt, das bloße Echo eines normativen westlich-kolonialen Paradigmas zu sein und sie stellten Letzteres vor grundlegende Herausforderungen. Westliche Kolonialist:innen und Neokolonialist:innen mögen sich darin geirrt haben, die Sowjetunion als die wahrhafte Flamme der Gleichberechtigung zu fürchten, als welche sie von ihren Anführern dargestellt wurde. Aber mit ihrem Instinkt, dass die UdSSR anders war – dass sie ein anderes Verständnis von ›Fortschritt‹ und ›Zivilisation‹ anbot – lagen sie dennoch richtig. Tatsächlich ergab sich ihr Fehler, den ›Rassismus‹ in der UdSSR nicht zu sehen, weniger daraus, dass sie deren Ähnlichkeiten zum Westen nicht gesehen hätten, sondern mehr aus ihrer Unfähigkeit, anzuerkennen, wie anders die sowjetische Gesellschaft wirklich war. Denn während die Moderne im ›kapitalistischen Westen‹ dazu neigte, zeitgleich zu entpolitisieren und zu rassifizieren (indem sie sich üblicherweise, wenn auch nicht ausschließlich, um die Vorstellung drehte, dass Menschen europäischer Abstammung die natürlichen Träger:innen der Moderne seien), war sie in der UdSSR zugleich politisierend und ethnisierend. Anstatt sich vorzustellen, dass Europäer:innen oder Russ:innen eine überlegene menschliche Gattung darstellen würden, wurden stattdessen ›Kommunist:innen‹, ›Proletarier:innen‹ und ›Revolutionär:innen‹ gleich welcher ethnischen oder nationalen Gruppe als von vornherein fortschrittlicher eingestuft, als besser denn ›rückständige‹ Elemente dazu in der Lage, sich eine euro-russische Kultur progressiver Veränderung anzueignen. Auf diese Weise wurde der Kommunismus nicht bloß zu einem ethnopolitischen, sondern auch zu einem rassistischen Modernisierungsprojekt. Etwas von dem missionarischen Eifer, den diese Verschmelzung von Überzeugungen zur Folge hatte, fangen Diuk und Karatnycky ein, wenn sie die jungen Bolschewikis nach der Eingliederung der kolonialen Territorien des zaristischen Russlands in die Sowjetunion infolge des Bürgerkriegs beschreiben:

> »[Sie] reisten mit dem bolschewistischen Glaubensbekenntnis in das sowjetische Zentralasien, um das Licht der Aufklärung zu verbreiten und Jahre des Analphabetismus und der Rückständigkeit auszumerzen. In den offiziellen Darstellungen dieser Zeit finden sich zahlreiche Bilder von kasachischen Hirten, die das neuartige Phänomen einer elektrischen Glühbirne bestaunen, und von usbekischen Frauen, die zum ersten Mal das Tageslicht erblicken, nachdem sie ihren muslimischen Schleier abgelegt haben.«[18]

Die kommunistische Moderne wurde als ein politischer und politisierender Prozess der gesellschaftlichen Evolution dargestellt und propagiert. Dabei stand die zivilisierende Funktion der europäisch-sozialistischen Kultur außer Frage. Die Rolle, die Nationalismus und nationale Identitäten spielen sollten, wurde hingegen aktiv debattiert. Die orthodoxe leninistische Position, die sich zu diesem Thema herausbilden sollte, konzentrierte sich vor allem auf die politische Funktion, welche die nicht-russischen Nationalismen innerhalb der UdSSR für den Klassenkampf erfüllten. Im Gegensatz zu Sibirien und ›Russisch-Ostasien‹, die als assimilierte Teile Russlands galten, wurde davon ausgegangen, dass Zentralasien auf einen Pfad der staatlich geförderten Entwicklung gebracht werden müsse. Das Ziel bestand in einer entethnisierten, entnationalisierten, ›internationalistischen‹ kommunistischen Identität. Doch um dorthin zu gelangen – und um die ›rückständigen‹ Bevölkerungsgruppen bei der Stange zu halten – wurde es als strategisch notwendig erachtet, eine vorübergehende Periode der ethno-nationalen Identifikation zu schaffen, einen Moment für ›sie‹, um sich zu sammeln und ihre Unterdrückung als erkennbare ethnische Entität zu artikulieren (im Gegensatz zu den nicht klassifizierbaren und sehr verschiedenen ›Stammesangehörigen‹, mit denen sich die sowjetische Administration konfrontiert sah). Diese neuen ›nationalen‹ Einheiten wurden als ein notwendiges Stadium in der politischen Entwicklung angesehen, als eine Vorstufe hin zu einem modernen politischen Bewusstsein.

In einer Anfang der 1920er Jahre an das Zentralkomitee zur Schaffung von Sowjetrepubliken im sowjetischen Zentralasien gesendeten Notiz wird dieser Prozess als die »Europäisierung des Ostens« beschrieben, als »Übernahme einer aus dem 19. Jahrhundert stammenden westeuropäischen Tradition, die der Region fremd ist«.[19] Diese Zusammenfassung ist sicherlich nicht ganz unzutreffend, aber sie verkennt die neuartige politische Funktion des sowjetischen Projekts der ›Nationenbildung‹. Die sowjetische Führung beabsichtigte weder, Entitäten wie die Usbekische Sozialistische Sowjetrepublik, die Tadschikische Sozialistische Sowjetrepublik oder die Kirgisische Sozialistische Sowjetrepublik, noch, geschichtsträchtigere Länder (wie Armenien und Georgien), denen der Status einer Republik gewährt wurde, langfristig als ethnisch voneinander abgegrenzte Nationen zu erhalten. Ihre Funktion bestand darin, jede Form von Bewusstsein, die von den vorherrschenden ethnopolitischen Kategorien der kommunistischen Ordnung abwich, einzudämmen und letztendlich zu neutralisieren. Stalin erklärt dazu 1921: »[D]as Wesen der nationalen Frage [besteht] darin, die faktische (wirtschaftliche, politische, kulturelle) Rückständigkeit einiger Nationen zu beseitigen, [...] damit den rückständigen Völkern die Möglichkeit gegeben wird, Zentralrußland sowohl in staatlicher als auch in kultureller und wirtschaftlicher Hinsicht einzuholen.«[20]

Die sowjetischen Versuche, nicht-russische Nationalitäten zu konstituieren, anzuerkennen und einzugliedern, waren während der 1920er Jahre weitreichend. Die positive Diskriminierung von nicht-russischen Sprachen, Kulturen und Wirtschaftsweisen – zusätzlich zu den Bemühungen, die stark russisch geprägten Parteistrukturen in den verschiedenen Regionen zu indigenisieren – stellt eines der weltweit ersten Beispiele für einen staatlich geförderten föderalen ethnischen Pluralismus dar. Darüber hinaus war die UdSSR in großen Teilen des 20. Jahrhunderts die treibende Kraft der globalen antikolonialen Politik. Doch innerhalb ihres riesigen Imperiums selbst hielten die Bolschewiki ein unverkennbar koloniales Herrschaftssystem aufrecht. »Indem Ethnizität und Entwicklung gleichgesetzt wurden«, so Slezkine, sorgte der sowjetische Staat dafür, dass die Politik der Moderne auch eine Ethnisierung des Politischen war.[21] Jeder vermutete, tatsächliche oder potenzielle Widerstand gegen die Assimilation in den atheistischen, ›wissenschaftlich‹ orientierten und eurozentrischen sowjetischen Staat wurde als fortschrittsfeindlich, als Symptom einer ›Rückständigkeit‹ angesehen, die es auszumerzen galt. Auf diese Weise führte der sowjetische Kommunismus dazu, dass ganze Bevölkerungsgruppen als unerwünscht und reaktionär dargestellt wurden.

Die in diesem Prozess enthaltene Gewalt führte schließlich zu dem, was Law als »destruktionistische Logik« bezeichnet. Diese »kennzeichnete die kommunistische Form der Rassifizierung« sowohl in der UdSSR als auch im erweiterten sowjetischen Block: »Ein vom sowjetischen Staat vorangetriebener minderheitenfeindlicher, anti-ethnischer, anti-kultureller, anti-linguistischer Ethos durchdrang diese Regionen.«[22] Weitz setzt »eine spezifisch sowjetische Modernität« mit den »weitreichenden utopischen Bestrebungen« der UdSSR in Verbindung, darunter auch ihre Bestrebung, die Menschheit zu perfektionieren. So war das Projekt, »das Verhalten, das Denken und die Zusammensetzung der Bevölkerung selbst umzugestalten, ein integraler Bestandteil der sowjetisch-sozialistischen Moderne«, dazu gedacht, »eine ›Utopie der vollständigen Aufklärung‹ [umzusetzen], die zu einem ›konfliktfreien, harmonischen Organismus‹ führen würde«.[23] Ein zentrales Paradoxon dieses Projekts bestand darin, dass es zwar die Form- und Veränderbarkeit des Ethnischen und Nationalen behauptete, aber gleichzeitig Identitäten bezüglich Ethnizität, Klasse und Nationalität festschrieb und essentialisierte, womit eine Grenze zwischen vertrauenswürdigen und nicht-vertrauenswürdigen Gruppen gezogen wurde. Dieses

Paradoxon verwischt nicht nur die Grenzen zwischen Ideologie, *race* und Kultur, sondern auch die zwischen rassifizierten und politischen Konzeptionen von Identität.

Um besser zu verstehen, wie unter sowjetischer Herrschaft Politik und Ethnizität miteinander verschmolzen, ist es sinnvoll, sich die privilegierteste der Identitätskategorien innerhalb des bolschewistischen Kommunismus genauer anzuschauen: das Proletariat. Trotz der unzähligen Lippenbekenntnisse, dass der Bauernschaft eine potenziell revolutionäre Rolle zukommen würde, schwang das Vorzeigemodell eines echten Revolutionärs doch eher den Hammer statt der Sichel. Für Lenin, den Stalin 1926 zitiert, existiert das Bündnis »des Proletariats mit der Bauernschaft, damit das Proletariat die leitende Rolle und die Staatsmacht behaupten könne«.[24] Und da die urbanen, in der Industrie tätigen Arbeiter:innen größtenteils in den westrussischen Gebieten und auf europäischem Territorium anzutreffen waren (während die meisten Nationen der Union eine vorwiegend ländliche Bevölkerung hatten), wies die angestrebte Diktatur des Proletariats stark ethnische Züge auf. Dieser Prozess wurde noch von der Durchsetzung dessen verstärkt, was Slezkine die Vision einer »urbanen Utopie« als Schicksal aller Nationalitäten der Union nennt, sowie durch die stereotype Darstellung von Bauernschaft und Proletariat als zwei verschiedenen Typen der Menschheit, mit ihnen jeweils eigenen unveränderlichen politischen Merkmalen und Entwicklungslinien.[25] Zusammen mit all seinen Aussagen über bäuerliche und asiatische ›Rückständigkeit‹, erscheint Trotzkis Behauptung, dass »[d]as Proletariat, das sich an der Macht befindet, [...] vor die Bauernschaft als die sie befreiende Klasse treten [wird]«, tatsächlich den westlichen Diskursen immer ähnlicher, die die Kolonisierung als eine Form der Befreiung für die Kolonisierten behauptet haben.[26] Die offene Verachtung für das »niedrige kulturelle Niveau auf dem Lande« und die »unbeständigen« und »treulosen« Neigungen der Bauernschaft entstand aus einer Mischung aus sich gegenseitig verstärkendem Eurozentrismus, Kommunismus und Kolonialismus.[27] Die ländlichen Hungersnöte zu Beginn der 1930er Jahre, die in den nicht-russischen Gebieten der Sowjetunion proportional gesehen weitaus folgenreicher waren, waren ein Ergebnis dieser verhängnisvollen Mischung. Mit Stalin wurde die sowjetische Ethnopolitik also zunehmend geprägt durch Nationalismus und Russozentrismus. Dies zeigte sich kulturell wie ökonomisch auf vielen Ebenen. Bezüglich der Kultur ist es bezeichnend, dass ab den frühen 1930er Jahren damit begonnen wurde, der russischen Geschichte, Kultur und Sprache sowie der kyrillischen Schrift und den russischen Nationalhelden einen pan-sowjetischen Status zuzuweisen. Die Russen wurden zu den ›großen Brüdern‹ der Union; in den Worten der Zeitung *Prawda* zu den »Ersten unter Gleichen« und Stalin zufolge »die herausragendste der Nationen, die die Sowjetunion bilden [...], die treibende Kraft der Sowjetunion« (aus einer 1945 gehaltenen Rede).[28]

In wirtschaftlicher Hinsicht wurden die russischen Grenzgebiete für die Anlegung von landwirtschaftlichen Monokulturen genutzt (ein eindrucksvolles Beispiel davon war der Anbau von Baumwolle in weiten Teilen Usbekistans) oder für andere Tätigkeiten, die für das ›europäische Russland‹ als ungeeignet galten. Der Prozess der Ethnopolitisierung legitimierte eine derartige Ausbeutung. Er ermöglichte jedoch auch nichtrussischen Menschen, die sich dem kommunistischen Projekt hinreichend hingaben, eine vollständige Assimilation und einen Zugang zu Positionen von beträchtlichem Einfluss, insbesondere innerhalb der regionalen Verwaltungsbürokratien der autonomen Regionen. Die ständige Hervorhebung des kommunistischen Bewusstseins und der kommunistischen Errungenschaften von Individuen, Gemeinschaften und ganzen Nationen war nicht nur ein Deckmantel für die russische oder bolschewistische Herrschaft: Kommunist:in zu sein bedeutete, den Raum der russischen/sowjetischen Moderne zu betreten, eine Arena, in der der einzig konstante und explizit ausgesprochene Orientierungspunkt die Loyalität zum Kommunismus war, so wie ihn die Parteiführung definiert hatte.

Auch im Rahmen des ›neo-stalinistischen Kompromisses‹, mit dem die nachfolgenden sowjetischen Führer die ökonomische Struktur der Union beibehielten, während sie gleichzeitig reformistische oder gegenreformistische politische Maßnahmen durchsetzten (Cruschtschow wird üblicherweise der ersten Kategorie zugerechnet, Breschnew, Andropow und Tschernenko der zweiten), wurde ein ethnopolitisch und imperial geprägter Kommunismus bis in die letzten Jahre der UdSSR aufrechterhalten. In der zweiten Hälfte des 20. Jahrhunderts jedoch büßte der sowjetische Kommunismus seine Assoziation mit wirtschaftlicher Entwicklung und progressivem Wandel ein und wurde stattdessen zu einem Synonym für Ineffizienz und Schwerfälligkeit. Während der sogenannten ›Jahre der Stagnation‹, die vor allem mit Breschnew in Verbindung gebracht werden, bekam ›Moderne‹ einen zunehmend anderen, eindeutig nicht kommunistischen Anklang. Tatsächlich bedeutete sie immer mehr, westliche (also kapitalistische und demokratische) Techniken zu kopieren, sogar bis hin zur Einführung marktorientierter Lösungen. Als Gorbatschow 1985 Generalsekretär wurde, war der Glaube an die sowjetische Version der Moderne bereits weitgehend zu einer rein rhetorischen Geste verkommen. Die Lösungsansätze für die wirtschaftlichen Probleme wurden im Westen gesehen.

Im Westen wie auch anderswo haben Intellektuelle einst beträchtliche Energien in die Analyse der bolschewistischen Revolution gesteckt. Innerhalb bolschewistischer Kreise selbst galt Lenins und Trotzkis Status als Anti-Stalinisten als ausreichender Beweis für ihre revolutionäre Authentizität. Konservativen, liberalen und sozialistischen Kritiker:innen hingegen galten sie mehrheitlich als Beteiligte an der Errichtung eines Tyrannenstaates. Heute ist die UdSSR aus dem Sichtfeld verschwunden und damit auch diese Debatte zum Erliegen gekommen. Der bolschewistischen Revolution als Thema wird eine immer größere Gleichgültigkeit zuteil. Alexander Zinovievs Kommentar zur Stalin-Ära lässt sich daher heute auf die gesamte sowjetische Geschichte ausweiten: »[Sie] hat sich in die Vergangenheit zurückgezogen, bereits verurteilt, verspottet, verachtet und verzerrt, aber noch nicht verstanden.«[29] Die leidenschaftlichen Emotionen, die die UdSSR einst hervorzurufen imstande war, haben sich verflüchtigt und die Erinnerung an dieselbe wird auf eine banale ›Mahnung der Geschichte‹ reduziert, bösen Männern wie Stalin keine Macht zu geben. Doch die großangelegten Gewaltakte inklusive der ethnischen Gewalt, die die Geschichte des multikulturellen sowjetischen Imperiums gekennzeichnet haben, lassen sich kaum durch heute vorherrschende klischeehafte Perspektiven auf die UdSSR verstehen. Der Kommunismus in der UdSSR war und bleibt ein neuer und herausfordernder Typus der Moderne, und das nicht, weil er auf irgendeine einfache Art und Weise ›egalitär‹ oder aber ›autoritär‹ gewesen wäre, sondern weil er eine Mischung aus beidem war, weil er auf einem neuartigen Verhältnis zwischen dem Ethnischen und dem Politischen basierte.

Dieses Muster eines ethnopolitischen Rassismus, das wir in der Geschichte der UdSSR finden, kann nicht einfach auf andere kommunistische Staaten übertragen werden. Die Sowjetunion war einzigartig, was ihre Größe, ihren Einfluss, ihre Vielfältigkeit und ihre imperiale Vorgeschichte angeht. Unter den vielen Ländern, in denen revolutionäre Sozialist:innen während des 20. Jahrhunderts an die Macht kamen, gibt es einige, wie beispielsweise Mosambik und Chile, in denen zwar ein ethnopolitisches Verständnis existierte, doch schlug sich dieses nicht in Diskriminierung und Hierarchisierung nieder. In anderen wiederum standen Rassismus und Nationalismus stark im Vordergrund. Die ›rassischen‹ und politischen Säuberungskampagnen der Roten Khmer sind hierfür ein Beispiel. Ein weiteres ist, Myers Buch *The Cleanest Race* zufolge, der Sozialismus des heutigen Nordkoreas.[30] Die ›kommunistische Moderne‹ hat viele verschiedene Vergangenheiten und viele Wege zurückgelegt. Sobald wir also ihre Besonderheiten berücksichtigen, kann eine Darstellung des ›roten Rassismus‹ in der UdSSR uns dabei helfen, die allgemeine Tatsache zu verdeutlichen, dass die Politisierung von Identität Hand in Hand gehen kann mit reaktionärer Gewalt und Hierarchie.

Moderne und Rassismus im kapitalistischen Indonesien

Der offizielle Leitspruch Indonesiens lautet: »Bhinnekah Tunngal Ika«, was übersetzt »Einheit in der Vielfalt« bedeutet. Dieser ambitionierte Slogan scheint passend: Indonesien hat eine Bevölkerung von über 270 Millionen Menschen, es gibt etwa 700 Sprachen und Hunderte von ethnischen Gruppen.[31] Nachdem sich das Land 1945 von den Niederlanden unabhängig erklärte, folgte eine lange Zeit der autoritären Herrschaft unter den Präsidenten Sukarno und Suharto. Diese Periode ging 1998 mit dem Rücktritt Suhartos zu Ende und es folgte eine neue, demokratischere Ära. Doch die indonesische Politik ist noch immer durch einen rigorosen Antikommunismus gekennzeichnet. Etwa eine halbe Million Kommunist:innen wurden 1965–66 von der Armee und lokalen Milizen getötet und bis zum heutigen Tag ist der Kommunismus eine geächtete und von vielen verteufelte Ideologie. Es scheint daher verlockend, einen simplen Gegensatz zwischen der kommunistischen UdSSR und dem antikommunistischen/kapitalistischen Indonesien aufzumachen. Es scheint, dass, während Rassismus in der UdSSR bedeutete, Gruppen auszuschließen und zu essentialisieren, weil sie als *politisch* verdächtig erachtet wurden, ethnische Ausgrenzung und Essentialisierung in Indonesien durch Praktiken der *wirtschaftlichen* Konzentration und Ausbeutung verfährt. In der Praxis ist es letztlich jedoch schwer, eine eindeutige Grenze zwischen dem ›kommunistischen Rassismus‹ und dem ›kapitalistischen Rassismus‹ zu ziehen, denn beide wurden durch den Staat gesteuert und überwacht.

Obwohl der Kapitalismus häufig als eine Ideologie des Privatkapitals definiert wird, ist es doch seit Langem offensichtlich, dass der Staat – in Indonesien wie auch andernorts – für dessen Bestehen unabdingbar ist.[32] In einer ganzen Reihe von ost- und südostasiatischen Ländern – darunter auch in der neuen Supermacht China – überwacht eine kommunistische Partei an der Spitze eine wachsende kapitalistisch organisierte Wirtschaft, was zu einer hybriden ›kapitalistisch-kommunistischen Moderne‹ führt, die jeden Versuch, Kapitalismus und Kommunismus sauber voneinander zu trennen, durchkreuzt. In Indonesien ist es nicht die kommunistische Partei (die verboten ist), sondern ein ›*crony capitalism*‹, der den Ton anzugeben scheint: eine ›kapitalistische Vetternwirtschaft‹. Viele, die diese kapitalistische Vetternwirtschaft in Indonesien kritisch sehen, hegen einen Argwohn gegen die chinesische Minderheit im Land und behaupten, dass der Privatsektor von ›den Chines:innen‹ beherrscht würde (und vom Staat, der in irgendeiner Form von ›chinesischem Geld‹ abhänge). Dies ist daher mein erstes Beispiel für Rassismus im Kapitalismus, das zeigt, wie Vermögen ethnisch markiert sein und zum Gegenstand rassistischer Stereotype und Ausgrenzung werden kann. Mein zweites Beispiel aus Indonesien unterscheidet sich davon stark, denn es betrifft die Ausbeutung der natürlichen Ressourcen von marginalisierten, verarmten und rassifizierten ›Anderen‹. In Indonesien gibt es dafür viele Beispiele, aber ich konzentriere mich auf das bekannteste unter ihnen: die Kolonisierung von Westpapua. Während mein erstes Beispiel also zeigt, wie die, die als ›Gewinner:innen‹ im Kapitalismus karikiert werden, Opfer von Rassismus werden können, verdeutlicht mein zweites Beispiel, wie der Staffelstab des europäischen Kolonialismus und Rassismus aufgenommen und weitergetragen wurde, was schließlich zu dem führte, was mitunter als »Genozid in Zeitlupe« beschrieben wurde.[33] Zusammengenommen beleuchten beide Fälle das, was als ›klientelistischer‹ [›clientilist‹] kapitalistischer Rassismus bezeichnet werden könnte, bei dem Patronage, Vorurteile und umkämpfte Ansprüche auf den Status als zuerst Dagewesene mit Prozessen der Kapitalbeschaffung und Enteignung verwoben sind.

Anti-chinesischer Rassismus und stereotype Bilder chinesischen Wohlstands

In ganz Südostasien werden ›die Chines:innen‹ heute mit Wohlstand in Verbindung gebracht. Amy Chua schreibt dazu: »Eine chinesische Marktdominanz und eine starke Ablehnung unter der einheimischen Mehrheitsbevölkerung ist charakteristisch für nahezu jedes Land in Südostasien.«[34] Gemessen an ihrem Anteil an der Gesamtbevölkerung sind die ›Chines:innen‹ in Malaysia die größte chinesischstämmige Minderheit in der Region. Sie machen dort etwa 23 Prozent aus und ihre vermeintliche Kontrolle über die Wirtschaft hat – nach den rassistischen Unruhen von 1969 – zu einem der umfassendsten Affirmative-Action-Programme der Welt geführt, das darauf abzielte, die Situation der ›einheimischen‹ malaysischen Bevölkerung zu verbessern. Chinesische Indonesier:innen machen hingegen nur zwei Prozent der indonesischen Bevölkerung aus, aber ihre vermeintliche Nähe zur Geschäftswelt und zur Geldmacherei hat sie ebenfalls zur Zielscheibe von Gesetzgebungen und öffentlichem Protest werden lassen.

Die meisten ›chinesischen‹ Minderheiten in Südostasien sind dort bereits seit vielen Generationen ansässig (daher auch meine Verwendung von Anführungszeichen um das Wort ›chinesisch‹). Sowohl in Malaysia als auch in Indonesien ist der ›Einheimischen‹-Status der Mehrheitsbevölkerung – die sogenannten ›Bumiputra‹ (›Söhne der Erde‹) in Malaysia und die ›Pribumi‹ (›die Ersten der Erde‹) in Indonesien – weitgehend akzeptiert und er wird häufig als Rechtfertigung dafür genutzt, um den ›Nicht-Einheimischen‹ ihre Rechte zu verweigern und ihnen ihre Identität abzusprechen. Trotz ihrer kleinen Größe ist die ›chinesische‹ Minderheit seit Langem immer wieder Auslöser für die Frage, wer ›wirklich indonesisch‹ ist und wer nicht. Bertrand geht davon aus, dass es die Präsenz der ›Chines:innen‹, statt die der europäischen Kolonialist:innen, war, die erstmals eine organisierte Form des Nationalismus im Land auslöste, und er bemerkt, dass »die erste bedeutende indonesisch-nationalistische Organisation, *Sarekat Islam* (1912), ursprünglich eine Antwort ›einheimischer‹ Kaufleute auf die chinesische Konkurrenz war«.[35] Die ›Chines:innen‹ fanden sich in der ungünstigen Situation wieder, sowohl Opfer des niederländischen Rassismus zu sein als auch gleichzeitig von Pribumi-Aktivist:innen als Handlanger:innen der Niederlande dargestellt zu werden – was erklärt, warum der lange Kampf um Unabhängigkeit und insbesondere der ›Unabhängigkeitskrieg‹ (1945–49) von so vielen antichinesischen Ausschreitungen begleitet wurde.[36]

Die Assoziation von Chines:innen mit einer hohen Geschäftstüchtigkeit erklärt, warum ihnen die von Missgunst und Abwertung geprägte Bezeichnung ›Jüd:innen Asiens‹ verliehen wurde. »Der Name ergab sich teilweise aus der Diskriminierung, die wir erfahren, und teilweise aus unserem unternehmerischen Erfolg«, erklärt die chinesisch-philippinische Autorin Teresita Ang See.[37] Bertrand verweist auf die »in der Öffentlichkeit verbreitete Ansicht«, dass ›die Chines:innen‹ 70 Prozent der indonesischen Wirtschaft beherrschen würden.[38] Und auch Herlijanto begegnete in seinen Interviews mit hochrangigen indonesischen Persönlichkeiten immer wieder diesem Mythos sowie auch der Vorstellung, »die ethnischen Chines:innen hätten möglicherweise von den Jüd:innen gelernt«, die, einem pensionierten General zufolge, »die Weltwirtschaft beherrschen. So wie die Juden haben sich die Chinesen in alle Teile der Welt verstreut, um exakt das Gleiche zu tun«.[39] Auch beim Framing antichinesischer Gewalt in Indonesien fungiert der Antisemitismus also offenbar als ›Meistererzählung‹. Hillel Kieval schreibt, dass die ›Javaner:innen‹ »von den europäischen Kolonialbeamten und -gelehrten lernten, die spezifischen moralischen Werturteile des Antisemitismus auf den lokalen ethnischen Kontext zu übertragen«.[40] Cribb und Coppel warnen allerding davor, dass diese ›Meistererzählung‹ zu einem verzerrten Bild führe, wodurch nicht nur der ›chinesische‹ Einfluss aufgeblasen, sondern auch eine falsche Vorstellung von der Beschaffenheit des Rassismus, der ihnen widerfährt, erzeugt werde. Sie zeigen beispielsweise auf, dass ein Mythos verbreitet wurde, wonach ethnische Chines:innen in Indonesien Opfer eines dem Holocaust ähnlichen Genozids geworden seien, ein Mythos, der die Massenhinrichtungen von Kommunist:innen 1965–66 als Massenhinrichtungen von Chines:innen missdeutet. Tatsächlich jedoch, berichten Cribb und Coppel, erfuhren »chinesische Indonesier:innen zwar starke Anfeindungen, aber nur wenige von ihnen wurden getötet«. »Die Hartnäckigkeit dieses Mythos wird auf ein aus dem 17. Jahrhundert stammendes Bild zurückgeführt, welches die gesellschaftliche Stellung der Chines:innen in Indonesien mit der der Jüd:innen in Europa gleichsetzt und damit periodisch auftretende Pogrome und Versuche des Genozids prognostiziert.«[41] Auch wenn ethnische Chines:innen überproportional unter der antikommunistischen Gewalt litten (insbesondere durch Zwangsumsiedlungen)[42] ist der von Cribb und Coppel identifizierte ›Mythos‹ ein eindrucksvolles Beispiel dafür, wie europäische Modelle einen Rahmen bieten können, in dem ›andere Rassismen‹ verstanden und auch missgedeutet werden können.

Der antichinesische Rassismus in Indonesien trägt zwar nicht die Züge eines Genozids, doch bleibt er dennoch weitverbreitet und häufig auch gewaltvoll. Die ›Chines:innen‹ werden für eine ganze Reihe sozialer Missstände verantwortlich gemacht, darunter auch für die Korruption vorangegangener Regierungen. Die Unruhen, die den Niedergang von Suharto 1998 begleitet haben, waren beispielsweise zu großen Teilen ›antichinesische‹ Unruhen, bei denen Hunderte getötet wurden. Es wurden kleine und große ethnisch chinesische Geschäftsleute ins Visier genommen, von denen angenommen wurde, dass sie von Suhartos ›kapitalistischer Vetternwirtschaft‹ profitiert hätten. Eugene Tan erklärt dazu: »Ethnische Chines:innen bekamen den Großteil des Frusts ab, sie wurden zu Sündenböcken für verschiedene gesellschaftliche Probleme und immer wieder der Illoyalität und Ausbeutung beschuldigt.«[43] In einem späteren Bericht wurde herausgestellt, dass die Unruhen durch das Militär angefacht worden waren.[44] Der antichinesische Rassismus in Indonesien ist, obwohl häufig chinesische Geschäfte zur Zielscheibe werden und obwohl stereotype Bilder eines ›chinesischen Wohlstands‹ genutzt werden, auf keine Weise klar antikapitalistisch. Seine Politik ist ethnonationalistisch, eine Demonstration der Volksmacht der *Pribumi*. Eine Demonstration, für die die religiöse Feindseligkeit gegenüber Nicht-Muslim:innen den Rahmen und den Zunder bildet.

In der Reformperiode nach 1998 wurden schließlich verschiedene antichinesische Maßnahmen aufgehoben, etwa das Verbot chinesischsprachiger Zeitungen und die Auflage, dass chinesisch-indonesische Personen, anders als andere Bürger:innen, Ausweispapiere bei sich tragen müssen, die ihre Nationalität bezeugen. Trotz alledem hängt den ›Chines:innen‹ noch immer vielerorts der Verdacht an, Ausbeuter:innen zu sein. Tatsächlich erklärt Setijadi uns unter Verweis auf neuere Ergebnisse aus Meinungsumfragen, dass mit dem »Wiederaufkommen des Begriffs ›pribumi‹ (einheimisch) im politischen und öffentlichen Diskurs« eine »zunehmend anti-chinesische Rhetorik« verbunden ist.[45] Und auch die räumliche Trennung von ›Chines:innen‹ und *Primbumis* scheint sich zu verschärfen, wobei die beiden Gruppen zunehmend voneinander getrennt leben, arbeiten und zur Schule gehen.[46] Die engen wirtschaftlichen Beziehungen, die die Regierung von Präsident Joko Widodo mit China aufgebaut hat, scheinen ebenfalls Unmut auszulösen. In den von Herlijanto geführten Interviews wird die verbreitete Einstellung, dass die Chines:innen das Land kontrollieren würden, immer wieder mit der neuen wirtschaftlichen Macht Chinas in Zusammenhang gebracht: Chinesische Indonesier:innen seien, um einen von Herlijantos Interviewpartnern zu zitieren, ein »Teil von Chinas Strategie, die indonesische Wirtschaft zu kontrollieren«.[47] Die Abneigung gegen den Neoliberalismus, gegen ausländisches Kapital und, ganz speziell, gegen den Einfluss Chinas findet ihren Ausdruck also in bereits bestehenden Stereotypen und Ausgrenzungsmechanismen. 2019 wurde dieser Mischung aus Mythen und Ressentiments noch ein weiteres zersetzendes Element hinzugefügt: die Wut über die Behandlung von Muslim:innen in China. 2020 gesellte sich dann noch die Rassifizierung von COVID-19 als eine ›chinesische Krankheit‹ dazu. Ein Bericht in der *ASEAN Post* aus dem Juli 2020 erklärt die Verbindungen zwischen diesen Themen:

> »Viele Indonesier:innen in den Sozialen Medien nutzen zur Bezeichnung des Coronavirus den Begriff ›Chinavirus‹. Einige aus dem religiös-konservativen Lager rufen nach einer Fatwa, einer religiösen Verfügung, mit der chinesischen Indonesier:innen und chinesischen Staatsangehörigen die Einreise nach Indonesien verwehrt werden soll [...]. Diese antichinesische Einstellung ist indirekt auch mit der Diskriminierung der Uigur:innen verbunden. Die unklare Haltung der Regierung bezüglich der Probleme in Xinjiang hat viele im Land zu glauben veranlasst, dass der Grund dafür die angeblich enge Verbindung von Präsident Joko ›Jokowi‹ Widodo mit China und mit der ethnisch-chinesischen Gemeinschaft in Indonesien sei [...]. [A]us diesem Glaube ist die unter Indonesier:innen populäre Verschwörungstheorie entstanden, wonach Jokowi eine geheime Marionette Chinas sei und wonach er Indonesien für die Profite seiner ›Herren‹ verraten würde.«[48]

Trotz der Demokratisierung Indonesiens werden chinesische Indonesier:innen noch immer für zahlreiche Missstände verantwortlich gemacht. Die Rassifizierung der kapitalistischen Vetternwirtschaft findet in einer Zeit statt, in der sich die Machtverhältnisse verschieben und in der eine ganze Reihe von Krisen zu der Etablierung von neuen und der Erneuerung von alten Eliten führt. Gleichzeitig produzieren diese Krisen aber auch fortwährende Erfahrungen von Verwundbarkeit und Marginalisierung.

Westpapua: Extraktiver Kapitalismus in einem neokolonialen Siedlerstaat

Im Jahr 1950 verkündete der indonesische Präsident Sukarno: »Die Irian-Frage [Westpapua-Frage] ist eine Frage von Kolonialismus oder Nicht-Kolonialismus, eine Frage von Kolonialismus oder Unabhängigkeit. Ein

Teil unseres Landes ist noch immer von den Niederlanden kolonisiert.«[49] Doch mit dem niederländischen Abzug 1963 war der Kolonialismus in Westpapua nicht beendet, vielmehr wurde er übertragen.[50] Die Bevölkerung Westpapuas selbst wurde kaum konsultiert und sie muss seitdem mitansehen, wie ihr Land in einen Ort intensiver Rohstoffgewinnung verwandelt und von unzähligen Indonesier:innen besiedelt wird. Obwohl keine verifizierten Zahlen vorliegen, werden mehrere Hunderttausend Todesfälle von Westpapuas unmittelbar auf die indonesische Besatzung zurückgeführt.[51]

Seit fast sechzig Jahren ist die Geschichte Westpapuas eine Geschichte des Rassismus und der Ausbeutung natürlicher Ressourcen, eine Kombination, durch die der Zentralstaat eine indigene Bevölkerung im Namen der ›Entwicklung‹ einer rohstoffreichen Peripherie unterdrückt und an den Rand gedrängt hat.[52] Budiardjo und Liong beschreiben 1983, dass die Westpapuas von offizieller indonesischer Seite als »primitiv, barbarisch und unproduktiv« erachtet werden, eine Sichtweise, die auch in einer Erklärung des Außenministers Kusumaatmaja zum Vorschein kommt: »Was wir in Irian Jaya tun, ist, die Irianesen, die sich zugegebenermaßen auf einem anderen kulturellen Niveau bewegen, in die Mitte des indonesischen Lebens aufzunehmen.«[53] Und auch wenn mit dem Beginn von Reformen in Indonesien in den letzten Jahren eine etwas konsultativere Beziehung zu den Westpapuas hergestellt wurde, bleibt die grundlegende Dynamik von Kolonisierung und Ausbeutung weiterhin unverändert.

Westpapua verdeutlicht, warum der indonesische Kapitalismus, manchmal als Beispiel für eine ›kapitalistische Vetternwirtschaft‹ [›crony capitalism‹] benannt, auch als ein ›extraktiver Kapitalismus‹ [›extractive capitalism‹] bezeichnet werden kann, ein Begriff, der auf eine nicht-nachhaltige kommerzielle Ausbeutung der natürlichen Umwelt verweist. Diese extraktive Form des Kapitalismus wurde in Indonesien durch die rassistische Diskriminierung von Westpapuas und anderen Melanesier:innen intensiviert und überhaupt erst ermöglicht. Die *racial* Bezeichnung ›melanesisch‹ (von ›melas‹ für schwarz und ›nēsos‹ für Insel) wird auf die dunkelhäutigen Bevölkerungsgruppen in Neuguinea und auf einer Reihe von Inseln im westlichen Pazifik angewandt. Sie stammt ursprünglich aus der europäischen ›Rassenlehre‹, wurde sich aber seit den 1970er Jahren, wie Blades schreibt, »als eine antikoloniale und panethnische Identität« angeeignet.[54] So erklärte beispielsweise der erste

Premierminister Vanuatus, Walter Lini, nach der Unabhängigkeit seines Landes im Jahr 1980 mit Verweis auf Westpapua: »Vanuatu wird erst dann vollständig frei sein, wenn alle Melanesier frei sind.«[55] Doch diese Allianz wurde schließlich durch die enorme Macht und den enormen Einfluss von Indonesien in der Region behindert. Heute beschränkt sich die Kritik an dem Vorgehen der indonesischen Regierung in Westpapua auf einige wenige regionale NGOs.

Im Laufe der Jahrzehnte gab es in Westpapua immer wieder Auseinandersetzungen und Tote. 2019 wurden beispielsweise infolge dessen, was *Radio New Zealand* als »ausgedehnte antirassistische Proteste« bezeichnete, 59 Menschen getötet. Auslöser für die Proteste waren »rassistische Übergriffe an Papua-Studierenden in Java«, bei denen unter anderem große Menschenansammlungen vor den Unterkünften, die von den Papua-Studierenden bezogen worden waren, das Wort ›Affe‹ schrien.[56] Viele der Zusammenstöße zwischen Westpapuas und dem Militär oder indonesischen Siedler:innen (die nach der Massenbesiedlung heute mehr als die Hälfte der Bevölkerung ausmachen) werden durch Bergbau, Abholzung und andere Prozesse der Rohstoffgewinnung ausgelöst. Ein berüchtigtes Beispiel ist der Protest gegen die Grasberg-Mine in den späten 1970er Jahren, die größte in Westpapua. Der Protest löste 1977 eine militärische Operation mit dem Codenamen »Operasi Tumpas« (Operation Auslöschung) aus, die von Tracey Banivanua-Mar folgendermaßen beschrieben wird:

> »Die Luftangriffe gegen eine Vielzahl von Dörfer, wie beispielsweise die Bombardierung des Dorfes Ilaga und der Region Akimuga mit von OV-10 Broncos abgeworfenen ›Daisy-Cluster‹-Bomben, gefolgt von der Zerstörung der Gärten von überlebenden Dorfbewohner:innen, hatten ganz offenkundig das Ziel, die Berge von ihren widerständigen Bewohner:innen zu säubern [...]. Soldaten brannten Häuser und Kirchen nieder, erschossen in allen Dörfern, durch die sie zogen, das Vieh und häufig auch Männer, Frauen und Kinder. Bei einer späteren Anhörung vor einem Menschenrechtstribunal schätzte Elizier Bonay, ehemaliger Gouverneur von Westpapua, die Zahl der Todesopfer auf 3.000, dagegen berichtete die Tageszeitung *Kompas* aus Jakarta, dass die örtlichen Flüsse so voller Leichen gewesen seien, dass der Fisch daraus nicht mehr verzehrt werden konnte.«[57]

Die Grasberg-Mine befindet sich im gemeinsamen Besitz der indonesischen Regierung und des US-amerikanischen Bergbauunternehmens Freeport-McMoRan. In ihr findet sich das größte Goldvorkommen und das zweitgrößte Kupfervorkommen der Welt.[58] Doch dadurch, dass nahezu nichts von diesem Reichtum den Papua zugutekommt sowie durch die erhebliche Umweltverschmutzung, die von der Mine ausgeht, ist sie zu einem Krisenherd geworden.[59] Die großen Bergbauunternehmen selbst stellen nur sehr wenige Papuas ein und die umliegenden Unternehmen, die durch sie entstanden sind, sind in der Hand von Siedler:innen. Bis heute bleibt die Grasberg-Mine ein Konfliktpunkt. Im August 2020 erschossen indonesische Soldaten Hengky Wanmang, einen Anführer der *Free Papua Organization*, der beschuldigt wurde, Angriffe auf die Mine anzuführen.[60]

Neben den Erzvorkommen verfügt Westpapua auch noch über große Öl- und Gasvorkommen, die gegenwärtig von chinesischen, britischen und japanischen Unternehmen ausgebeutet werden. Für den Regenwald wurden Konzessionen zur Abholzung erteilt. Das entwaldete Land wird von indonesischen Migrant:innen besiedelt und genutzt, um Nahrungsmittel und *Cash Crops* für den Export anzubauen, darunter insbesondere Palmöl. Der globale Charakter des extraktiven Kapitalismus in Westpapua legt nahe, dass diese heutzutage stattfindende Form des Kolonialismus als ein internationales Unterfangen verstanden werden sollte statt als ein bloß indonesisches. Tom Beneal, Vorsitzender des *Papuan Customary Council*, argumentiert daher: »Wir können nicht nur den Indonesier:innen die Schuld für unsere Kolonisierung geben. Die Brit:innen und die Amerikaner:innen kolonisieren uns ebenfalls.«[61]

2019 überreichte Benny Wenda, Vorsitzender der *United Liberation Movement for West Papua*, den Vereinten Nationen eine Petition mit 1,8 Millionen Unterschriften, die ein Unabhängigkeitsreferendum für Westpapua forderte. Wenda sagte, er hoffe, die Vereinten Nationen würden eine Ermittlungskommission in die Provinz entsenden, um die Menschenrechtsverletzungen zu dokumentieren: »Ich habe heute das überreicht, was ich als die Knochen der Menschen Westpapuas bezeichne«, erklärte er, »denn so viele Menschen wurden getötet«.[62] Im darauffolgenden Jahr fluteten »Indonesier:innen öffentliche Foren mit dem Hashtag #PapuanLivesMatter«.[63] Und dennoch bleibt die Situation in Westpapua für die Außenwelt so gut wie unsichtbar. Es ist eines von vielen Beispielen von Gegenden in Asien und Afrika, in denen der europäische Kolonialismus nicht einfach aufgehört hat zu existieren, sondern stattdessen auf neue Kolonialherren übertragen wurde. Ihre große

Bedeutung innerhalb eines extraktiven Kapitalismus macht viele dieser Orte, die sich gern als eigenständige Nationen konstituieren würden, zu Orten intensiver Auseinandersetzung. Dieser Prozess ist häufig mit ethnischer und rassistischer Gewalt, Ungleichbehandlung und Marginalisierung verbunden.

Rassistischer Nationalismus

Vielen Nationalismus-Forschungen liegt im Kern die Annahme zugrunde, dass der Nationalstaat eine westliche Erfindung sei. Das hat zu der Darstellung geführt, dass der Rest der Welt dieses fremde Importprodukt lediglich kopiert und adaptiert habe, mitunter aber auch davon deformiert wurde. Dieses diffusionistische geo-zivilisatorische Bild ist viel zu pauschal, um überzeugend zu sein, und kann mit Verweis auf die verschiedenen Wege und Wurzeln der Moderne entkräftet werden.[64] Einigen Historiker:innen zufolge waren sogar einige nicht-westliche Nationen, darunter auch Korea, den westlichen in dieser Hinsicht voraus. Duncan fand in seiner Untersuchung des ›Protonationalismus‹ in Korea heraus, dass »die administrativen Aktivitäten des Staates womöglich viel früher ein homogenes Kollektiv mit dem Gefühl einer geteilten Identität geschaffen haben, als dies in den westeuropäischen Ländern der Fall war, die der ›modernistischen‹ Forschung normalerweise als Schablone dienen«.[65] Ein Vorteil davon, den gewohnten Zeitstrahl von Nationen und Nationalismus zu verkomplizieren, ist, dass dadurch der Vielfalt von nationalen ›Ursprungsmythen‹ eine größere Aufmerksamkeit zukommt. Wie wir im vorherigen Teil zu Indonesien gesehen haben, ist der Drang, ›Einheit in der Vielfalt‹ zu finden einer der wesentlichen politischen Beweggründe für solche Mythen. Der Kern dieser ›Einheit‹ ist jedoch immer problematisch und weist ein heterogenes Verhältnis zu Ethnizität auf. In einigen Ländern – insbesondere in multi-ethnischen Nationen, in denen eine ethnische Gruppe offiziell an der Spitze steht – sind ethnische und *racial* Grenzziehungen ausgesprochen und explizit. Dies war beispielsweise in Südafrika der Fall und noch immer, wenn auch auf weniger grobe und grausame Art und Weise, ist das in Malaysia der Fall, wo indisch-malaysische und chinesisch-malaysische Minderheiten in vielen Bereichen des Lebens diskriminiert werden. »In Malaysia gibt es im Wesentlichen drei Rassen, die nichts miteinander gemein haben.

Sie unterscheiden sich in ihrer Physiognomie, Sprache, Kultur und Religion«, erklärte 1970 Mathathir bin Mohamad, der Premierminister des Landes, und er fügte noch hinzu: »Niemand vergisst hier je das Faktum Rasse.«[66]

In vielen multi-ethnischen Nationalstaaten steht keine einzelne Gruppe formell an der Spitze. Stattdessen findet häufig eine konstante und komplexe Aushandlung von Positionen statt. Und auch wenn Ethnizität eine bedeutende Rolle bei der Zuweisung und Ausübung von Macht spielt, wird in diesen Aushandlungsprozessen ethnische Zugehörigkeit häufig als hochsensibles Thema behandelt, ja manchmal gar als Tabu, das nicht angerührt und ›aufgewühlt‹ werden sollte, womit also der Vorstellung einer konstitutionell und von Rechts wegen festgeschriebenen Einheit der Vortritt gewährt wird. Auf diese Weise werden die großen Hoffnungen – oft während der Gründung von neuerlich unabhängigen Nationalstaaten zu vernehmen –, dass die Nation ein Ort der Inklusion sein würde, die die Spaltung hinter sich lassen würde, zugleich aufrechterhalten und enttäuscht. Ein Beispiel für eine solche Gesellschaft ist Pakistan. In einer Rede, die er 1947, einen Tag nach Erreichung der Unabhängigkeit, hielt, warnte Ali Khan, der erste Premierminister Pakistans: »Mit der Gründung Pakistans scheint sich in den Herzen vieler in Pakistan ein großer Irrtum ausgebreitet zu haben. Sie scheinen zu denken, dass Sindh nur für Sindhis und Bengalen nur für Bengalen ist.« Doch, so führte Kahn fort: »Pakistan ist das genaue Gegenteil von Provinzialismus und Rassismus.«[67] In unterschiedlichsten Ländern war die Hoffnung, dass eine neue, geeinte Nation »das genaue Gegenteil« von Rassismus bringen würde, nicht unbegründet, doch wurde sie regelmäßig enttäuscht. Im Gegensatz dazu hat ein pluralistischer Diskurs in Ländern, die als ethnisch homogen imaginiert werden, einen geringeren politischen Stellenwert und der Rassismus scheint dort noch paradoxer zu sein, da er zugleich überall und nirgendwo, gleichzeitig anwesend und abwesend zu sein scheint. Narrative von Ethnizität, *race* und Rassismus sind in diesen Ländern tendenziell selten zu vernehmen. Stattdessen werden diese Nationen im Kern von der Vorstellung geprägt, dass die Menschen ›eine *race*‹ seien. Die meisten vermeintlich homogenen Nationen sind sehr klein (beispielsweise einige Inselstaaten im Pazifik), aber dazu gehören auch große ostasiatische Nationen, darunter vor allem Japan sowie Nord- und Südkorea.

Rassistischer Nationalismus in Südkorea

In einer 1999 durchgeführten Umfrage stimmten fast 70 Prozent der Südkoreaner:innen der Aussage zu, dass ›Blut‹ »das wichtigste Definitionsmerkmal der koreanischen Nation« sei.[68] Im Rahmen seiner Untersuchung des ›ethnischen Nationalismus‹ in Korea führte Gi-Wook Shin eine eigene Umfrage durch, bei der 93 Prozent der Befragten folgender Behauptung zustimmten: »Unsere Nation besitzt eine einzige Blutslinie.«[69] Im Gegensatz zum kosmopolitischen Charakter der mit Europa und Nordamerika verknüpften Spätmoderne scheint das heutige Südkorea wirtschaftliche und kulturelle Globalisierung mit einem Narrativ der ›rassischen‹ Homogenität zu kombinieren. Shin argumentiert:

> »Ein auf geteiltem Blut und gemeinsamer Abstammung basierender Nationalismus fungiert als zentraler Mechanismus zur Herstellung eines Kollektivismus oder eines starken Gefühls der Einheit. Er gilt als ein Hauptmerkmal der koreanischen Moderne, was in einem scharfen Kontrast zum Individualismus der westlichen Moderne steht.«[70]

Diese Geschlossenheit macht eine Inklusion in die koreanische Identität für all jene unmöglich, die als außerhalb des ›geteilten Blutes und der gemeinsamen Abstammung‹ gesehen werden. Eine weitere Umfrage, 2020 von der *National Human Rights Commission of Korea* zu »im Land lebenden Migrant:innen« durchgeführt, wies nach, dass fast 70 Prozent dieser Migrant:innen aussagen, dass »Rassismus in Korea allgegenwärtig ist«.[71] In den letzten Jahren gab es immer wieder Berichte von Anfeindungen gegenüber Geflüchteten sowie Schwarzen und chinesischen Menschen.[72] Und obwohl es in Südkorea bis heute keine Gesetzgebung gegen Rassismus und ethnische Diskriminierung gibt, besteht mittlerweile ein wachsendes Bewusstsein für das Problem und einige konkrete Schritte dagegen wurden auch bereits unternommen. Beispielsweise wurde 2010 das Gesetz widerrufen, demzufolge ›gemischtrassige‹ Männer nicht der Armee beitreten dürfen, und 2011 wurde die Passage aus dem von Soldaten zu leistenden Treueeid gestrichen, in der sie geloben, loyal zu ihrer ›Rasse‹ zu stehen.[73]

Korea war nie eine europäische Kolonie, wurde jedoch zwischen 1910 und 1945 von Japan annektiert. Sein ›rassischer‹ Nationalismus lässt sich, zumindest in Teilen, im Hinblick auf die Rassifizierung koreanischer Identität erklären, die im Kontext von europäischen Einflüssen und japanischem

Kolonialismus stattfand. Tikhonov hat gezeigt, wie ab dem späten 19. Jahrhundert ein »neues, rassenbasiertes Klassifizierungssystem« aus Europa über China und Japan eintraf.[74] Shin schreibt, dass als »erster moderner ›Ismus‹, der in Korea eingeführt wurde, der Sozialdarwinismus einen analytischen Rahmen bot, um Korea auf den Weg der Moderne zu geleiten«. Er bemerkt außerdem, dass sich »im Gegensatz zur individualistischen Theorie Spencers« ein spezifisch »organisches und kollektivistisches Verständnis« dieser Ideologie durchsetzte.[75] Tikhonov geht davon aus, dass diese importierten Ideen mit »bereits existierenden« sinozentrischen »Modellen einer weltweiten Hierarchie der Zivilisationen« zu einer neuen hybriden Form verschmolzen.

> »So wurden aus den ›Barbaren‹ der konfuzianischen, chinesisch zentrierten Weltordnung die ›Wilden‹, die ›Ureinwohner‹ oder die ›minderwertigen Rassen‹, die für die neue Weltanschauung unerlässlich waren. Die zuvor als ›Barbaren‹ klassifizierten Europäer:innen wurden als unübertroffen zivilisierte ›weiße Rasse‹ neu eingestuft. Gleichzeitig wurden sie häufig als eine existenzielle Bedrohung sowohl für die Koreaner:innen als auch für andere ›gelbe‹ – sowie überhaupt für alle nicht-weißen – Menschen gesehen. Auf der anderen Seite wurden auch die Japaner:innen, die zuvor als lästige, fremde und im besten Falle halbzivilisierte Nachbarn angesehen wurden, als ›gleichsam der Gelben Rasse angehörig‹ neu eingeordnet.«[76]

Die komplexe Mischung an Einflüssen, die Korea geprägt haben, hat auch den ›rassisch‹-nationalen Widerstand gegen den japanischen Kolonialrassismus geprägt. Auf diese Weise verknüpfte der koreanische ›rassische‹ Nationalismus beides, Rassismus und den Widerstand gegen Rassismus. So tragen, Shin zufolge, Narrative, die den »einzigartigen rassischen Ursprung des koreanischen Volkes« preisen, die Prägung »der nationalistischen Antwort auf Japans kolonialen Rassismus und seine Assimilationspolitik«. Diese Antwort hob hervor, dass Korea »ein organischer Körper [war], geformt aus dem Geist eines Volkes [...] mit einer einzigen Blutslinie«, – ein Ursprungsmythos der ein Gefühl von Einzigartigkeit und Harmonie vermittelt und auch im Kontext von Globalisierung und heutigem westlichen Einfluss weiterhin stark verbreitet ist.[77] Das bedeutet, dass sich, wenngleich es Anzeichen dafür gibt, dass Südkorea auf dem Weg hin zu einer multikulturelleren Form des Nationalismus ist, Vorstellungen von Einheit und Reinheit aus der Vergangenheit nicht einfach ›überlebt‹

haben, sondern im Rahmen der koreanischen Moderne aktiv reproduziert werden.

Alles zusammen? Die Überschneidungen von Kapitalismus, Sozialismus, Nationalismus und Religion im Südafrika der Apartheid

Die Apartheid (Afrikaans für ›Getrenntheit‹) war ein System der Hierarchisierung, Trennung und Kategorisierung von ›Rassen‹, das in Südafrika zwischen 1948 und 1991 bestand. Der Begriff ist seither für eine Vielzahl verschiedener Systeme ethno-rassistischer Unterdrückung verwendet worden und hat Eingang in die internationale Rechtsprechung erhalten, wo er vom Internationalen Strafgerichtshof definiert wird als ein »institutionalisierte[s] Regime der systematischen Unterdrückung und Beherrschung einer oder mehrerer anderer rassischer Gruppen [sowie die] Absicht [...], dieses Regime aufrechtzuerhalten«.[78]

Dieses Kapitel ist bisher den kommunistischen, den kapitalistischen und den nationalistischen Wegen und Wurzeln der rassistischen Moderne nachgegangen. Doch wie ich bereits bei der Diskussion Indonesiens angedeutet habe, können diese Formen in der Praxis auch miteinander verwoben sein. In diesem letzten Abschnitt des Kapitels widme ich mich daher der Apartheid in Südafrika, um diese Verwobenheit genauer zu beleuchten. Der südafrikanische Fall zeigt, dass es sich nicht nur um eine einfache Nebeneinanderreihung dieser Formen handelt, sondern dass sie in eine umfassende Ideologie der *Weißen* Vorherrschaft integriert werden. Das Südafrika der Apartheid wurde von der *Nasionale Party* regiert, eine ethno-nationalistische Partei, die Teil eines internationalen Netzwerks rechter und autoritärer Regime war. Zu ihren Verbündeten zählten unter anderem die portugiesische Diktatur, Pinochet in Chile und Stroessner in Paraguay. Furlong bemerkt dazu: »Diese Verbindungen waren teilweise Ausdruck einer Allianz der Ausgestoßenen, aber es gab auch eine geteilte ›rechte‹ Ausrichtung auf Antikommunismus, die Unterdrückung von Dissens und die Aufrechterhaltung der Kontrolle einer privilegierten, konservativen Minderheit.«[79] In Südafrika beeinflusste außerdem eine stark konservative Form christlicher Religiosität einen afrikaansen/*weißen* ›rassisch‹-nationalen Ursprungsmythos. In diesem Mythos erschienen die Afrikaaner:innen als ›auserwähltes Volk‹, dem das göttliche

Recht zukam, über das Land zu herrschen. Tiryakian erklärt, dass »die calvinistische Prädestinationslehre in Kombination mit dem Glauben an den Fluch über die Kinder Hams zu einer interessanten Dichotomisierung der Welt geführt hat«, zu einer Aufteilung in die *Weißen* und die Schwarzen, Erstere »die Auserwählten Gottes«, Letztere »verdammt durch ihre schwarze Haut«.[80] Dobow, der ebenfalls die Bedeutung der Kirchen, insbesondere der niederländisch-reformierten Kirche, in der ideologischen Lenkung des Staates betont, stellt die Apartheid als eine Form des ›christlichen Nationalismus‹ dar, bei dem biologische und religiöse Formen des Rassismus miteinander vermischt wurden und der sich »in seiner Verwendung rassistischer Vorstellungen als flexibel und eklektisch« herausstellte.[81]

Die Sprache des Rassismus konnte in religiösen Kontexten nebulös sein, doch in der Organisation und Überwachung des täglichen Lebens war sie auf brutale Weise explizit. Sie diktierte fast jeden Aspekt des Alltags. Die Apartheid in Südafrika erscheint einzigartig, ja gar bizarr, denn kein anderes Land besaß in der zweiten Hälfte des 20. Jahrhunderts ein derart unverhohlenes und aufwändiges rassistisch-bürokratisches System. Sie kann jedoch auch als ein Beispiel für eine erweiterte Landschaft eines ›*racial capitalism*‹ verstanden werden. Die Südafrikaner:innen, schreibt Livermon, leben auch heute noch mit rassistischer Ungerechtigkeit und sie wissen, dass der »*racial capitalism* und damit verbundene Arten des Wirtschaftens globale Probleme sind, die weite Teile der Schwarzen Welt plagen«.[82] Der Begriff des ›*racial capitalism*‹ scheint erstmals verwendet worden sein, um die Apartheid zu beschreiben. Martin Legassick und David Hemson entwickelten den Begriff 1976, um die südafrikanische Apartheid im Kontext einer umfassenderen, internationalen Ökonomie kapitalistischer Ausbeutung zu verorten. Sie erklärten: »Ausländische Investitionen in Südafrika sind entscheidend für die Akkumulation von Kapital sowohl in den Geberländern als auch im Nehmerland.« Sie verwiesen auf den wichtigsten Wirtschaftssektor in Südafrika, den Bergbau, um zu zeigen, wie eine rassistische Steuerung von Mobilität und Wohnen der Arbeiterschaft wesentlich zur Profitmaximierung beitrug. »Die Segregation war das Mittel, durch das die wirtschaftlichen Interessen der Bergbauindustrie als staatliche Politik konstituiert wurden«, schreiben Legassick und Hemson, und sie erklären weiter, dass »die afrikanische Arbeiterschaft« als eine niedrigbezahlte und erweiterbare Rekrutenarmee unterhalten wurde, »die weiterhin bäuerliche

Subsistenzwirtschaft betreiben würde (in immer geringerem Umfang), wodurch sie ihre Löhne aufstocken würde«.[83]

Der internationale Markt für südafrikanische Bodenschätze erhielt und formte den Apartheid-Staat, für eine Erklärung desselben ist er also nicht unwichtig. Allerdings ist das Verhältnis von Apartheid und Kapitalismus komplex. Die Apartheid war eine extrem staatszentrierte und interventionistische Ideologie samt ausgedehnter Sozialstaats- und Kontrollmechanismen, sodass sie manchmal geradezu als Gegensatz zum Kapitalismus dargestellt wurde. So schreibt beispielsweise Williams: »Die gesamte hässliche Geschichte der Apartheid war ein Angriff auf den freien Markt und die Rechte des Individuums, eine Glorifizierung zentralistischer Staatsmacht.«[84] Auch wenn es wenig plausibel ist, die Apartheid als ›antikapitalistisch‹ zu bezeichnen, stimmt es, dass den Darstellungen, bei denen sie lediglich als Dienerin von Kapitalinteressen erscheint, etwas fehlt. Im Zentrum der Apartheid stand der Gedanke einer *Weißen* Vorherrschaft, eine von einem etatistisch-kapitalistischen Regime geschaffene und kuratierte Ideologie. Der administrative und bürokratische Eifer, den diese spezifische Form der rassistischen Moderne an den Tag gelegt hat, wurde von Deborah Posel untersucht, die darauf aufmerksam gemacht hat, dass das Regime eine »gellende ideologische Inbrunst« mit einem »entschiedenen Rationalismus« kombinierte. Sie bezieht sich dabei insbesondere auf die Bemühungen unterschiedlicher Apartheid-Regierungen, ihre rassifizierten Subjekte voneinander abzugrenzen, zu klassifizieren und zu erforschen, – »ein von großem Tatendrang begleiteter Prozess innerhalb des Staates, mit dem die Standards und Maßstäbe guter Regierungsführung in einem effizienten und modernen Staat neu definiert wurden«. Folglich zog das Regime Informationen und Expertise aus Ethnologie und Statistik zurate, um zu einer datengeleiteten Art der Staatsführung zu gelangen. Was die Apartheid für Posel auszeichnet, ist ihr »modernistisches Vertrauen in die Macht des Zentralstaats, großangelegte gesellschaftliche Veränderung zu erreichen«, ein Vertrauen, das kombiniert wurde mit einem

> »offensiven und kompromisslosen Bekenntnis zur *Weißen* Vorherrschaft – in einer Form, die mit der Erneuerung des *weißen* Wohlstands kompatibel war [...]. Die Apartheid-Version eines ›modernen‹ Staates war ausreichend groß, durchsetzungsstark und zentralistisch organisiert, um jede ›Rasse‹ an ihrem ›zugewiesenen‹ wirtschaftlichen, politischen und sozialen Platz zu halten.«[85]

Posels Darstellung ist überzeugend und regt gleichzeitig zu internationalen Vergleichen an. Wie wir gesehen haben, ist das Südafrika der Apartheid nicht das einzige Land, in dem ›Rassen‹ an ihrem ›zugewiesenen‹ Platz gehalten werden. Allerdings sollten solche Vergleiche nicht fälschlicherweise oder absichtlich so interpretiert werden, dass *Weiße* Vorherrschaft nur eine rassistische Ideologie unter vielen sei. Wie ich im nächsten Kapitel zeigen werde, ist *Weiß*sein stattdessen eine einzigartige globale Ideologie, der durch die Globalisierung wieder frisches Leben eingehaucht wird.

Weiterführende Lektüre

Ian Law, Red Racisms: Racism in Communist and Postcommunist Contexts (Basingstoke: Palgrace, 2012). Eine innovative Analyse der Entwicklung und Besonderheit des Rassismus in verschiedenen kommunistisch regierten Ländern, darunter Russland, China, die osteuropäischen Länder und Kuba. Law zeigt, dass der ›rote Rassismus‹ nicht einfach ein Rückschritt hin zu vor-revolutionären Traditionen darstellte, sondern dass er vielmehr das Ergebnis der in der kommunistischen Moderne enthaltenden Ausgrenzungsdynamiken selbst war.

Amy Chua, World on Fire: How Exporting Free Market Democracy Breeds Ethnic Hatred and Global Instability (London: William Heinemann, 2003). Ein temporeicher Bestseller über die Rassifizierung von Gewinner:innen und Verlierer:innen einer liberalisierten Wirtschaft. Chua nutzt Beispiele aus Lateinamerika, Russland, Afrika, Asien und dem Westen, um zu zeigen, wie ›neuer Reichtum‹ von neuem und altem ›ethnischen Hass‹ begleitet wird.

Jacques Bertrand, Nationalism and Ethnic Conflict in Indonesia (Cambridge: Cambridge University Press, 2004). Dieses Buch bietet eine hervorragende Einführung in die Geschichte und regionale Vielfalt von Konflikten und von Diskriminierung bezüglich Ethnizität und *race* in Indonesien. Es gibt ein Kapitel zu Westpapua (und Osttimor) und eins zu chinesischen Indonesier:innen als ›Nicht-*Pribumi*‹. Die restlichen Kapitel widmen sich anderen Regionen und anderen politischen und religiösen Kontexten.

Paul Spickard (Hrsg.), Race and Nation: Ethnic Systems in the Modern World (New York: Routledge, 2005). Ein richtungsweisender Sammelband, der eine breite Palette von Beiträgen darüber versammelt, wie sich *race* und Nation überschneiden. Die behandelten Fallstudien stammen aus Japan, Brasilien, Hawaii, Nordafrika, Südafrika, der Türkei, Vietnam, Turkmenistan und Eritrea, ebenso wie aus einigen europäischen Ländern. Der Herausgeber stellt dem Ganzen außerdem eine sehr aufschlussreiche Einleitung voran.

Gi-Wook Shin, Ethnic Nationalism in Korea: Genealogy, Politics, and Legacy (Stanford: Stanford University Press, 2006). In dieser wichtigen Arbeit wird die mit der japanischen Kolonisierung einhergehende Rassifizierung sowie die koreanisch-nationale Selbst-Rassifizierung ausführlich und mit großer Klarheit dargestellt. Es ist ein herausragendes Beispiel für eine neue kritische Literatur, die sich den Themen Nation, Zugehörigkeit und Identität in Südkorea widmet.

Destin Jenkins und Justin Leroy (Hrsg.), Histories of Racial Capitalism (New York: Columbia University Press, 2021). Obwohl der Fokus dieses kürzlich erschienenen Sammelbandes ausschließlich auf den USA liegt, bietet er einen nützlichen Überblick darüber, wie das Konzept des ›*racial capitalism*‹ heute zur Anwendung kommt, um die Geschichte, die Ökonomie und die Politik des Rassismus zu ergründen.

Kapitel 5

Bewegliche Symbole: *Weiß*sein in Japan und Schwarzsein in Marokko

Dieses Buch hat bisher gezeigt, dass ein Verständnis von Rassismus als *ausschließliches* Problem zwischen *weiß* und Schwarz dem Thema nicht gerecht wird, ja es sogar verzerrt. Wir haben jedoch auch gesehen, dass Vorstellungen von *Weiß*sein und Schwarzsein überall auf der Welt von Bedeutung sind. Der anti-Schwarze Rassismus – in seinem Ausmaß, seiner Intensität und Langlebigkeit – sowie der Aufstieg einer Ideologie der *Weißen* Vorherrschaft sind globale Prozesse mit vielen ortsspezifischen Variationen und Besonderheiten, miteinander verbundene und einander überlappende Arten der rassistischen Moderne. Es scheint daher auch sinnvoller zu sein, sich in der Darstellung dieser zentralen Begriffe auf bestimmte Kontexte zu konzentrieren, anstatt eine generalisierende Globalübersicht zu geben. In diesem Kapitel erkunde ich aktuelle Konstruktionen des *Weiß*seins in Japan (mit einem Fokus auf die Werbe- und Schönheitsindustrie) und des Schwarzseins in Marokko (mit einem Fokus auf neue Herausforderungen und alte Stereotype). Beide Orte blicken auf eine eigene, spezifische Geschichte des Rassismus zurück, aber beide verdeutlichen auch, wie die Grenzen und Bedeutungen von Schwarzsein und *Weiß*sein zugleich verfestigt und aufgeweicht werden.

Das in der Werbung zum Ausdruck gebrachte *Weiß*sein kann, zumindest in Japan, als widersprüchliches Ideal erscheinen: das begehrt und dem nachgeeifert wird, das aber auch als frivol angesehen und herablassend behandelt wird. Schwarzsein in Marokko – wie auch im Rest von Nordafrika – ist ein aufgeladenes und komplexes Thema, bei dem heute jahrhundertealte Traditionen anti-Schwarzer Diskriminierung im Kontext von großen Migrationsbewegungen und antirassistischem Aktivismus wiederaufgenommen und gleichzeitig infrage gestellt werden. Was ihre Folgen anbelangt, könnten diese zwei Beispiele unterschiedlicher nicht sein. Anti-Schwarzer Rassismus in Nordafrika ist der Grund für unermessliches Leid. Die Verwendung und Subversion von Bildern des *Weiß*seins in der japanischen Werbeindustrie hingegen scheint im direkten Vergleich dazu kaum von Belang zu sein. Doch auch wenn sie ein ungleiches Paar bilden, veranschaulichen sie beide dasselbe Paradoxon: dass Verfestigung gleichzeitig von einer definitorischen Krise begleitet wird und die Antwort auf die Frage, wer eigentlich *weiß* oder Schwarz war oder ist, zugleich fluide ist als auch fetischisiert wird.

Die Globalisierung der Konsumgesellschaft als Globalisierung des *Weiß*seins

In einigen Gegenden Indiens wird die Hindu-Göttin Durga traditionellerweise rittlings auf einem Tiger präsentiert – und traditionellerweise wird sie als Schwarz oder Braun dargestellt. Doch in den letzten Jahrzehnten hat sich ihre Farbe verändert. Sie ist blasser und heller geworden, ähnlich wie die Inder:innen selbst, die heute vermehrt zu Hautaufhellungsprodukten greifen. Einem BBC-Reporter, der diesen beiden Phänomenen nachging, wurde erzählt: »in diesen Zeiten des Fernsehens wollen die Leute ansprechendere Bilder [...]. Indische Männer bevorzugen hellere Frauen.«[1] Eine 2002 durchgeführte Studie fand heraus, dass fast die Hälfte aller »Asiat:innen zwischen 25 und 34 Jahren Produkte zur Hautaufhellung nutzten«.[2]

Seitdem Europa die nicht-europäische Welt kolonisiert hat, mussten die kolonisierten Menschen das *Weiß*sein verhandeln. In den letzten Jahrzehnten ist dieser Prozess zudem mit der neoliberalen Globalisierung und der Schaffung weltweiter Konsumgesellschaften verquickt worden. Was – zumindest für *weiße* Beobachter:innen – als eindeutige Beispiele einer buchstäblichen oder kulturellen ›Aufhellung‹ [whitening] erscheint, wird durch ein Prisma von Vorstellungen darüber gebrochen, wie wohlhabende, glückliche und attraktive Menschen aussehen sollten. Demnach ist *Weiß*sein (und/oder ›Hellhäutigkeit‹) zu einem wichtigen Signifikanten eines konsum- und genussorientieren Lebensstils geworden. In seiner Diskussion der Modernität des *Weiß*seins beschreibt Echeverría es als »konstitutiv für den modern-kapitalistischen Menschen« und gleichzeitig als ein illusorisches Ziel, dessen »pseudokonkrete identitäre Qualität« dazu »bestimmt [sei], die Lücke einer konkreten menschlichen Identität in der etablierten Moderne auszufüllen«.[3] Was Echeverría uns damit sagen will, ist, denke ich, dass *Weiß*sein zu einer Art geteilter Halluzination geworden ist. Doch er geht zu weit, wenn er es als von der »etablierten Moderne dazu bestimmt« beschreibt, diese universelle psycho-soziale Rolle »auszufüllen«. Nicht nur bestehen an unterschiedlichen Orten unterschiedliche traditionelle Farbsymbolismen, sondern, was für westliche Augen vorrangig als Nachahmung erscheint, ist häufig etwas anderes. Selbst die Verwendung von kosmetischen Produkten zur ›Hautaufhellung‹ kann falsch interpretiert werden. Auf die Gefahr hin, zu verallgemeinern: Die Anwender:innen solcher Produkte wollen genauso wenig *weiß* werden, wie *weiße* Anwender:innen von Bräunungscremes Schwarz werden wollen. Darüber hinaus ist die Verortung von *Weiß*sein innerhalb des globalen neoliberalen Zeichen- und Symbolstroms nicht immer eindeutig: *Weiß*sein wird zugleich begehrt, aber ihm wird auch weithin misstraut; es ist weit verbreitet (und breitet sich immer noch weiter aus) und doch wird es durch die kulturellen Konnotationen von Materialismus und Hedonismus häufig als oberflächlich und unattraktiv angesehen. Es ist die ›Ethnizität‹, die mit Authentizität, Tiefe und Wertigkeit in Verbindung gebracht wird. Dagegen klingt ›*weiße* Kultur‹ hohl und leer. Dies mag seltsam erscheinen, wenn man bedenkt, dass die Werbeindustrien von Buenos Aires bis Peking so ausgiebig von Menschen mit heller Haut Gebrauch machen. Doch das glänzende Bild des modernen *Weiß*seins trägt auch ein entrassifizierendes Potenzial in sich: *Weiß*sein/Hellhäutigkeit wird zu einem Lebensstil (oder einem ›Look‹), in den sich jeder und jede einkaufen kann, eine kulturlose und oberflächliche Identität, die man annehmen und auch wieder entsorgen kann. Und tatsächlich hat es in den letzten zwanzig Jahren einen merkbaren Wandel, wenn auch nicht allerorts gleichermaßen, hin zu einer mehr *multiracial* geprägten Werbung gegeben. Dieser Wandel ist ohne viel Aufhebens vonstattengegangen, weil der Neoliberalismus *racial* Symbole ebenso zuverlässig aushöhlt wie er sie fetischisiert.

***Weiß*sein in Japan**

> »Japan wird von allen farbigen Völkern als deren logischer Anführer erachtet, als die eine nicht-weiße Nation, die der Herrschaft und der Ausbeutung durch die weiße Welt für immer entkommen ist.« (W. E. B. Du Bois, 1935)[4]

> »Fotoautomaten überhöhen häufig die *weißen* [Caucasian] Merkmale, sie hellen die Haut auf und vergrößern die Augen. Viele japanische Charaktere in Mangas (Comic-Büchern) werden mit *weißen* [Caucasian] Merkmalen dargestellt. Schau-

fensterpuppen sind immer weiß, ebenso die Models in den Werbeanzeigen für Schönheits-, Freizeit- und Luxusprodukte.« (Dagmar Rita Myslinska, 2014)[5]

Als in den 1950er Jahren der Begriff der ›Dritten Welt‹ aufkam, waren die Wirtschaft und Kultur in Japan bereits so gründlich mit den Zielen und Netzwerken des westlichen Kapitalismus verwoben, dass frühere Hoffnungen darauf, dass das Land der »weiße[n] Welt für immer entkommen« sei, hinfällig schienen. Ab dem späten 19. und frühen 20. Jahrhundert war die traditionell in Japan vorherrschende Wertschätzung von hellerer Haut längst Bestandteil der allgemeinen Orientierung in Richtung Westen und moderner Theorien von ›Rasse‹ und menschlicher Differenz. Die positive Einstellung gegenüber hellerer Haut vermischte sich somit mit einer positiven Einstellung gegenüber Europäer:innen als ›die *weiße* Rasse‹. In einem bedeutenden, 1967 veröffentlichten Artikel untersucht der Ethnologe Hiroshi Wagatsuma die Verbreitung und den sich wandelnden Charakter der Dichotomie *weiß*/schön versus Schwarz/hässlich in Japan. Für Wagatsuma liegt diese Binarität eher in japanischen Ästhetikvorstellungen begründet als in der Verwestlichung des Landes. Doch auch Wagatsuma bemerkt: »Japanische Augen mögen, trotz einiger Fälle von Schönheitsoperationen, ihr orientalisches Aussehen zwar behalten, aber durch diese Augen sehen sich die Japaner:innen selbst als Teil der modernen westlichen Welt, verstanden in westlichen Begriffen.«[6] Ashikari führte 1995 eine ähnliche Erhebung durch und fand heraus, dass, obwohl »weiße Haut eine Vielzahl von Bedeutungen hatte«, sie weiterhin eine zentrale Bezugs- und Vergleichsgröße blieb. Ashikari stellt fest, dass die von ihr Befragten darauf »bestanden, dass die japanische Haut der weißen [Caucasian] Haut ›überlegen‹« sei und nichtsdestotrotz »viele Bilder von *haku-jin* (buchstäblich übersetzt: *weißen*) Frauen in der Werbung für kosmetische Hautaufheller und andere Make-Up-Produkte eingesetzt werden«.[7] Eine Studie aus dem Jahr 2004 ergab, dass 73 Prozent der Ausländer:innen in japanischen Werbespots *weiß* waren, elf Prozent waren asiatisch, nahöstlich oder zentral-/südamerikanisch und vier Prozent waren Schwarz.[8]

Viele neuere Studien haben den paradoxen Charakter von *Weiß*sein in Japan hervorgehoben. Myslinska, die sich auf ihre persönlichen Erfahrungen als europäischstämmige Japanerin bezieht, schreibt, dass »*Weiße* [Caucasians], auch wenn bewundert und gegenüber anderen Außenstehenden privilegiert, nichtsdestotrotz verspottet und diskriminiert werden – offen, regelmäßig und ohne Konsequenzen«. Sie schreibt weiter:

»Während berühmte Persönlichkeiten aus dem Westen hier in den Medien glorifiziert werden, sind die alltäglichen Darstellungen von *gaijin* [ausländischen/ *weißen* Personen] weniger glanzvoll. In der Werbung werden Menschen aus dem Westen oft als ungehobelte und unhöfliche Clowns dargestellt, voller Bewunderung für die japanische Technologie und Schönheit und verwirrt von Japans hochentwickelter Kultur.«[9]

Weiße westliche Personen werden in der japanischen Werbung häufig in Rollen eingesetzt, die für japanische Models als unzumutbar freizügig gelten, und als Symbole eines hedonistischen Vergnügens. Während beispielsweise nackte und halbnackte *gaijin* Frauen in Plakat- und Fernsehwerbekampagnen relativ häufig zu sehen sind, kann das über japanische Frauen nicht gesagt werden. Eine Person aus der Werbebranche erklärt das folgendermaßen: »In der Werbung können keine japanischen Frauen für solche Nacktszenen eingesetzt werden, weil das zu wirklichkeitsnah wäre. Deshalb werden *gaijin* eingesetzt.«[10] Creighton schreibt dazu:

»*Gaijin* werden viel häufiger gezeigt, wie sie offen gegen die gängigen Normen der japanischen Gesellschaft verstoßen, oder als Individuen, die inkompetenter Weise mit den Gewohnheiten und Gebräuchen des japanischen Lebens zu kämpfen haben. Nacktdarstellungen von *gaijin*, insbesondere Aufnahmen des nackten Oberkörpers von sowohl Männern als auch Frauen, sind in der Werbung für Produkte und Dienstleistungen überall dort verbreitet, wo Nacktdarstellungen von Japaner:innen als unangemessen gelten würden.«[11]

Torigoe argumentiert, dass *weiße* Frauen in den japanischen Medien als sexualisierte ›Andere‹ konstruiert werden: »Die Betonung der Sexualität von *weißen* Frauen erzeugt ›moralisch gute‹ japanische Frauen in Abgrenzung zum sexuellen Anderen«, womit »eine *racial* Rangordnung [geschaffen wird], an deren Spitze die Japaner:innen stehen«.[12] Creighton führt einen damit verbundenen Punkt an:

»Der Kolonialismus beinhaltete einen *weißen* Blick auf barbusige Frauen aus Gesellschaften, die auf der Leiter der politischen und wirtschaftlichen Entwicklung weiter unten standen. Die moderne japanische Werbung dreht diese Hierarchie um und verschiebt den Blick: Nun sind es die barbusigen *weißen* Frauen, die von einer wirtschaftlich fortgeschrittenen japanischen Öffentlichkeit betrachtet werden.«[13]

Ausländer:innen können in einer Kultur, in der Egozentrismus seit Langem verpönt ist, als sicheres Ventil dienen, über das eigene egoistische Gefühle zum Ausdruck gebracht werden. Pellicanò entwickelt diese Idee in Bezug auf die in Japan verbreiteten aschbraun-farbenen Haarfärbeprodukte, mit denen sich *Weiß*sein ihr zufolge eher angeeignet wird, anstatt dass es nachgeahmt würde. Weit davon entfernt, »die eigenen natürlichen Charakteristika zu überdecken«, trage diese Mode vielmehr dazu bei, »diese zu betonen und aufzuwerten«:

> »Dieser Wunsch nach ›Westlichkeit‹ bedeutet nicht, dass *Weiß*sein in seiner essentialisierten, ›reinsten‹ Form übernommen wird, da dies im Kontext der japanischen Gesellschaft negative Konsequenzen nach sich ziehen würde. Stattdessen haben japanische Trendsetter:innen Modifizierungen vorgenommen und eine Version des *Weiß*seins gewählt, die anders genug ist, um die neueste Mode zu werden, aber gleichzeitig die eher bedrohlichen Aspekte von *Weiß*sein auf ein Minimum reduziert.«[14]

Was folgt, ist eine Art wissendes Spiel, bei dem die Vergnügen des individualistischen Konsumismus umso verlockender werden, als sie als fremd, transgressiv und gleichzeitig gänzlich verfügbar erscheinen. Dieser Prozess lässt sich in vielen Gesellschaften auf der ganzen Welt beobachten, doch aufgrund der Stärke der japanischen Wirtschaft und Japans – wenn auch ambivalenter – Verortung innerhalb des Westens scheint er in diesem Fall besonders verschärft zu sein. Es könnte also gefolgert werden, dass der kreative Einsatz von Bildern *weißer* Personen Ergebnis einer Überarbeitung und Umwidmung globaler Identitätsklischees ist und die japanische Macht zum Ausdruck bringt.[15]

Für viele westliche Beobachter:innen tritt der japanische Rassismus besonders dort deutlich hervor, wo er *Weiß*sein gegen Schwarzsein vereinnahmt. Creighton verdeutlicht diese Dynamik anhand einer Karikatur in einer japanischen Zeitung, die die Begegnung von einer japanischen Frau mit einigen Afroamerikaner:innen darstellt. In der Karikatur protestieren die Afroamerikaner:innen aggressiv gegen die Frau, vermutlich weil auf ihrer Kleidung kolonialistische Darstellungen Schwarzer Menschen abgebildet sind. Die japanische Frau ist »mit stereotypen *weißen* Merkmalen und Haaren« gezeichnet und Creighton nutzt die Karikatur, um ihre These vorzubringen, dass »die Japaner:innen den symbolischen Raum der ›*Weißen*‹ betreten haben«, einen Raum, »der Privilegien sowie wirtschaftliche und politische Bedeutung suggeriert«.[16] Jedoch kann auch die Suche nach dem ›*Weiß*sein‹ in der japanischen Populärkultur selbst auf reduktionistische Art und Weise eurozentrisch sein. In seiner Diskussion darüber, warum *weiße* Menschen im Westen japanische Manga-Charaktere als *weiß* aussehend wahrnehmen, argumentiert Kawashima, dass dies mehr über westliche Taxonomien von *race* aussage als über die Mangas.[17] Wie wir schon oft im Verlauf dieses Buches gesehen haben, erfordert das Verständnis von Rassismus einen Blick für spezifische historische Verläufe wie auch ein Bewusstsein für die Komplexitäten und Ambivalenzen von an verschiedenen Orten etablierten Repräsentationsstrategien. Es ist außerdem wichtig zu verstehen, wie schnell ein Wandel in der Populärkultur vonstattengehen kann. Die von Creighton angeführten Studien stammen aus den 1990er Jahren, aber sie lassen bereits eine Verschiebung erkennen, weg vom »Gaijin-Komplex«, belastet mit dem Wissen, dass dies »eine *weiße* Welt« ist, hin zu einem größeren Selbstbewusstsein angesichts des kulturellen Prestiges Japans.[18] In den letzten zwei Jahrzehnten ist dieser Wandel immer stärker hervorgetreten. Gleichzeitig gab es eine weltweite, wenn auch nicht überall gleich geartete Entwicklung hin zu ›Diversität‹ – häufig symbolisiert durch Schwarze Haut und Schwarze Kultur – als zentrales Markenmotiv. In Bezug auf eben diesen Wandel in Japan erklärt McNeil: »Schwarzsein ist außerordentlich rentabel und viele Menschen auf der ganzen Welt machen damit auf unterschiedlichste Weise Kasse«.[19] Russel hat sich ebenfalls mit der Kommerzialisierung des Schwarzseins in Japan auseinandergesetzt, mit Konsumpraktiken, bei denen »sich Schwarzsein als ein zu zelebrierendes Objekt angeeignet wird«. Er nennt das ›Markenkonzept‹ des japanischen Online-Modehändlers ›baby Shoop‹ als Beispiel. Dessen ›Markenkonzept‹, hier zitiert nach Russel, lautet folgendermaßen:

> »Black They say is Unique, Pretty and the Basic. [...] Die Grundlage von baby Shoop ist ›Black is Beautiful‹. Es ist eine Marke, eine Mode, geschaffen für die wunderschöne Schwarze *race* (Schwarze Mädchen / Schwarze Frauen). Baby Shoop ist ein Black-*race*-Style. Und auch wenn sich die Modetrends auf der Welt immer wieder verändern, bleibt unser Konzept gleich. [...] BLACK FOR LIFE = BLACK FOREVER.«[20]

Angesichts der anhaltenden Bedeutung von *Weiß*sein in der globalen Sphäre des Konsums werden einige solche Aussagen als rein oberflächlichen Exotismus betrachten, bei dem – um Russells Worte zu verwenden – »ein *racial* Fetisch durch einen anderen« ersetzt wird. Doch ist die Neuausrichtung und Diversifizierung dieses »*racial* Fetischs« nicht gänzlich unbedeutend. *Racial* Codes und rassistische Repräsentationen sind wandelbar und diese Wandelbarkeit scheint immer weiter zuzunehmen. Im Kontext dieser Schnelllebigkeit wird ›die Zukunft des *Weiß*seins‹ ungewiss. Es kann noch immer allgegenwärtig erscheinen, als ein globaler Marker für den idealen, konsumorientierten Lebensstil, doch zumindest in den kulturellen Sphären der Werbe- und Schönheitsindustrie ist weder seine Position noch sein Einfluss in Stein gemeißelt.

Anti-Schwarzer Rassismus in Nordafrika

> »Als ich im Sommer 1994 im mauretanischen Nouakchott war, traf ich in den Archiven einen lokalen arabischen Gelehrten, der mich freundlicherweise zu sich nach Hause einlud. Er wollte mit mir im Tausch gegen einige Bücher, die ich mitgebracht hatte, einige Originaldokumente teilen. Während ich seine Gastfreundschaft genoss und an einem Minztee nippte, erschien ein kleines Mädchen mit dunkler Hautfarbe an der Tür. Ich rief sie herein, aber sie bewegte sich nicht und sprach auch nicht. Ich rief sie erneut herein und fragte: ›Ich habe eine Kamera. Willst du ein Foto machen?‹. Doch sie reagierte noch immer nicht. Daraufhin betrat die Frau des Gelehrten den Raum und sagte: ›Kümmere dich nicht um sie, sie ist nur eine Sklavin [*'abda*].‹« (Chouki El Hamel, 2013)[21]

> »Gaddafi pflegte zu mir zu sagen: ›Bring mir den Schwarzen Sklaven.‹ Damit meinte er dann den Präsidenten eines afrikanischen Staates, der sich darauf vorbereitete, ihn zu besuchen [...]. Und wenn der jeweilige Präsident abgereist war, sagte er: ›Der Sklave ist gegangen.‹« (Nuri al-Mismari, Gaddafis ehemaliger Chef des Protokolls)[22]

Rassistische Diskriminierung von Schwarzen Afrikaner:innen in Nordafrika ist ein vielschichtiges, aber drängendes Problem. Nicht nur hat ein bedeutendes Ausmaß an rassifizierter Sklaverei in einigen Teilen Nordafrikas bis weit in das letzte Jahrhundert hinein überlebt, sondern rassistische Diskriminierung insgesamt ist bis heute nicht verschwunden. Mehr noch, die Misshandlung von Schwarzen Afrikaner:innen ist im Norden weitverbreitet. 2017 strahle der CNN Aufnahmen von einem geheimen Markt bei Tripolis aus, auf dem Schwarze afrikanische Migrant:innen für gerade einmal 400 US-Dollar als Arbeitssklav:innen versteigert wurden.[23] Die Zitate oben, mit denen ich diesen Abschnitt eröffnet habe, sind Ausdruck davon, wie verbreitet und alltäglich der Rassismus selbst in höheren politischen und intellektuellen Kreisen ist.

Wie schockierend solche Geschichten auch sind, der anti-Schwarze Rassismus in Nordafrika ist weder eindimensional noch statisch. In ganz Nordafrika variiert die Bedeutung von ›Schwarzsein‹ und ›Nicht-Schwarzsein‹ abhängig vom jeweiligen Kontext, und andere Faktoren wie Religion oder Herkunft spielen oftmals eine größere Rolle als Hautfarbe. Wie die Eingangszitate andeuten, ist es Sklaverei – als Beleidigung wie auch als Realität –, die Einstellungen prägt und eine Form der Kastendiskriminierung erzeugt, die zwar mit Hautfarbe zusammenhängt, aber nicht darauf reduzierbar ist. In den letzten Jahren hat eine neue, kritische Haltung dazu geführt, dass das Schweigen, das dieses Thema umgibt, langsam gebrochen wird. Sowohl Bürgerrechtsaktivist:innen als auch Akedemiker:innen (wie Chouki El Hamel mit seinem bahnbrechenden Buch *Black Morocco*) dekonstruieren die Mythen eines Schwarz-arabischen Kontinuums, unter anderem, indem sie darauf die internationale politische Sprache des Rassismus anwenden. El Hamel und andere Forscher:innen zeigen, dass nordafrikanische Formen des Rassismus weder einfache Spiegelbilder eines euro-amerikanischen Rassismus sind, noch sich problemlos mit der These eines ›islamischen Rassismus‹ erklären lassen, wie Bernard Lewis sie entwickelt hat.[24] Sie wenden sich jedoch auch gegen die in diesem Bereich verbreitete defensive und ausweichende Haltung, die die Tragweite und Bedeutung des anti-Schwarzen Rassismus in Nordafrika herunterspielt und den Mythos von einer sanfteren Form der islamischen Sklaverei wiederaufwärmt. Der bezeichnende Titel eines 2020 von der *Arab Reform Initiative* veröffentlichten Berichts über anti-Schwarzen Rassismus in Marokko lautet: *Ending Denial* [Das Leugnen beenden].[25]

1961 schrieb Fanon: »Man teilt Afrika in einen weißen und einen schwarzen Teil. Die Ersatzbezeichnungen: Afrika südlich oder nördlich der Sahara, können diesen latenten Rassismus nicht verschleiern.«[26] Unter Nordafrika werden in der Regel die sieben Länder Ägypten, Sudan,

Tunesien, Marokko, Algerien, Libyen und Westsahara verstanden, die gemeinsam etwa 20 Prozent der Bevölkerung des Kontinents ausmachen. Doch auch an diese Gruppe angrenzende Länder (wie Mauretanien, Mali, Niger, der Tschad und Eritrea) haben beträchtliche Populationen von Araber:innen und Berber:innen sowie eine Geschichte der Versklavung der Schwarzen Bevölkerung. Dass die Wunden der Sklaverei noch immer nicht verheilt sind, zeigt sich unter anderem an dem Misstrauen, das einige Schwarze Regierungen gegenüber ihren ›arabischen‹ oder ›nördlichen‹ Nachbar:innen an den Tag legten und legen. So beschrieb beispielsweise Malis erster Präsident, Modibo Keïta, sein Land zwar als ein »Schmelztiegel afrikanischer, berberischer und arabischer Kulturen«, ging dann jedoch dazu über, hervorzuheben, dass es die ›Afrikaner:innen‹ sind, die die Zügel in der Hand haben sollten: »Die kulturelle Dekolonisierung«, führte er fort, »kann nur durch den unerschütterlichen Entschluss erreicht werden, uns selbst als Afrikaner:innen zu bekennen«.[27] Wie Hall bemerkt, folgte daraus: »Malisch zu sein bedeutete, afrikanisch zu sein, und afrikanisch bedeutete Schwarz.«[28] Die jüngsten separatistischen Bestrebungen und islamistischen Aufstände im Norden Malis finden also vor dem Hintergrund eines fortwährenden Kampfes um die Legitimität einer ›afrikanischen‹ Regierung im ›arabisch‹ und ›berberisch‹[29] geprägten Norden des Landes statt.

Die Vorstellung, dass Araber:innen und – wie Keïtas Bemerkung andeutet – auch ›Berber:innen‹ auf eine gewisse Art zwar *in* Afrika, aber nicht *aus* Afrika sind, ist ein verdrehtes Echo der Vergangenheit der islamischen Invasion und der rassistischen Versklavung, die bis heute das ›Nord-Süd‹-Verhältnis belasten. In seiner Überblicksarbeit zu den »Afrikaner:innen in der arabischen Kultur« schreibt der ägyptische Wissenschaftler Helmi Sharawi, dass (im Bewusstsein der Araber:innen) die Position »der Schwarzen/Negros/Abessinier:innen/Sklav:innen [...] im Laufe einer langen Geschichte von der der ›inneren Anderen‹ bis zu der der ›äußeren Anderen‹« reichte. Sharawi verweist auf eine semikoloniale Sichtweise auf Afrika unter führenden ägyptischen Persönlichkeiten, beispielsweise wollte Nasser mit seiner »Mission« in Afrika »die Zivilisation in die entlegenen, dunklen Teile des Kontinents bringen«.[30] Eine deutlich politischere Antwort darauf findet sich in einem Essay von Muhammad Jala Hashim, der auf das reagiert, was er als »das Massaker an den [Schwarzen] sudanesischen Geflüchteten durch die ägyptische Polizei und das ägyptische Militär« bezeichnet, das 2005 in Kairo stattfand. Er kritisiert darin Ägyptens »rassistische pro-arabische Politik« und die »De-Nubierisierung« der südlichen Landesteile.[31]

Der europäisch-koloniale Rassismus legitimierte den anti-Schwarzen Rassismus in Nordafrika und schrieb ihn fest. Manoeli schildert dessen Erbe in ihrem Buch *Sudan's Southern Problem*, insbesondere die lange postkoloniale Auseinandersetzung zwischen dem arabischen Norden und dem Schwarzen Süden des Sudans, was schließlich 2011 zur Unabhängigkeit des Südsudans führte. Manoeli verortet diesen Konflikt im Kontext der durch die britische Kolonialherrschaft durchgesetzten und rassifizierten Unterteilung verschiedener Ethnien, einer Politik also, die »eindeutig rassialistisch war«. Manoeli schreibt dazu: »Die Kolonialregierung schuf Kategorien auf der Grundlage der ›rassischen Zusammensetzung‹ einer jeden Region« und sie »institutionalisierte diese Identitäten mittels einer ›Rassen‹-Hierarchie, in der diejenigen, die als afrikanisch kategorisiert wurden, unter denjenigen standen, die als arabisch kategorisiert wurden«.[32] Um ihr Argument zu untermauern zitiert Manoeli den damaligen britischen *Governor General* des Sudans, Sir Hubert Huddleston, der 1945 sein regionalpolitisches Vorgehen damit erklärte, dass es »auf der Tatsache« basiere,

> »dass die Völker des südlichen Sudans unverkennbar afrikanisch und negroid sind und es daher unsere offensichtliche Pflicht ihnen gegenüber ist, ihre Entwicklung in Sachen Wirtschaft und Bildung so schnell wie möglich entlang einer afrikanischen und negroiden Linie voranzutreiben, und nicht entlang von nahöstlichen und arabischen Entwicklungslinien, die für den Norden des Sudans geeignet sind.«[33]

Nach der Unabhängigkeit wurden die unter britischer Herrschaft geschaffenen und verwalteten Identitäten und Grenzziehungen zu einem Bestandteil der Widerstandsrhetorik von ›afrikanischen‹ (also Schwarzen) Sudanes:innen. 1963 formulierten zwei der Gründer der *Sudan African National Union*, Joseph Oduho und William Deng, das Problem wie folgt: »Hier haben wir es mit einem eindeutigen Fall zu tun, bei dem Afrikaner:innen aus keinem anderen Grund unterdrückt werden, als dass ihre Haut eine andere Pigmentierung aufweist – in einigen Fällen nur geringfügig – und sie einer anderen *race* angehören als diejenigen, die gegenwärtig die Macht in ihren Händen halten.«[34] Wie Manoeli zeigt, werden mit dem Rassismus nach der Unabhängigkeit im Sudan ›einheimische‹, koloniale und neu entstehende Diskriminierungsformen politisiert und in einem Prozess der Nationenbildung reinterpretiert. Der Sudan kann dementsprechend als umkämpfter nationaler Schauplatz der rassistischen Moderne betrachtet werden, auf dem Idee und Ziel der ›Unabhängigkeit‹ durch die Gewalt von multiplen und andauernden Formen der Ethnisierung und Rassifizierung durchbrochen und gefährdet werden. Eine Reihe von akademischen Interventionen, darunter auch die von Manoeli, El Hamel und Hall, haben deutlich gemacht, dass dieser Prozess nicht einfach als eine irgendwann verblassende Wiederholung fremder, europäischer Ideen verstanden werden kann. Hall, der über die westafrikanische Sahelzone schreibt, erklärt, wie europäische und arabische Rassismen einander begegneten und sich vermischten. Er zeigt, dass »in den Schriften von muslimischen Gelehrten eine lange Geschichte ›rassischer‹ Sprache ersichtlich wird, die der Ankunft der Europäer:innen weit vorausgeht«. Er nennt dafür ein Beispiel:

> »Die Schriftsteller der Sahelzone trafen eine grundsätzliche Unterscheidung zwischen ›Weißen‹ (arabisch: *bīḍān*), die sich auf eine arabische Herkunft beriefen, und ›Schwarzen‹ (arabisch: *sūdān).* In diesen Texten fungierte ›Schwarzsein‹ als Marker für Unterlegenheit, was für Menschen, die auf diese Weise bezeichnet werden konnten, erhebliche rechtliche Nachteile mit sich brachte. Als die Sahelzone gegen Ende des 19. Jahrhunderts von Frankreich kolonisiert wurde, nutzte die Kolonialverwaltung diese bereits bestehenden lokalen Konzeptionen von ›rassischer‹ Differenz bei der Festigung ihrer Herrschaft, teilweise auch deshalb, weil diese der europäischen Herabwürdigung von als Schwarz definierten Menschen entsprachen.«[35]

Das El Hamels Buch *Black Morocco* vorangestellte Zitat – »Der Henker tötet immer zweimal, das zweite Mal durch das Vergessen. Elie Wiesel« – ist eine treffende Eröffnung angesichts des mangelnden Interesses an anti-Schwarzem Rassismus in Nordafrika. Doch es gibt Zeichen, dass sich dies ändert. In Marokko beispielsweise scheint sich eine neue antirassistische Gesinnung herauszubilden. Dennoch sollte man Wiesels Worte im Hinterkopf behalten: Die Tatsache, dass der Rassismus in Marokko jetzt diskutiert wird, bedeutet nicht, dass Marokko der Ort ist, ›wo das Problem liegt‹. Die Folgen des Rassismus sind wahrscheinlich vielmehr dort am gravierendsten, wo Schweigen und Vergessen weiter fortbestehen.

Anti-Schwarzer Rassismus in Marokko

> »[D]ie Verachtung gegenüber Schwarzen Araber:innen und Schwarzen Berber:innen (und Schwarzen Menschen im Allgemeinen) offenbart sich beiläufig in den Worten, die *weiße* beziehungsweise nicht-Schwarze Marokkaner:innen ohne groß nachzudenken zur Bezeichnung von Menschen aus Marokkos Schwarzer Minderheit verwenden: *Al-Abd* (Sklave; Plural: *Al-Abdeed*), *Al-Khadem* (Diener; Plural: *Al-Khadam*), *Al-Hartani* (befreiter Schwarzer Sklave) und *Al-Azzi* (eine Bezeichnung, die grob irgendwo zwischen ›Neger‹ und ›Nigger‹ liegt), *Al-Kahlouch* (*Blackie*). ›*Wena Kahlouch?*‹ (›Bin ich ein *Blackie*, oder was?‹) fragen *weiße* Marokkaner:innen, wenn sie darüber scherzen, dass sie etwas Unangenehmen tun sollen.« (Stephen King, 2020)[36]

Seitdem das Thema Rassismus gegen Schwarze Menschen in Marokko mehr in den Fokus gerückt ist, ist dort auch eine Debatte um dessen Wurzeln entbrannt. El Hamels Interesse an dem Thema scheint unter anderem durch die ihm anvertrauten Familiengeschichten von anderen Marokkaner:innen geweckt worden zu sein. »Der Großteil der Menschen in Afrika, die versklavt wurden, waren muslimisch, mein eigener Großvater und die Sklaven der ›Garde‹ in meinem Dorf inbegriffen«, erzählt ihm einer seiner Informanten. Dieser fügt noch hinzu: »Einer meiner Onkel erinnert sich noch an die Namen von 25 Sklaven, die noch immer von reichen, *weißen* Berbern besessen werden.«[37] Der historische Fokus von El Hamel liegt auf der Schaffung einer Schwarzen Sklavenarmee während der Herrschaft von Sultan Mulai Ismail (1672–1727). Ismail »zwangsverpflichtet[e] alle Schwarzen zum Dienst in seiner Armee«, schreibt El Hamel, ein Prozess, der sowohl »die Ausbeutung der Schwarzen als auch die ideologische Begründung einer nach Hautfarbe geteilten Gesellschaft« veranschaulicht.[38] Das islamische Verbot der Versklavung von Muslim:innen durch andere Muslim:innen wurde, so El Hamel, durch »›Rasse‹-Konzepte und eine rassistische Ideologie ersetzt, um die sozialen Grenzziehungen zu etablieren und aufrechtzuerhalten, die für die Identitäten und Privilegien von Araber:innen und Berber:innen die Grundlage bilden«.[39] Mit der ›Sklavenarmee‹ wurden bereits im Umlauf befindliche Vorurteile und Diskriminierungsformen weiter verfestigt und kodifiziert. Diese Kodifizierung basierte eher auf Abstammungslinien denn auf einer ›wissenschaftlich‹ begründeten ›Rassenlehre‹. Um diesen Punkt zu verdeutlichen, verweist El Hamel darauf, dass Sultan Ismails Mutter selbst eine Schwarze Sklavin war, er sich aber »nichtsdestotrotz als ein Nachfahre von Mohammed und damit nicht als Schwarz« verstand. El Hamel erklärt dazu: »Marokko ist eine patrilineare und patriarchale Gesellschaft. Der Vater gibt an seinen Sohn sein *nasab* (ethnisch-verwandtschaftliche Zugehörigkeit) und seine Religion weiter, unabhängig von dem Status der Mutter und damit unabhängig davon, ob sie Nicht-Muslima, Berberin, Schwarze oder Sklavin ist.«[40] Er weist auch darauf hin, dass diese Ungleichbehandlung und Diskriminierung aufgrund von Hautfarbe bereits »in den Hamitischen Mythos eingebettet« sei, der zur »Rechtfertigung und Verbreitung kultureller Vorurteile unter Araber:innen und Berber:innen bezüglich ›Rasse‹« genutzt wurde und der Entstehung des Islam vorausging: »›Rassisch‹ geprägte Differenz, Diskriminierung und Gewalt waren die Folge der tief verwurzelten kulturellen Sitten, die zur Zeit des Propheten bestanden und die nach seinem Tod ohne großen Widerstand wieder aufflammten.«[41] Auf gewisse Weise kann El Hamel zu denjenigen Historiker:innen gezählt werden, die die These anfechten, dass der Rassismus modern sei, und die versuchen, die Geschichte des Rassismus wieder in einer vormodernen Zeit zu verorten. Doch verweist er auch selbst auf eine Periode starker Veränderung im 18. Jahrhundert, während und nach der Herrschaft von Sultan Ismail, als die diffuseren Vorurteile und Diskriminierungsformen der Vergangenheit mithilfe eines frühmodernen Prozesses staatlich organisierter Rassifizierung in eine starrere Form übertragen wurden. Somit kann seine Arbeit als ein Versuch gelesen werden, eher den modernen Kontext des Rassismus neu zu fassen, anstatt ihn infrage zu stellen. Im Verlauf dieses Buches habe ich immer wieder gezeigt, dass moderne Rassismen durch vergangene Traditionen der Diskriminierung geprägt werden. Dieser Ansatz ermöglicht uns einen Blick auf den modernen und gegenwärtigen Rassismus in Marokko als einen, der zwar mit vergangenen Praktiken und Ideologien in Verbindung steht, diese jedoch immer wieder neu interpretiert.

Geopolitik und die Medien spielen bei anti-Schwarzer Diskriminierung im heutigen Marokko eine wichtige Rolle. Die Europäische Union nutzt Marokko als einen Pufferstaat, um die Migration aus den Ländern südlich der Sahara einzudämmen. Diese geopolitische Position scheint sowohl zu vermehrtem Alltagsrassismus im Land als auch zu einer verstärkten Heraufbeschwörung einer ›Schwarzen Gefahr‹ in den marokkanischen Medien geführt zu haben.[42] So setzte sich beispielsweise eine Ausgabe der Zeitschrift *MarocHebdo* im Jahr 2012 unter dem Titel »Le péril noir« [Die

Schwarze Gefahr] mit den Themen Drogen, Kriminalität und Krankheit auseinander.[43] Doch die Tatsache, dass diese rassistischen Diskurse heute überhaupt als bemerkenswert erscheinen, ist zugleich ein Anzeichen für das Vorhandensein eines antirassistischen Aktivismus im Land. Während der anti-Schwarze Rassismus also zwar die marokkanische Gesellschaft durchzieht, hat er sich in den letzten Jahren von einem kaum beachteten Normalzustand hin zu einem kontroversen Thema entwickelt, ja sogar zu einem ›Problem‹, das angegangen werden muss. 2014 organisierte das antirassistische Netzwerk *Papiers pour tous* [Papiere für alle] nach dem Mord an zwei Migranten aus dem subsaharischen Afrika, und damit im Kontext eines erhöhten öffentlichen Bewusstseins für das Thema Rassismus, eine landesweite Kampagne unter dem Motto »Je ne m'appelle pas 'azzi«[44] [»Ich heiße nicht *'azzi*«]. 2016 startete in Marokko, Tunesien, Algerien und Mauretanien eine länderübergreifende Kampagne mit dem Titel »Ni esclave, ni 'azzi, stop, ça suffit« [»Weder Sklave noch *'azzi*: Stopp, es reicht«].[45] Migrantische Organisationen wie der *Conseil des Migrants Subsahariens au Maroc* und das *Collectif des Communautes Subsahariennes au Maroc* werden ebenfalls immer sichtbarer. Auch einige politische Schritte wurden daraufhin eingeleitet. Seit 2014 ermöglicht eine neue migrationspolitische Regelung, die vom Nationalen Rat für Menschenrechte beeinflusst wurde, in begrenztem Umfang eine Legalisierung von Migrant:innen ohne Papiere. Menin schreibt:

> »Eine wachsende öffentliche Aufmerksamkeit für die schwierige Situation der subsaharisch-afrikanischen Migrant:innen in Marokko hat in letzter Zeit eine Debatte über das Problem des ›anti-Schwarzen Rassismus‹ ausgelöst. [...] Sowohl der Rassismus als auch die Sklaverei, beides zuvor Tabuthemen in der marokkanischen Gesellschaft, werden heute in der unabhängigen Presse (und auch auf Online-Plattformen) diskutiert (einzeln wie auch in Verbindung miteinander).«[46]

Es lässt sich in Marokko auch eine neue ästhetische Aufwertung des Schwarzseins entdecken, die zum Teil durch das wachsende Interesse an der früher von Sklav:innen gespielten Musik namens Gnawa entstanden ist, eine Musikrichtung, die von einigen Kommentator:innen als marokkanischer Blues bezeichnet wurde.[47]

Die Debatte über anti-Schwarzen Rassismus in Marokko ist bemerkenswert, doch ist sie noch immer im Entstehen begriffen. Während die

Black-Lives-Matter-Bewegung von antirassistischen Aktivist:innen an vielen Orten auf der ganzen Welt aufgenommen und für ihre eigenen Kämpfe eingesetzt wurde, ist sie an Marokko weitgehend vorbeigegangen. Dennoch: Der anti-Schwarze Rassismus ist in Marokko nicht länger völlig unsichtbar. Und mit dieser Sichtbarkeit kommen eine ganze Reihe von Fragen auf: über die Verbindung von Geschichte und heutiger Politik und über unser Verständnis eines ›modernen Marokkos‹.

Schlussfolgerung

Für Rassismus braucht es keine Ideologien des *Weiß*seins und des Schwarzseins, und dennoch finden sich diese beiden Symbole in vielen modernen Rassismen wieder. Sie sind Teil eines rassistischen Spektakels der neoliberalen Globalisierung, bei dem idealisierte Bilder ›*weißer* Konsument:innen‹ ein gelobtes Land versprechen, das gegen das verteidigt werden muss, was die Zeitschrift *MarocHebdo* »Le péril noir« genannt hat. Die in diesem Kapitel betrachtete Verbindung von Wirtschaft, Identität und Rassismus ist mehr als nur oberflächlich. Die Gründe dafür, warum *Weiß*sein in Japan nicht über Nacht von seinem Sockel gestoßen und gleichermaßen Schwarzsein in Marokko nicht einfach so mit offenen Armen begrüßt werden wird, sind mit den verschiedenen Lagen der Geschichte dieser Orte verwoben, ebenso wie mit den komplexen Strukturen einer weltweit agierenden Kultur und Wirtschaft. In beiden Ländern ist heute ein ›europäisches Modell‹ am Werk, das als Schablone für Schönheit und, zumindest in Marokko, als magnetischer Pol der sozioökonomischen Anziehung fungiert. Doch wir können *Weiß*sein und Schwarzsein in keinem dieser Länder verstehen, wenn wir sie nur als Nebenprodukte der westlichen Geschichte begreifen. Japan und Marokko haben ihre ›eigenen‹ Rassismen, genauso wie Kanada oder Deutschland (und sie alle sind transnational).

Rassismus ist sowohl in Japan als auch in Marokko ein erhebliches Problem und der anti-Schwarze Rassismus in Nordafrika im Allgemeinen ist, wenn auch von der Außenwelt kaum wahrgenommen, eine Quelle ungeheuren Leids. Doch es gibt Grund zu der Annahme, dass sich der Rassismus in beiden Ländern verändert. Wir haben gesehen, dass die Bedeutung von *Weiß*sein und Schwarzsein weder in Stein gemeißelt noch universell, sondern stets in Veränderung begriffen und stark kontextabhängig ist. *Weiß*sein wird heute in der japanischen Werbung nicht mehr auf die gleiche Art und

Weise mit Wertigkeit gleichgesetzt wie noch in der jüngeren Vergangenheit, und in Marokko mehren sich die Menschen, die den anti-Schwarzen Rassismus infrage stellen. All das sind zweifelsohne positive Zeichen, aber wir können unmöglich wissen, ob sie Bestand haben werden oder wohin diese Entwicklungen führen. In Anbetracht der Tatsache, dass so viele der in diesem Buch genannten Beispiele für gewaltsame Formen des Rassismus aus den letzten paar Jahrzehnten stammen, gibt es keinen Anlass für einen blinden Optimismus.

Weiterführende Lektüre

Bolívar Echeverría, Modernity and ›*Whiteness*‹ (Cambridge: Polity, 2019). Echeverría legt, in der Tradition der Frankfurter Schule, die Paradoxien der Aufklärung offen. Er tut dies vor allem in Bezug auf die rassifizierte Politik und die tradierten Repräsentationsformen in Lateinamerika.

John Russel, »Replicating the White Self and Other: Skin Color, Racelessness, Gynoids, and the Construction of Whiteness in Japan«, Japanese Studies, 37, 1 (2017), 23–48. Basierend auf einer Forschung zu japanischen Medien – darunter auch zu Darstellungen von weiblichen Cyborgs beziehungsweise ›Gynoiden‹ – analysiert dieser Artikel den Platz, den *Weiß*sein in Japan einnimmt. Dabei konzentriert sich Russel insbesondere auf die Ambiguität und Funktion von Bildern einer »idealisierten, fetischisierten kosmopolitischen Westlichkeit«.

Alastair Bonnett, White Identities: Historical and International Perspectives (Harlow: Prentice Hall, 2000). Dieser internationale und historische Überblick über Formen des rassifizierten *Weiß*seins konzentriert sich insbesondere auf Großbritannien, die USA, Japan, China und Lateinamerika. Er zeichnet nach, wie *Weiß*sein rassifiziert wurde und wie es als Differenz- und Überlegenheitssymbol von Europäer:innen vereinnahmt wurde.

Chouki El Hamel, Black Morocco: A History of Slavery, Race and Islam (Cambridge: Cambridge University Press, 2013). Eine bahnbrechende historische Arbeit, die die komplexe Geschichte anti-Schwarzer Diskriminierung in Marokko sorgfältig aufrollt. Ein besonderes Augenmerk liegt auf der Rassisfizierung der Sklaverei und auf der Aufstellung einer

›Schwarzen Armee‹ durch Sultan Mulai Ismail. Die Arbeit ist sowohl für unser Verständnis der Vergangenheit als auch für die Gegenwart von erheblicher Bedeutung.

Sebabatso Manoeli, Sudan's ›Southern Problem‹: Race, Rhetoric, and International Relations, 1961–1991 (Cham: Palgrave Macmillan, 2019). Die Abspaltung des Südsudans 2011 bildet den Höhepunkt einer langen Geschichte der Rassifizierung von kolonialer und sudanesischer Seite, ein Prozess, der häufig als Konflikt zwischen den arabisch/muslimischen und den Schwarzen/christlichen Gemeinschaften dargestellt wurde. Manoelis wichtige Arbeit bietet einen einzigartigen Einblick darin, wie dieser Prozess in der Zeit des postkolonialen Übergangs vonstattenging und verstanden wurde.

Fazit

Als ich einer Freundin erzählte, dass ich ein Buch über Rassismus in Asien und Afrika schreiben würde, bekam ich darauf eine wenig ermutigende Antwort. »Was gibt es dazu zu sagen?«, seufzte sie und schob noch nach: »Das klingt so deprimierend.« Dann sagte sie, sie sei »so *weiß*, das ist schon fast langweilig«. Ich vermute, dass sich diese merkwürdige Ansammlung von Gedanken aus einer Art *weißer* Nervosität ergab, einem Gefühl, dass Rassismus eine düstere Sache voller Schuld sei, etwas, über das nachzudenken nur traurig macht. Ihre scherzhafte Bemerkung über die Langeweile von *Weiß*sein war als Rettungsanker gedacht: Sie versuchte etwas, irgendetwas, aus den Trümmern dieser Unterhaltung zu retten. Ich hoffe, dieses Buch hat gezeigt, dass Rassismus nicht so simpel oder eindimensional ist, wie meine nervöse Freundin zu glauben scheint. Es stimmt, dass Rassismus deprimierend ist, aber er ist auch außergewöhnlich, grotesk und erzürnend. Und die Tatsache, dass es auf der ganzen Welt so viele Debatten über Rassismus gibt, zeigt uns etwas Hoffnungsvolles: dass die Menschen Rassimus in einem gänzlich neuen Umfang zur Sprache bringen und angreifen und das auf neuen Wegen und an neuen Orten.

Um die globalen Auswirkungen und die Komplexität von Rassismus verstehen zu können, ist es notwendig, auch Ethnizität in das Gesamtbild miteinzubeziehen. Denn obwohl in den meisten offiziellen Definitionen von Rassismus anerkannt wird, dass ethnische Ungleichheit ein Grund für Rassismus ist, nimmt diese viel zu häufig nur die Form eines Zusatzes ein. Die Analyse von Rassismus wird noch weiter verengt, indem der *weiße* anti-Schwarze Rassismus als dessen paradigmatische Form präsentiert wird. Es ist wohl nicht übertrieben zu sagen, dass in den letzten Jahren in einer Reihe von westlichen Ländern das Reden über und der Widerstand gegen Rassismus zu einer ›Schwarzen Sache‹ geworden ist, wobei den *Weißen* die Rolle der zwar schuldigen, aber ansonsten entlasteten, selbstlosen Zuschauer:innen zugewiesen wurde.

Auf diese Weise wird unser Verständnis der Geografie des Rassismus stark eingeschränkt und wir nähren damit einen ›oppositionellen Eurozentrismus‹,[1] die Aufrechterhaltung eines *weißen* Narzissmus mithilfe der Mythen einer globalen *Weißen* Vorherrschaft. Wie wir gesehen haben, sind *Weiß*sein und Schwarzsein zentrale Elemente in der globalen Struktur des Rassismus. Das Konzept der multiplen Rassismen geht daher auch nicht über Schwarz und *weiß* ›hinaus‹. Es fordert uns vielmehr dazu auf, anzuerkennen, dass es bei Rassismus nicht nur um Schwarze und *Weiße* geht. Angesichts der Tatsache, dass der Großteil der Menschheit asiatisch ist, mutet es seltsam an, dass dieses Plädoyer überhaupt gehalten werden muss. In vielen Teilen Asiens und Afrikas sind rassifizierte und ethnisierte Formen der Freiheitsberaubung, Gewalt und Tötung nicht unüblich und sie werden von denjenigen, die sie erleben, häufig (und zunehmend) als Rassismus beschrieben. Der Begriff ›Rassismus‹ wird von Minderheiten auf der ganzen Welt aufgegriffen und für die eigenen Kämpfe mobilisiert: von den Jesid:innen im Irak bis hin zu den Westpapua in Indonesien und den Dalits in Indien. Mit diesem Prozess wird die Debatte über Rassismus geöffnet und neu ausgerichtet. Es mag zutreffen, dass nur wenige Menschen im Westen für diese Neuausrichtung bereit sind – dessen ungeachtet findet sie statt.

Trotz der zahlreichen Beispiele in diesem Buch habe ich nur an der Oberfläche des Rassismus in Asien und Afrika gekratzt. Es bedürfte der Arbeit mehrerer Leben, um diesem Thema vollends gerecht zu werden. Das bringt mich zu einer weiteren Einschränkung. Dieses Buch ist kein Beitrag zum antirassistischen Aktivismus, sondern zur antirassistischen Forschung, und obwohl diese jeweils voneinander profitieren können und sollten, tun sie – zumindest nach meinem Verständnis – unterschiedliche Dinge. Aktivismus kann sich den Luxus der Zeit nicht leisten und sein Fokus liegt notwendigerweise auf den Problemen, die dringend und häufig unmittelbar sind. Auch wenn es einen globalen und transnationalen Aktivismus gibt (und internationale Allianzen und Solidaritätsnetzwerke ausgesprochen wichtig für die antirassistische Arbeit sind), müssen sich viele Aktivist:innen, von Indonesien über Russland bis in die USA, doch besonders intensiv mit den unmittelbaren Gründen vor Ort und mit Debatten in ihrem jeweiligen nationalen Kontext auseinandersetzen. Forschung hingegen ist dazu in der Lage, eine größere und vergleichende Perspektive einzunehmen und, mehr noch, Innovation und Komplexität den Vorzug zu geben, während aktivistische Arbeit häufig mühsam und repetitiv ist. Neue Ideen und neue Themen sind für Akademiker:innen wertvoll, aber für Aktivist:innen ist

Neuartigkeit nicht notwendigerweise eine Priorität. Im schlimmsten Fall führt sie zu einer ›Akademisierung‹ des Antirassismus, die dessen Fähigkeit untergräbt, zu einem breiteren Publikum zu sprechen. Auch wenn ich hoffe, dass dieses Buch als eine hilfreiche Ressource aufgenommen werden wird, beabsichtige ich mit meinem Versuch, eine internationale Agenda zur Erforschung von Rassismus zu skizzieren, den Aktivismus zu würdigen und zu respektieren, indem ich selbst keinen unverdienten Anspruch darauf erhebe.

Ich habe argumentiert, dass das Konzept der multiplen Rassismen [multiracism] mit der Pluralisierung der Moderne zusammengebracht werden sollte. Wir haben gesehen, dass vielfältige, miteinander verbundene Modernen auch vielfältige, miteinander verbundene Rassismen hervorbringen. Unsere Welt ist kein Mosaik von fein säuberlich getrennten Rassismen. Stattdessen finden wir eine große Verflechtung von Rassismen vor, wobei der westliche Rassismus nahezu immer auf irgendeine Art und Weise präsent ist, meist aber mit nicht-westlichen Formen verwoben wurde. Ich habe versucht, den Ansatz der pluralen Modernen nicht als die ultimative Lösung darzustellen, sondern als eine Theorie mit Potenzial. Doch ich muss gestehen, dass er mir manchmal Sorgen bereitet. Wenn ich von Dingen wie der ›indischen Moderne‹ und der ›chinesischen Moderne‹ lese – oder von den religiösen und zivilisatorischen Kategorien, die einige Vertreter:innen des Ansatzes der ›multiplen Modernen‹ bevorzugen –, fühlt es sich teilweise so an, als würden neue Klischees heraufbeschworen; ein geografischer Reduktionismus, der eben die Art von verworrenen, miteinander verflochtenen Modernen verdrängt, die ich hier darzustellen versucht habe. Dabei fällt mir noch etwas anderes auf: Warum habe ich diese Sorge in den letzten Jahren nicht auch bezüglich der ›westlichen Moderne‹ gehabt? Sie ist das ultimative Klischee, und zudem eines, das noch immer mit einer Erklärung für die letzten 500 Jahre Weltgeschichte verwechselt wird. Angesichts dessen fühlt sich mein Unbehagen in Bezug auf beispielsweise die ›chinesische Moderne‹ wie ein kultureller Abwehrmechanismus an. Die Moderne ist inhärent problematisch: Sie ist rastlos, sozial zersetzend; sie besteht aus einer Reihe Fragen, die Unzufriedenheit verbreiten und hervorrufen. Wie wir gesehen haben, betreffen zumindest einige dieser Fragen das geschichtliche Verhältnis von Moderne und Rassismus. Eine Position, die wir als Position der ›klaren Trennung‹ bezeichnen können, verortet Rassismus einzig und allein im Kontext der Moderne. In diesem Szenario gibt es einen eindeutigen Moment oder eine eindeutige

Periode des Übergangs von einer traditionellen Gesellschaft hin zu der Art von rastloser, nostalgischer, essentialisierender und post-traditioneller Massengesellschaft, die dem Rassismus und der Entwertung des menschlichen Lebens einen so guten Nährboden bietet. Jedoch ist auch ein anderes Verständnis der multiplen Rassismen möglich, eines, das zwar ebenfalls die Modernität des Rassismus betont, aber weiterhin für den Gedanken offenbleibt, dass Traditionen der Diskriminierung, wie alt sie auch sein mögen, spätere Formen des Rassismus durchziehen und prägen. Die von mir in diesem Buch zusammengetragenen Beispiele deuten größtenteils darauf hin, dass letztere Sichtweise zutreffender ist. Damit wird dann auch der Tendenz entgegengewirkt, die Moderne als eine abgesonderte, problemlos zu definierende Entität aufzufassen, während sie in Wirklichkeit selbst nur aus Tendenzen besteht und Schauplatz definitorischer Kämpfe ist.

Ich hoffe, die Leser:innen davon überzeugt zu haben, dass die Idee, der zufolge plurale Modernen auch multiple Rassismen hervorbringen, eine nützliche ist. Endgültig bewiesen habe ich sie nicht und es gibt verschiedene Möglichkeiten, sie anzufechten. Nichtsdestotrotz ist es eine Idee, die dabei helfen kann, die komplexe internationale Geografie des Rassismus zu erkennen und zu erklären. Zudem ist es eine Theorie, die Ausdruck ihrer Zeit ist. Die Machtverschiebung zugunsten Chinas und anderen asiatischen Volkswirtschaften hat das Gesicht der Welt verändert und es ist an der Zeit, dass sich auch die *Ethnic and Racial Studies* entsprechend mitverändern. Diese Verschiebung hat neue Orte der ethno-kulturellen Interaktion mit sich gebracht. Beispielsweise leben heute etwa eine Million chinesische Arbeiter:innen und Kleinbäuer:innen in Afrika, was dort zwischen Chines:innen und Afrikaner:innen zu neuen, post-westlichen Formen von Rassismus und Antirassismus zu führen scheint.[2] Weitere neue Orte der Begegnung finden sich in den ›kosmopolitischen Städten‹ dieser Welt, insbesondere in denjenigen, die von einem unübersichtlichen, verschachtelten Multikulturalismus geprägt sind und immer weniger mit den westlich zentrierten Begriffen von ›Peripherie‹ und ›Zentrum‹ gefasst werden können.[3]

Die Vorstellung von westlicher Macht und nicht-westlicher Machtlosigkeit, deren bekannteste Ausformulierung vermutlich in Edward Saids Buch *Orientalismus* zu finden ist, ist heute nicht länger angemessen. Für Said war der Orient »nicht das sprechende Gegenüber Europas, sondern dessen stummes Andere«.[4] Yiu-Wai Chu bemerkt höhnisch: »Es scheint, als würde das Andere nicht länger schweigen.«[5] Der Wandel von der Verwendung extrem überholter Kategorien – wie ›der Orient‹ oder ›die Dritte Welt‹ – hin zu einer Anerkennung von Partikularität, Konflikt und Vernetzung bedeutet, nicht-westliche Gesellschaften ernst zu nehmen. Die politischen Dimensionen dieses Wandels sind komplex. Sie umfassen eine Art post-westlicher Rückeroberung der Kritik als etwas, das an vielen Orten der Welt geäußert wird und sich aus sehr unterschiedlichen Quellen speist. Sie umfassen jedoch auch zivilisatorische und nationalistische Autonomie- und Geltungsansprüche. So erweitert Yinghong Cheng beispielsweise Chus Weigerung, das stumme ›Andere‹ zu sein, indem er behauptet, dass »die theoretische Komplexität, die konzeptionelle Raffinesse, die vielfältigen Bedeutungsebenen und insbesondere die Anziehungskraft« des chinesischen »›Rasse‹-Diskurses die Stärke von lokalen Wurzeln und Dynamiken belegen«. Dieser »›Rasse‹-Diskurs« ist ihm zufolge also »eher eine unabhängige Spielart der Rassifizierung der Welt denn eine Nachahmung oder eine Spiegelung des westlichen Rassismus«.[6] Ich meine in Chengs Worten einen gewissen Stolz herauszuhören. Es ist natürlich kein Stolz auf den chinesischen Rassismus, sondern eher auf den vielfältigen ›Reichtum‹ und die ›Raffinesse‹ der chinesischen Kultur, der nie wieder der Status eines bloßen Opfers zugewiesen werden soll, welches nur Widerstand leistet, ohne mit eigener Stimme zu sprechen.

In vielen asiatischen und afrikanischen Ländern ist es nicht nur schwierig, sondern geradezu gefährlich, über Rassismus zu sprechen. In seinem im Exil verfassten Buch über Minderheiten in Eritrea schreibt Mohammed: »Über Ethnizität und ethnische Konflikte zu sprechen, ist ein Tabu und eine riskante Sache.« Dieses Thema anzusprechen, wird von der eritreischen Regierung als direkte politische Herausforderung und als unpatriotischer Affront verstanden. Mohammed bemerkt, dass »eine derart dogmatisch-nationalistische Einstellung [...] keine Möglichkeit für offene Debatten über Macht und die Verteilung von Ressourcen unter den verschiedenen gesellschaftlichen Schichten ermöglicht«.[7] Viele Wissenschaftler:innen in Asien und Afrika gehen ein erhebliches persönliches Risiko ein, wenn sie über Rassismus schreiben. Das bedeutet im Umkehrschluss, dass die vorhandene Literatur meist aus freieren Gesellschaften stammt: Es gibt eine Vielzahl von Artikeln zu Rassismus in Malaysia, aber weitaus weniger zu Rassismus in Nordkorea (um genauer zu sein: Es gibt einige Arbeiten von Wissenschaftler:innen außerhalb von Nordkorea, aber – soweit ich dies beurteilen kann – keine aus dem Land selbst). In der Konsequenz bedeutet das wiederum, dass es eine Debatte über Rassismus in Malaysia gibt, aber keine in Nordkorea. Als Faustregel kann man davon ausgehen, dass dort, wo niemand über Rassismus spricht, wo das Thema unterschlagen und als unwichtig abgetan wird, dies weniger deshalb getan wird, weil dort kein Rassismus existiert, sondern weil er dort unwidersprochen bleibt.

Dieses Problem wird fortbestehen, solange autoritäre Regime an der Macht sind und solange eine Debatte über Rassismus vielerorts als unpatriotische Bedrohung dargestellt wird. Der zweite Punkt ist der schwieriger zu überwindende. Es gibt jedoch keinen Grund zu der Annahme, dass Antirassismus nicht auch als zur Stärke ›der Nation‹ beitragend aufgefasst werden könnte. Tatsächlich habe ich in meiner eigenen Forschung zu internationalem Antirassismus genau dies als einen der Gründe identifiziert, warum viele unterschiedliche Regierungen sich zunehmend mit diesem auseinandersetzen und ihn sich aneignen.[8] Einigen mag es unerträglich und politisch fragwürdig erscheinen, wenn Antirassismus für nationale Zwecke genutzt wird. Doch auch politischer Dogmatismus hat seinen Preis. Es ist sicherlich besser, in einer Welt zu leben, in der sich Staats- und Regierungschefs ihrer antirassistischen Politik rühmen, als in einer, in der das Thema in Schweigen und Scham gehüllt ist.

Trotz all der damit verbundenen Probleme und Gefahren behaupten sich die kritische antirassistische Forschung und ein entsprechender Aktivismus vielerorts nicht nur, sie machen sogar große Schritte nach vorn. Die Entstehung einer Reihe von ›kritischen‹ Forschungsgebieten – wie der ›*Critical Han Studies*‹, ›*Critical Asian Studies*‹, ›*Critical African Studies*‹ und ›*Critical Muslim Studies*‹ – sind ein Ausdruck für den Bedarf nach Forschungsansätzen, die die westlich-zentrierten Paradigmen hinter sich lassen. Diese kritischen Orte sind Orte der Freiheit, an denen das Konzept des Rassismus diskutiert, sein Nutzen erörtert und seine Verbindungen zu anderen Begrifflichkeiten der Diskriminierung und Gleichberechtigung erkundet werden können. Ich habe in diesem Buch die Auffassung vertreten, dass das Anerkennen des Vorhandenseins von Rassismus ein Akt des *Sich-Einlassens* sein kann und sollte, und nicht einer des Auferlegens oder Beiseite-Schiebens. Die Sprache des Rassismus muss nicht und sollte nicht die Sprachen der Kastendiskriminierung, der religiösen Intoleranz und des Kommunalismus ersetzen, sondern mit ihnen in einen Dialog treten.

In Kapitel 1 habe ich mich mit verschiedenen Vorbehalten gegenüber der heutigen Tendenz auseinandergesetzt – und demnach auch gegenüber der Tendenz in diesem Buch, falls meine Argumente nicht überzeugt haben sollten –, Pluralität selbst als Erkenntnis darzustellen. Einer der vorgebrachten Kritikpunkte ist, dass dadurch das ›größere Bild‹ durch ein zerstreuendes Kaleidoskop einzelner Geschichten ersetzt würde. In ihrer Kritik, dass Rassismus in Australien – ihnen zufolge – häufig als ›überall anders‹ beschrieben werde, bringen Nelson und Dunn diesen Pluralisierungsfetisch mit einer Neoliberalisierung des Antirassismus in Verbindung, die die »Konkurrenz unter lokalen Akteur:innen fördert, anstatt die Bildung von Koalitionen«.[9] Auch wenn sie über ›Rassismen‹ in einem einzelnen Land schreiben, könnte ihre Aussage erweitert werden: Eine Welt voller Rassismen anzuerkennen, könnte zu einer Darstellung dieser Welt führen, bei der internationale Allianzen und internationale Solidarität weniger bedeutsam erscheinen als lokale Debatten und lokale Lösungsansätze. Mit Blick auf die in diesem Buch versammelten Beispiele scheint mir solch ein Szenario allerdings unnötig pessimistisch. Das Argument lässt sich vielmehr umdrehen: Eine Welt voller Rassismen anzuerkennen, ist eine der *Vorbedingungen* für internationale Allianzen und internationale Solidarität. Meine in diesem Buch vorgelegte Erkundung der verschiedenen kritischen Zusammenschlüsse und der verschiedenen Stimmen, die sich gegen Rassismus erheben, legt nahe, dass diejenigen, die an diesen lokalen Debatten beteiligt sind, begierig darauf sind, sich zu vernetzen. In den letzten Jahren wurde die Welt Zeugin von unmenschlichen Akten der Gewalt und Diskriminierung. Diese Zeit – unsere Zeit – wird für ihre Litanei der Genozide und der ethnischen Säuberungen erinnert werden. Wenn der Rest des 21. Jahrhunderts anders verlaufen soll, müssen die Stimmen des globalen Antirassismus und der internationalen antirassistischen Forschung lauter werden.

Anmerkungen

Vorwort zur deutschen Ausgabe

1 Alle deutschen Übersetzungen von englischen Texten über Rassismus stehen vor dem Problem, dass das Sprechen über Rassismus im Englischen mitunter anders funktioniert als im Deutschen. Das zeigt sich insbesondere bei der Verwendung des Begriffs ›race‹ (oder dessen Adjektiv ›racial‹) im Englischen, der viel zu häufig einfach mit der vermeintlich klaren deutschen Entsprechung ›Rasse‹ (oder ›rassisch‹) übersetzt wird. Der deutsche Begriff der ›Rasse‹ ist ein biologistischer Begriff, mit dem die rassistische Vorstellung unterschiedlicher und unterschiedlich wertiger Menschengruppen zum Ausdruck gebracht wird. Durch die Geschichte der nationalsozialistischen ›Rassen‹-Lehre und ›Rassen‹-Politik trägt dieser Begriff beziehungsweise entsprechende Begriffskonstruktionen auch heute noch nur diese Bedeutung. Während der deutsche Begriff also in seiner Bedeutung singulär ist, ist der englische Begriff ›race‹ und entsprechende Begriffskonstruktionen von weitaus mehr Ambiguität geprägt. Dieser umfasst sowohl die biologistische Bedeutung wie im Deutschen, gleichzeitig wird er aber auch verwendet, um auf sozialkonstruktivistische Art und Weise darüber zu sprechen, dass, wenn auch eine biologistische und rassistische Vorstellung von Menschenrassen eine Fiktion ist, diese Fiktion dennoch reale soziale und politische Folgen haben kann. Das führt dazu, dass sich rassifizierte Menschen und Communitys sowie progressive politische Gruppen im anglofonen Raum auch auf positive Weise auf ›race‹ zur Selbstbezeichnung und Emanzipation beziehen. Der Begriff fungiert dabei als Möglichkeit nicht nur zur Beschreibung einer rassifizierten Welt, sondern auch zur emanzipatorischen Veränderung eben dieser Welt. Im Englischen kommt es also stets auf den Kontext an, ob ›race‹ in einem biologistisch-sozialdarwinistischen oder sozialkonstruktivistischen Sinne verwendet wird. In der vorliegenden Übersetzung wurde auf die gewissenhafte Interpretation dieser Begrifflichkeiten eine besondere Aufmerksamkeit gelegt. Wo erstere Bedeutung entdeckt wurde, wurde der Begriff ›Rasse‹ (in Anführungszeichen) verwendet. Wo letztere entdeckt beziehungsweise explizit mit der Ambiguität des englischen Begriffs gespielt wurde, wurde der englische Begriff *race* bzw. *racial* (in Kursivsetzung) verwendet. (Anm. d. Ü.)

Einleitung

1 Zitiert nach Barry Sautman, »Myths of Descent«, S. 75.

2 Ebd.

3 Barry Sautman, »Preferential Policies for Ethnic Minorities in China«, S. 87.

4 Frank Dikötter, »Introduction«, S. 2.

5 Mari Marcel, »There's No Escaping Racism in India«; Dipesh Chakrabarty, »Modernity and Ethnicity in India«, S. 145.

6 Committee on the Elimination of Racial Discrimination, »4th Periodic Report of Pakistan Before the Committee«.

7 Siehe dazu Javaid Rehman, The Weaknesses in the International Protection of Minority Rights; siehe ebenfalls Anwar Ouassini und Nabil Ouassini, »›Kill 3 Million and the Rest Will Eat of Our Hands‹«.

8 Vicken Cheterian, Open Wounds, S. 304. Perinçek wurde vom Schweizerischen Bundesgericht wegen der Leugnung des Völkermords und wegen Volksverhetzung verurteilt. Er legte daraufhin Beschwerde beim Europäischen Gerichtshof für Menschenrechte ein, der ihm 2013 stattgab.

9 Yasuko Takezawa, »Translating and Transforming ›Race‹«, S. 5.

10 Green Belt and Road Initiative Center, »Countries of the Belt and Road Initiative«.

11 World Population Review, »Middle Income Countries 2020«.

12 Peter Taylor, »Thesis on Labour Imperialism«, S. 176.

13 Beispiele für post-westliche Forschungen sind Oliver Stuenkels *Post-Western World* und Laurence Roulleau-Bergers *Post-Western Revolution in Sociology*.

14 John Friend und Bradley Thayer, How China Sees the World, S. 127.

15 Ebd.

16 Oliver Cox, Caste, Class, and Race; John Furnivall, Colonial Policy and Practice. Siehe außerdem Edmund Soper, Racism: A World Issue.

17 Pierre van den Berghe, Race and Racism; Philip Mason, Patterns of Dominance; Guy Hunter, South-East Asia.

18 van den Berghe, Race and Racism, S. 5.

19 Kazuko Suzuki, »A Critical Assessment«, S. 287.

20 David Goldberg, »Introduction«, S. xiii.

21 Teun van Dijk, »Interview with Teun van Dijk«, S. 74; Herbert Strauss, »›Hostages of ›World Jewry‹‹«, S. 128.

22 John Solomos (Hrsg.), Routledge International Handbook of Contemporary Racisms.

23 Benjamin Bowser (Hrsg.), Racism and Anti-racism.

24 Grant Cornwell und Eve Stoddard (Hrsg.), Global Multiculturalism; John Stone und Rutledge Dennis (Hrsg.), Race and Ethnicity; John Winterdyk und Georgios Antonopoulos (Hrsg.), Racist Victimization. Für inklusivere Beispiele siehe Kevin Reilly et al. (Hrsg.), Racism. Siehe ebenfalls Ian Law, Racism and Ethnicity.

25 Ian Law, »Mediterranean Racisms«, S. 3.

26 Manfred Berg und Simon Wendt (Hrsg.), Racism in the Modern World, S. 2. Wilma Dunaway und Donald Clelland, »Moving Toward Theory for the 21st Century«, S. 399.

27 Frank Dikötter, »The Racialization of the Globe«, S. 1482.

28 Asia Research Institute, »New Racism and Migration«.

29 Paul Spickard, »Race and Nation«, S. 4.

30 Frank Dikötter (Hrsg.), The Construction of Racial Identities in China and Japan, S. 11.

31 Beispiele dafür gibt es zuhauf. Hier sind nur vier: Als seine Arbeit zu Diskriminierung in Eritrea politisch unmöglich wurde, blieb Mohammed nur noch das Exil. Siehe Abdulkader Saleh Mohammed, The Saho of Eritrea. 2017 verschwand Rahile Dawut, Expertin für uigurische Kultur und Identität an der Universität Xinjiang, und sie wird »vermutlich von chinesischen Behörden an einem unbekannten Ort festgehalten«. Siehe dazu Scholars at Risk Network, »Rahile Dawut«. Bezeichnend ist auch die anonyme Urheberschaft des Artikels »You Shall Sing and Dance«, ein Beitrag zu uigurischem Kulturerbe, veröffentlicht in der akademischen Zeitschrift *Asian Ethnicity*. Unter der Autoreninformation lässt sich lesen: »Der oder die Autor:in bleibt aus Bedenken um seine/ihre persönliche Sicherheit anonym.« 2019 wurde die türkische Expertin für Nationalismus und Minderheitenrechte, Füsun Üstel, zu einer fünfzehnjährigen Haftstrafe verurteilt, weil sie eine Petition unterzeichnet hatte, die ein Ende der militärischen Operationen in vornehmlich kurdischen Gebieten forderte. Siehe TurkeyPurge, »Turkish Academic Enters Prison«.

32 Dikötter, »The Racialization of the Globe«, S. 1492. Frank Dikötter, The Discourse of Race.

33 Palgrave Macmillan, Mapping Global Racisms, einsehbar unter https://www.palgrave.com/gp/series/14813 [zuletzt aufgerufen am: 28.07.2023]. Siehe Venkat Pulla et al. (Hrsg.), Discrimination, Challenge and Response: People of North East India; Yinghong Cheng, Discourses of Race and Rising China; Nikolay Zakharov, Race and Racism in Russia; Ian Law, Red Racisms; Law, Mediterranean Racisms.

34 Rotem Kowner und Walter Demel (Hrsg.), Race and Racism in Modern East Asia; Rotem Kowner und Walter Demel (Hrsg.), Race and Racism in Modern East Asia, Vol II.

35 Dipesh Chakrabarty, Provincializing Europe.

36 Oskar Verkaaik, Migrants and Militants; Murat Ergin, ›Is the Turk a White Man?‹; Thomas Blom Hansen, Wages of Violence.

37 ›Der Westen‹ ist eine weitere schwer fassbare Kategorie, der ich mich bereits in einem vorherigen Buch gewidmet habe: Alastair Bonnett, The Idea of the West.

38 Simon Philpott, »This Stillness, this Lack of Incident«.

39 United Nations, Office of the High Commissioner for Human Rights, »Indonesia: UN Experts Condemn Racism and Police Violence Against Papuans«.

40 Zitiert nach Raya Jalabi, »Who are the Yazidis …?«.

41 The Economist, »Apartheid with Chinese Characteristics«.

42 Nick Cumming-Bruce, »U.N. Panel Confronts China«.

43 Emma Graham-Harrison, »China Has Built 380 Internment Camps«.

44 Sogar in der Fachzeitschrift mit dem stärksten internationalen Fokus, der *Ethnic and Racial Studies*, ist dies ein Problem. Von den 32 Ausgaben, die 2019 und 2020 erschienen sind, enthielt lediglich eine von ihnen Artikel oder Buchrezensionen, die auf die genannten folgenschweren Ereignisse eingegangen sind (der ›I.S.‹ wird in den Artikeln der Sonderausgabe von 2019 zu »Diaspora Mobilizations for Transitional Justice« erwähnt).

45 Stuart Hall, Representations, S. 245.

46 In Indien ist mit dem Begriff kein anarchistischer *communalism* (oder auch libertärer Kommunalismus) gemeint, wie Murray Bookchin und Janet Biehl ihn geprägt haben, sondern meint Diskriminierung aufgrund von Ethnizität und Religion. Die häufig vorkommende Gewalt zwischen hinduistischen und muslimischen Teilen der indischen Bevölkerung wird daher auch als *communal violence* bezeichnet (A.d.Ü.).

47 Ian Law, »Racialisation, Polyracism and Global Racism«.

48 Berg und Wendt, Racism, S. 2.

49 Benjamin Braude, »How Racism Arose in Europe«, S. 60, 43.

50 Christian Geulen, »Culture's Shadow«, S. 82.

51 Boris Barth, »Racism and Genocide«.

52 Michael Banton, »The Concept of Racism«, S. 18.

53 Jean Finot, Das Rassenvorurteil, S. 1, 418.

54 Bonnett, The Idea of the West.

55 Oswald Spengler, Der Untergang des Abendlandes, S. 710.

56 Julian Huxley et al., We Europeans, S. 220. Siehe ebenfalls Jacques Barzan, Race.

57 UNESCO, The Race Concept.

58 *The Oxford English Dictionary* (1989) führt die erste Verwendung von ›*racism*‹ auf das Jahr 1932 zurück, das von ›*racist*‹ auf 1936. Die Verwendung von ›*racialism*‹ wurde bereits früher, im Jahr 1902, nachgewiesen.

59 Joseph Barndt, Dismantling Racism.

60 Martin Barker, The New Racism, S. 4.

61 Étienne Balibar, »Gibt es einen ›Neo-Rassismus‹?«, S. 28.

62 Philip Cohen, »Unter die Haut«. Siehe auch Eduardo Bonilla-Silva, Racism without Racists. Velayutham nutzt das Konzept des ›*multiracialism*‹; siehe dazu Selvaraj Velayutham, »Everyday Racism in Singapore«.

63 Floya Anthias, »Race and Class Revisited«, S. 23.

64 Michael Banton, Racial and Ethnic Competition, S. 10.

65 Ann Morning, »Ethnic Classification in Global Perspective«, S. 242.

66 Rat der Europäischen Union, »Rahmenbeschluss 2008/913/JI des Rates«.

67 OHCHR, »International Convention on the Elimination of All Forms of Racial Discrimination«. Offizielle deutsche Version des Abkommens (»Internationales Übereinkommen zur Beseitigung jeder Form von Rassendiskriminierung«) einsehbar unter: https://www.institut-fuer-menschenrechte.de/fileadmin/Redaktion/PDF/DB_Menschenrechtsschutz/ICERD/ICERD_Konvention.pdf [zuletzt abgerufen am 10.08.2023].

68 Committee on the Elimination of Racial Discrimination, »Report of the Committee on the Elimination of Racial Discrimination, Eightieth Session«. Für dieses Dokument liegt keine offizielle deutsche Übersetzung vor. Die Übersetzung der zitierten Passage ist von dem Übersetzer dieses Buches angefertigt worden.

69 UNESCO, »Racism«.

70 Morning, »Ethnic Classification«, S. 260.

71 Ebd., S. 246.

72 Außer in solchen Fällen, in denen Regierungen vergangene Ereignisse und Taten vollumfänglich anerkannt haben, wie im Falle Deutschlands in Bezug auf den Holocaust, sind Opferzahlen für gewöhnlich stark umkämpft. In diesem Buch nenne ich Zahlen, die ich für vernünftige Schätzungen halte und die sich aus der Konsultation verschiedener vertrauenswürdiger Quellen ergeben. Es übersteigt jedoch meinen Rahmen, genauer auf deren Zustandekommen einzugehen oder aber sie selbst zu verifizieren.

73 Zitiert nach Gil Troy, Moynihan's Moment, S. 148.

74 Allgemein akzeptierte, aber mitunter etwas irreführende deutsche Übersetzung des englischen ›*master narrative*‹. Siehe dazu auch: https://historischdenkenlernen.blogs.uni-hamburg.de/master-narrative-meistererzahlung/ [zuletzt abgerufen am 11.08.2023]. (A.d.Ü.)

75 Spickard, »Race and Nation«, S. 29, 21.

76 Zitiert nach Krithika Varagur, »Black Lives Matter in Indonesia«.

77 Pierre Bourdieu und Loïc Wacquant, »On the Cunning of Imperialist Reason«, S. 48.

78 Nina Laurie und Alastair Bonnett, »Adjusting to Equity«. Livio Sansone, Blackness Without Ethnicity.

79 Sansone, Blackness Without Ethnicity, S. 154, 162.

80 Paul C. Mocombe et al., The African-Americanization of the Black Diaspora, S. 2.

81 Catherine Baker, Race and the Yugoslav Region; Paul Gilroy, The Black Atlantic.

82 Sara Pistotnik und David Alexander Brown, »Race in the Balkans«; Dušan Bjelić, »Toward a Genealogy«.

83 Stephanie Cole und Alison Parker (Hrsg.), Beyond Black and White.

84 Katerina Deliovsky und Tamari Kitossa, »Beyond Black and White«, S. 160. Siehe außerdem Jared Sexton, »Abolition Terminable and Interminable«.

85 In deutscher Übersetzung interessanterweise als *Warum ich nicht länger mit Weißen über Hautfarbe spreche* erschienen. (A.d.Ü.)

86 Im englischsprachigen Raum als *anthropology* beziehungsweise *social anthropolgy* oder *cultural anthropology* bekannt. Im deutschsprachigen Raum vorrangig als *Ethnologie* bezeichnet, mittlerweile jedoch auch immer öfter als *Sozial-* oder *Kulturanthropologie*. (A.d.Ü.)

87 Kevin Carrico, The Great Han, S. 9.

88 Ergin, »Is the Turk a White Man?«, S. 11.

89 Cheng, Discourses of Race, S. 4.

90 Diana Fuss, Essentially Speaking, S. 32.

Kapitel 1

1 Das Paar der ›Wurzeln und Wege‹ [›roots and routes‹] findet sich auch in Arbeiten zur Entwicklung eines Schwarzen und antirassistischen Bewusstseins im Kontext des ›Schwarzen Atlantiks‹; siehe dazu Gilroy, The Black Atlantic. Siehe ebenfalls Elizabeth DeLoughrey, Routes and Roots.

2 Arthur Keith, Ethnos, S. 72.

3 Niall Ferguson, »We Must Understand Why Racist Belief Systems Persist«.

4 Ron Mallon, »Was Race Thinking Invented in the Modern West?«, S. 79.

5 Ron Mallon, »Sources of Racialism«, S. 272.

6 In deutscher Übersetzung erschienen als Die Natur des Vorurteils. (A.d.Ü.)

7 Gordon Allport, Die Natur des Vorurteils, S. 9.

8 Umut Özkırımlı, Theories of Nationalism, S. 51.

9 David Lake und Donald Rothchild, The International Spread of Ethnic Conflict, S. 5.

10 John Cloakley, »›Primordialism‹ in Nationalism Studies«, S. 272.

11 A. D. Smith, Nationalism and Modernism.

12 Clifford Geertz, »The Integrative Revolution«, S. 109.

13 Zitiert nach Coakley, »›Primordialism‹«, S. 336.

14 Zitiert nach Takezawa, »Translating and Transforming ›Race‹«, S. 9.

15 Ivan Hannaford, Race; Michael Banton, The Idea of Race, S. 18.

16 David Theo Goldberg, »Racial Comparisons«, S. 1275.

17 Howard Eissenstat, »Metaphors of Race«, S. 239.

18 Frantz Fanon, Schwarze Haut, weiße Masken.

19 MEW 23, Das Kapital, S. 318.

20 Karl Marx, Irland, S. 211-217.

21 Stuart Hall, Das verhängnisvolle Dreieck, S. 135.

22 David Roediger, Class, Race and Marxism, S. 26.

23 Gernot Köhler, »Global Apartheid«, S. 266.

24 Fraser, »From Exploitation to Expropriation«, S. 2, 6.

25 Ebd., S. 10.

26 Ebd., S. 5.

27 Ebd., S. 12.

28 Ebd., S. 10.

29 Ebd., S. 12.

30 Ebd.

31 Jung-Bong Choi, »Mapping Japanese Imperialism«, S. 331. Ein anderes Beispiel für ›oppositionellen Eurozentrismus‹ findet sich bei Michelle Christian, die erklärt: »die Justiz, die Bildungsanstalten und andere Institutionen in Indien sind auf indirekte Weise *weiße* institutionelle Räume«. Sie schreibt weiter: »*Weiß*sein und *Weiße* Vorherrschaft bilden das Fundament aller rassistischen Gesellschaftssysteme

unterschiedlicher Länder.« »A Global Critical Race and Racism Framework«, S. 178, 181.

32 Eine mögliche deutsche Übersetzung wäre: Vom Wachstum zermahlen (A.d.Ü.)

33 Alpah Shaw et al., Ground Down by Growth.

34 Gargi Bhattacharyya, Rethinking Racial Capitalism, S. 123f.

35 Dikötter, »The Racialization of the Globe«, S. 1482.

36 Nancy Shoemaker, »How Indians Got to be Red«, S. 629.

37 Diese Interaktion wird von James Leibold als ›dialektisch‹ beschrieben; Configuring Chinese Nationalism, S. 6.

38 Alastair Bonnett, White Identities.

39 Zitiert nach Harold Isaacs, Idols of the Tribe, S. 60f.

40 Reza Zia-Ebrahimi, The Emergence of Iranian Nationalism, S. 22f.

41 Ailreza Asgharzadeh, Iran and the Challenge of Diversity, S. 92.

42 Ebd.

43 Ebd., S. 2.

44 Siehe insbesondere Frank Dikötter, Exotic Commodities; Frank Dikötter, Sex, Culture and Modernity in China.

45 Eissenstat, »Metaphors of Race«, S. 247.

46 Louise Young, »Rethinking Race for Manchukuo«, S. 160.

47 Takezawa, »Translating and Transforming ›Race‹«, S. 5.

48 Zygmunt Bauman, Dialektik der Ordnung, S. 25

49 Theodor Adorno und Max Horkheimer, Die Dialektik der Aufklärung.

50 Barnor Hesse, »Racialized Modernity«, S. 643. David Goldberg, Racist Culture, S. 3. Michel Wieviorka, »Racism in Europe«, S. 174.

51 Bauman, Bauman, Dialektik der Ordnung, S. 76.

52 Alexander Hinton, »The Dark Side of Modernity«, S. 8f.

53 Hesse, »Racialized Modernity«, S. 643f.

54 E. Valentine Daniel, Charred Lullabies, S. 67.

55 Arjun Appadurai, »Dead Certainty«, S. 244.

56 Europäische Kolonialmächte beurteilten und unterteilten die von ihnen unterworfene Bevölkerung teilweise aufgrund ihrer angenommenen Fähigkeit zur kriegerischen Auseinandersetzung. Einige ›Rassen‹ wurden als von Natur aus kriegerisch erachtet und daraufhin in den militärischen Dienst der Kolonialherren gestellt. Ihre Menschlichkeit und ihre kognitiven Fähigkeiten wurden ihnen dennoch abgesprochen – sie dienten den Kolonialmächten als reine Waffe. (A.d.Ü.)

57 Devin Vartija, »Racism and Modernity«, S. 12.

58 Ashis Nandy, »An Anti-secularist Manifesto«. Ashis Nandy, Time Warps, S. 107. Siehe dazu auch Alastair Bonnett, »The Critical Traditionalism of Ashis Nandy«.

59 Ashis Nandy, The Romance of the State, S. 54.

60 Smith, Nationalism and Modernism.

61 Geraldine Heng, The Invention of Race.

62 Benjamin Isaac, »Racism«, S. 33.

63 Ebd., S. 54 f.

64 David Nirenberg, »Was There Race Before Modernity?«, S. 263.

65 Giorgia Doná, »Interconnected Modernities«, S. 240.

66 Mike Featherstone, Undoing Culture, S. 83f.

67 Kyung-Sup Chang, »The Second Modern Condition?«, S. 444, 446.

68 Siehe Aziz al-Azmeh, Islams and Modernities. Johann Arnason, »Communism and Modernity«. Jan-Georg Deutsch et al. (Hrsg.), African Modernities. Wei-ming Tu, »Confucian Traditions in East Asian Modernity«. Avijit Pathak, Indian Modernity.

69 Barrington Moore, Social Origins of Dictatorship. Shmuel Eisenstadt, »Multiple Modernities«.

70 Aníbal Quijano, »Coloniality of Power«, S. 543.

71 Jenny Robinson, Ordinary Cities, S. 76 (eigene Hervorhebung).

72 Ulrich Beck, Der kosmopolitische Blick. Jürgen Habermas, Die postnationale Konstellation.

73 Zitiert nach Kenichi Mishima, »Some Reflections on Multiple, Selective and Entangled Modernities«.

74 Beispielsweise John Hobson, The Eastern Origins of Western Civilisation; Andre Gunder Frank, ReOrient.

75 Jonathan Unger, Using the Past to Serve the Present. Siehe außerdem William Callahan, »Sino-speak«; Aihwa Ong, »›A Momentary Glow of Fraternity‹«; Andrea Riemenschnitter, »New Historicism and Chinese Modernity«.

76 Rodanthi Tzanelli, »Mediating Cosmopolitanism«, S. 232.

77 Zitiert nach Ruiping Fan, »Introduction«, S. 1.

78 Hui Wang, »The Politics of Imagining China«, S. 20. Hui Wang, »Chinese Thought and the Question of Modernity«, S. 22.

79 Ying-shih Yü, The Religious Ethic. Eine Diskussion davon findet sich bei Harriet Zurndorfer, »China and ›Modernity‹«.

80 Arif Dirlik, »Modernity as History«, S. 34.

81 Prasenjit Duara, Rescuing History from the Nation, S. 33.

82 Shmuel Eisenstadt, Fundamentalism, S. 2.

83 Ebd., S. 14.

84 Shmuel Eisenstadt, Comparative Civilizations, S. 554.

85 Harry Harootunian, Overcome by Modernity, S. xvi, xvii.

86 Okakura Tenshin, »The Awakening of the East«. Siehe auch Okakura Tenshin, The Awakening of Japan.

87 Dipesh Chakrabarty, Habitations of Modernity.

88 Zitiert nach Stephen Hay, Asian Ideas of East and West, S. 70.

89 John Fairbank et al., East Asia.

90 Zurndorfer, »China and ›Modernity‹«, S. 461.

91 Xiaobing Tang, Global Space, S. 154.

92 Prasenjit Duara, The Crisis of Global Modernity, S. 117.

93 Volker Schmidt, »What's Wrong with the Concept«, S. 2. Siehe auch Volker Schmidt (Hrsg.), Modernity at the Beginning of the 21st Century.

94 Schmidt, »What's Wrong with the Concept«, S. 7.

95 Ebd., S. 6.

96 Jonathan Friedman, »Modernity and Other Traditions«, S. 309.

97 Gurminder Bhambra, Rethinking Modernity, S. 65.

98 Harri Englund und James Leach, »Ethnography«, S. 228.

99 John Kelly, »Alternative Modernities«, S. 272.

100 Gillian Hart, »Geography and Development«, S. 817.

101 Michael Watts, »Alternative Modern«, S. 440, 443, 449.

102 Alastair Bonnett, Left in the Past.

103 Dieses Argument wurde zum Teil parallel von Ian Law in seiner Arbeit zu ›Polyrassismus‹ [›polyracism‹] entwickelt. Siehe Ian Law, »Racialisation«; Ian Law und Nikolay Zakharov, »Race and Racism in Eastern Europe«. Law und Zakharov beschreiben die Erforschung von ›Polyrassismus‹ als »Nachzeichnen der multiplen, miteinander verbundenen Ursprünge des Rassismus und der unterschiedlichen Funktionsweisen von multiplen, rassifizierten Modernen«. Sie merken an: »Die Polyrassismus-Theorie behauptet, dass Rassismus, statt das alleinige Produkt der westlichen Moderne zu sein, ebenso vormodern (Protorassismus), nicht-westlich, nicht-kapitalistisch (kommunistisch) und das Produkt vieler anderer Formen der Moderne ist.«, S. 116, 134.

104 Thomas Mullaney et al. (Hrsg.), Critical Han Studies.

105 Dikötter, The Discourse of Race, S. 1, 32.

106 Pamela Crossley, A Translucent Mirror, S. 27.

107 Law, Red Racisms, S. 18.

108 Joseph Stalin, Marxism and the National Question, S. 208.

109 Per Rudling, »Eugenics and Racial Biology«.

110 Law, Red Racism, S. 33.

111 Crossley, A Translucent Mirror, S. 338.

Kapitel 2

1 Übernommen von William A. Donohue, »The Identity Trap«, S. 23.

2 Mahmood Mamdani, When Victims Become Killers.

3 Timothy Longman, »Identity Cards«.

4 Doná, »Interconnected Modernities«, S. 230.

5 Ebd., S. 234.

6 Cheterian, Open Wounds.

7 Ebd. Siehe auch Hannibal Travis, Genocide in the Middle East.

8 Desmond Fernandes, Modernity, Modernization.

9 Robert Melson, Revolution and Genocide, S. 169.

10 Daniel Bart, »The Turkish Condition«.

11 Ninve Ermagan, »›Wer redet heute noch von der Vernichtung der Armenier?‹«. [Im englischen Original zitiert nach Kevork Bardakjian, Hitler and the Armenian Genocide, S. 1.]

12 Cheterian, Open Wounds, S. xi.

13 Eisenstat, »Metaphors of Race«, S. 251. Siehe auch Nazan Maksudyan, »The Turkish Review of Anthropology«.

14 Rowan Savage, »›Disease Incarnate‹«, S. 421. Siehe auch Hans-Lukas Kieser, »From ›Patriotism‹ to Mass Murder«.

15 Zitiert nach Nanore Barsoumian, »Banners Celebrating Genocide«.

16 Cheterian, Open Wounds, S. 39.

17 Zitiert nach Nanore Barsoumian, »Banners Celebrating Genocide«.

18 In der Türkei sind nahezu alle Kurd:innen auch muslimisch (sunnitisch oder alevitisch), aber Kurd:innen können jeglichen Glauben haben. Die Jesid:innen sind eine kurdische Minderheit in Syrien und im Iran.

19 Zitiert nach David McDowall, A Modern History of the Kurds, S. 196.

20 Uğur Ümit Üngör, »Seeing Like a Nation-state«, S. 32.

21 Nesrin Uçarlar, Between Majority Power and Minority Resistance.

22 Zitiert nach Şener Atatürk, Regimes of Ethnicity, S. 118.

23 Ebd., S. 163.

24 Zitiert nach Pelin Ünker, »Kurds in Turkey«. Siehe auch Gullistan Yarkin, »Fighting Racism in Turkey«.

25 Alexander Woodside, Lost Modernities, S. 86, 115.

26 Dikötter, The Discourse of Race, S. 34.

27 Laura Hostetler, Qing Colonial Enterprise.

28 Zitiert nach Dikötter, The Discourse of Race, S. 4.

29 Zitiert nach ebd., S. 24. (A.d.Ü.: Eigene deutsche Übertragung der in dieser Quelle genannten englischen Übersetzung des Originals: »To elevate them to a position above the Chinese people would be to lead the world to animaldom. If a dog or a horse were to occupy a human's seat, even small boys would be angry and take a club to them … Why? Because the general order would be confused.«)

30 Rotem Kowner und Walter Demel, »Modern East Asia and the Rise of Racial Thought«, S. 21.

31 Sufen Lai, »Racial Discourse«.

32 Dikötter, The Discourse of Race, S. 35.

33 Pamela Crossley, »Thinking About Ethnicity«, S. 10.

34 James Leibold, »Searching for Han«.

35 Crossley, A Translucent Mirror, S. 338. Crossley konzentriert sich auf den kaiserfeindlichen Taiping-Aufstand von 1850 bis 1864 als einen Augenblick des Bruchs und als Nährboden für ›rassische‹ Grenzziehung [›racial division‹]. Sie stellt die Revolte und ihre besondere Mischung aus Sozialreform, synkretistischem Christen-

tum und mandschufeindlichem Fanatismus als Brutstätte für neue Identitäten und neue Unterscheidungen dar.

36 Dikötter, The Discourse of Race, S. 43.

37 Zitiert nach ebd., S. 81.

38 Takezawa, »Translating and Transforming ›Race‹«, S. 8. Chen zeichnet auch einen Weg nach, wie westliche Theorien eines ›Rasse‹-Umwelt-Determinismus über Japan in China Eingang fanden; siehe Zhiho Chen, »›Climate's Moral Economy‹«.

39 Ebd. Die Begriffe *renzhong* und *mínzú* bedeuten Rasse und Nation.

40 Sautman, »Myths of Descent«, S. 76.

41 Frank Dikötter, The Discourse of Race in Modern China, S. 133.

42 Flavia Keith, »Racialisation and China«.

43 International Campaign for Tibet, Jampa, S. 73.

44 Hans Blumenberg, Die Legitimität der Neuzeit S. 129.

45 Stephen Spender, The Struggle of the Modern, S. 78.

46 Ben Kiernan, Blood and Soil, S. 569. Siehe auch Ben Kiernan, The Pol Pot Regime.

47 Kiernan, Erde und Blut, S. 697f. Kiernan zitiert Eric Jennings, »Conservative Confluences«; Eric Jennings, »L'Indochine de l'Amiral Decoux«.

48 Kiernan, Erde und Blut, S. 701.

49 Eric Weitz, A Century of Genocide, S. 144.

50 Kiernan, Erde und Blut, S. 709, 708, 714, 708.

51 Zitiert nach Jennifer Berman, »No Place Like Home«.

52 Tim Frewer, »Cambodia's Anti-Vietnam Obsession«.

53 Liisa Malkii, Purity and Exile, S. 103.

54 Zitiert nach Kiernan, Erde und Blut, S. 726.

55 Ebd., S. 728.

56 Zitiert nach ebd., S. 728.

57 Zitiert nach ebd., S. 725.

58 Gérard Prunier, The Rwanda Crisis, S. 142.

59 Tricia Hepner, »Pride, Prejudice, and the Ethnicization of the Eritrean Nation«.

60 Tekle Woldemikael, »Eritrea's Identity«, S. 341, 342.

61 Woldemikael, »Eritrea's Identity«, 347.

62 Mohammed, The Saho of Eritrea, S. 28. Siehe auch Giulia Barrera, »The Construction of Racial Hierarchies«.

63 Woldemikael, »Eritrea's Identity«, S. 344. Siehe auch TeKa Kassa, »Ethiopia«.

64 Asafa Jalata, Contending Nationalisms. Vgl. John Sorenson, »Learning to be Oromo«.

65 Shelly Habecker, »Not Black, But Habasha«, S. 1200.

66 Ying Zhu »The Confucian Tradition«.

67 Carrico, The Great Han, S. 144, 133.

68 Ebd., S. 147, 137.

69 Ebd., S. 66.

70 Ebd., S. 67f.

71 Zitiert nach Cheng, Discourses of Race, S. 109.

72 Ebd., S. 114.

73 Barry Sautman, »Peking Man«, S. 95.

74 Zitiert nach Cheng, Discourses of Race, S. 132f.

75 Ebd., S. 139f.

76 Zitiert nach ebd., S. 141.

Kapitel 3

1 BBC News, »Afghan Maternity Ward Attackers«. Es ist bedauerlich, dass viele Nachrichtenorganisationen nicht über die ethnische Dimension des Konflikts in Afghanistan berichten. Der BBC-Bericht, dem ich das obige Zitat entnommen habe, bemerkt zwar die betrübten Gesichter der trauernden Hazara, erwähnt aber selbst nicht deren Ethnizität. Die Leser:innen erfahren lediglich, dass es sich um ›Zivilist:innen‹ gehandelt hat.

2 Handayani schreibt: »[D]ie Hazara werden von den Paschtun:innen diskriminiert«, zum Teil wegen »ihres Aussehens«, denn sie »sehen aus wie Chines:innen. Die Hazara werden außerdem als die schwächste und ärmste ›Rasse‹ in Afghanistan betrachtet, weswegen sie häufig Opfer von Beleidigung, Folter und Tötung durch die Paschtun:innen sind.« Fadliha Handayani, »Racial Discrimination Towards the Hazaras«.

3 Nadia Murad, »Nadia Murad Delivers Nobel Lecture«, S. 692. 2018 erhielt Nadia Murad gemeinsam mit Denis Mukwege den Friedensnobelpreis.

4 Verkaaiks Studie zu kollektiver Gewalt im heutigen urbanen Pakistan bietet ein nützliches Vokabular für diese Verbindung. Er argumentiert: »Ethnozid und der Wunsch nach ursprünglicher gesellschaftlicher Reinheit bedingen einander« und beides wird »in religiösen Begriffen ausgedrückt«, woraus eine verwachsene »ethnisch-religiöse Sprache« der Gewalt, des Ressentiments und der Herabwürdigung entsteht. Verkaaik, Migrants and Militants, S. 139f.

5 Die Gruppe ist auch bekannt unter ihrem arabischen Akronym ›Daesh‹, was ausgesprochen nach ›der, der trampelt‹ klingt.

6 Die Assads sind Alawit:innen in einem mehrheitlich sunnitischen Land. Auch wenn die Assad-Regierung von Islamist:innen und vielen außenstehenden Beobachter:innen als anti-sunnitisch dargestellt wurde, bestehen die Kräfte Assads zum Großteil aus Sunniten und seine Regierung lässt sich eher als multi-ethnisch denn als alawitisch charakterisieren.

7 Siehe Shak Hanish, »The Islamic State Effect«.

8 Emanuela Del Re, »The Yazidi and the Islamic State«.

9 UN Human Rights Council, »They Came to Destroy«.

10 Larry Ray, »Fundamentalism«, S. 209.

11 Eisenstadt, Fundamentalism, S. 1, 3, 90.

12 Als die osmanische Führung während der Balkankriege (1912–13) einen Großteil ihres Territoriums in diesem Gebiet verlor, wurde der Kosmopolitismus im Osmanischen Reich langsam durch das ersetzt, was Eisenstadt »eine Bewegung hin zur islamischen Legitimität« nennt, die während des Ersten Weltkriegs noch ausgeprägter wurde, als unter »den Zwängen des Krieges [...] die christliche Bevölkerung zunehmend als illoyal wahrgenommen [wurde]«. Eisenstadt, Fundamentalism, S. 244.

13 Del Re, »The Yazidi«. Siehe auch Will Kymlicka und Eva Pföstl (Hrsg.), Multiculturalism and Minority Rights in the Arab World.

14 Chetan Bhatt und Parita Mukta, »Hindutva in the West«.

15 Bill Leonard, »Theology for Racism«.

16 Ray, »›Fundamentalism‹«, S. 205. Emanuel Sivan, »The Islamic Resurgence«.

17 Christophe Jaffrelot, The Pakistan Paradox. Siehe auch Raisul Bakhsh Rais, Islam, Ethnicity, Power Politics; Faisal Devji, Muslim Zion; Christophe Jaffrelot (Hrsg.), Pakistan.

18 Syed Vali Reza Nasr, Islamic Leviathan, S. 136.

19 Shahid stellt fest, dass das Gesetz »von gewalttätigen Mobs als Rechtfertigung für Selbstjustiz [aufgegriffen wurde]. Infolgedessen gab es mehr als 75 außergerichtliche Hinrichtungen«. Kunwar Shahid, »After the Junaid Hafeez Verdict«. Siehe auch Jamal Shah, »The Status of Multiculturalism in Pakistan«.

20 Saad Rasool, »Education Reform«. Abdul Nayyar, »Dissecting the Single National Curriculum«.

21 Abdul Nayyar, »Insensitivity of Pakistani School Education«.

22 Husain Haqqani, »›Wedding Out the Heretics‹«. Siehe auch Husain Haqqani, Reimagining Pakistan.

23 Fiyaz Mughal, »Anti-Ahmadi Hate Crime«.

24 Asgharzadeh, Iran and the Challenge of Diversity, S. 87.

25 Zitiert nach ebd., S. 108.

26 Harriet Blyth, »Racialisation Processes in Iran«. Blyth schreibt, dass Mahmoud Ahmadinedschad (der von 2005 bis 2013 Präsident war) 2005 »behauptete, der Holocaust sei ein Märchen«. Er sagte ebenfalls, »dass ›ein fürchterlicher zionistischer Clan‹ seit etwa 400 Jahren ›das große Weltgeschehen kontrollieren‹ würde«.

27 Asgharzadeh, Iran and the Challenge of Diversity, S. 23. Siehe auch Rasmus Elling, Minorities in Iran.

28 Bahá'í International Community, »The Bahá'í Question«.

29 Mumtaz Ahmad zitiert nach Eisenstadt, Fundamentalism, S. 99.

30 Mohamed Berween, »Non-Muslims in the Islamic State«, S. 98.

31 Teesta Setalvad, »Hidden Apartheid«, S. 316.

32 Surabhi Singh, »Black Lives Matter Should Be a Wake-Up Call«. Kancha Ilaiah Shepherd, »Why Dalit Lives Do Not Matter?«. Janet Contursi, »Political Theology«. Chandra Bhan Prasad, Dalit Diary.

33 Dalit-Aktivist:innen sind nicht die einzigen in Indien, die auf diese Weise mobilisieren. Beispielsweise werden auch die Diskriminierungserfahrungen der Inder:innen

im Nordosten des Landes zunehmend als ›Rassismus‹ verstanden. Siehe dazu Duncan McDuie-Ra, Debating Race in Contemporary India; Sanjib Baruah, »A New Politics of Race«.

34 Amnesty International India, »Halt the Hate«. Zum Zeitpunkt der Niederschrift ist die Internetseite von »Halt the Hate« nicht mehr erreichbar. *Amnesty International* hat 2020 seine Arbeit in Indien eingestellt. Rajat Khosla, der Senior Director of Research bei *Amnesty International* (London), erklärte gegenüber der BBC: »*Amnesty International Indien* sah sich einem Sturm von Angriffen, Einschüchterungen und Schikanen durch die Regierung ausgesetzt, der sehr systematisch orchestriert war«, und all das »wegen der Menschenrechtsarbeit, die wir geleistet haben, und dem Unwillen der Regierung, die von uns aufgeworfenen Fragen zu beantworten«. BBC, »Amnesty International to Halt India Operations«.

35 S. Dutta, »Dalits, Lynchings and Democracy«.

36 P. W. Purushotham und P. Prameela Margaret, »Dalits and Non-Dalits«, S. 22f.

37 Ebd., S. 20.

38 Manan Desai, »What B. R. Ambedkar Wrote to W. E. B. Du Bois«.

39 B. R. Ambedkar, »Die Auslöschung des Kasten-Systems«.

40 Peter Robb (Hrsg.), The Concept of Race in South Asia.

41 Zitiert nach Chakrabarty, »Modernity and Ethnicity in India«, S. 151f.

42 Ebd., S. 150.

43 Gita Dharampal-Frick und Katja Götzen, »Interrogating Caste and Race«, S. 196, 201.

44 Zitiert nach J. Chairez-Garza, »B. R. Ambedkar«, S. 287.

45 Christophe Jaffrelot, The Hindu Nationalist Movement, S. 31. Gyanendra Pandey, Hindus and Others.

46 Zaheer Baber, »›Race‹, Religion and Riots«, S. 706.

47 Vinayak Damodar Savarkar, Hindutva, S. 100.

48 Anthony Parel, Gandhi's Philosophy, S. 42.

49 Deen Dayal (Hrsg.), Complexion Based Discriminations.

50 Dhruva Balram, »Violence Towards Africans in India«.

51 Zitiert nach Al Jazeera, »Black is Blemish in India«.

52 Dalit Voice, »Dalit Voice«.

53 V. T. Rajshekar, Dalit, S. 39.

54 Haftbefehl zitiert nach Human Rights Watch, »Broken People«; Zitat im Original: »for creating disaffection between communities«.

55 Zitiert nach S. Thorat und Umakant, »Introduction«, S. xvii.

56 Zitiert nach Bob Clifford, »›Dalit Rights Are Human Rights‹«, S. 184.

57 Zitiert nach Thorat und Umakant, »Introduction«, S. xxiii.

58 André Béteille, »Race and Caste«, S. 52, 51.

59 Zitiert nach Dharampal-Frick und Götzen, »Interrogating Caste and Race«, S. 192.

60 Ebd., S. 205.

61 M. Bhimraj, »›Caste‹ and ›Descent‹«, S. 4. Siehe auch M. Bhimraj, »The ›Caste‹ as ›Discrimination Based on Work and Descent‹«.

62 Zitiert nach Shweta Majumdar, »Challenging the Master Frame«, S. 272.

63 Setalvad, »Hidden Apartheid«, S. 136.

64 Chakrabarty, »Modernity and Ethnicity in India«, S. 149.

65 Ebd., S. 145.

66 Aditya Nigam, »Secularism, Modernity, Nation«.

67 Christophe Jaffrelot, »Vers une désethnicisation de la politique«.

68 Anupama Rao, The Caste Question, S. xi.

69 CBC News, »Caste Riots in India«.

70 Kiyoteru Tsutsui, »How do Global Human Rights Expand?«.

71 The International Dalit Solidarity Network, Discrimination Based on Descent in Africa.

72 V. E. Dike, The Osu Caste System.

73 Geoffrey Nwaka, »The Civil Rights Movement in Colonial Igboland«, S. 474.

74 Quentin Wodon et al., »Indigenous Peoples in Central Africa«, S. 119. Siehe auch IRIN, Minorities Under Siege.

75 Alice Bullard, »Religion, Race, and Repression in Mauritania«. Siehe auch Alice Bullard, »From Colonization to Globalization«.

76 Human Rights Watch, »Mauritania«.

77 Haris Gazdar, »Class, Caste or Race«.

78 Ein Aspekt davon ist die Auseinandersetzung mit der komplexen Art und Weise, wie sich in Pakistan Kastensystem und Religion überschneiden. Beispielsweise sind aus einer niedrigen Kaste zum Islam oder zum Christentum Konvertierte mitunter nicht in der Lage, ihrem hinduistischen Kastenstatus zu entfliehen. Siehe dazu Ghulam Hussain, »Dalits are in India, not in Pakistan«.

79 Jaffrelot, The Hindu Nationalist Movement. Angana Chatterji et al. (Hrsg.), Majoritarian State; Achin Vanaik, The Furies of Indian Communalism.

80 Mukesh Rawat, »Riots in India are Decreasing«.

81 ›*Communal violence*‹ [›kommunale Gewalt‹] wird in einem indischen Gesetzentwurf definiert als »Gewalt, die einer Person aufgrund ihrer Zugehörigkeit zu einer Gruppe zugefügt wird und die das säkulare Gefüge der Nation zerstört«. ›Gruppe‹ bezieht sich auf »eine religiöse oder linguistische Minderheit«. Siehe dazu PRS Legislative Research, Prevention of Communal and Targeted Violence. Eine zeitliche Übersicht über den Versuch, diesen Entwurf in ein Gesetz umzuwandeln, findet sich bei Saubhadra Chatterji, »Bill to Crack Down on Communal Violence«.

82 Saroj Chadha, »Equating Racism«.

83 Siehe beispielsweise Irfan Raja, »Is India Sleepwalking Toward a Muslim Holocaust?«; Muslim Association of Britain, »Innocent Civilians Killed«.

84 U. N. Mukherji, Hindus. Siehe auch Sanyasi Shraddhananda, Hindu Sangathan: Saviour of the Dying Race. Für eine Diskussion davon siehe Pradip Kumar Datta, »Dying Hindus«.

85 Baber, »›Race‹, Religion and Riots«.

86 Mukherji, Hindus, S. 95.

87 Pritti Gandhi, »Rashtriya Swayamsewak Sangh«.

88 Jaffrelot, The Hindu Nationalist Movement, S. 11.

89 Christophe Jaffrelot, »Communal Riots in Gujarat«, S. 13.

90 Baber, »›Race‹, Religion and Riots«, S. 703.

91 Jaffrelot, The Hindu Nationalist Movement, S. 30.

92 Jaffrelot, »Communal Riots in Gujarat«, S. 36. Siehe auch Parvis Ghassem-Fachandi, Pogrom in Gujarat.

93 Muhammad Mahmood, »Recent Delhi Anti-Muslim Violence«.

94 Paul Brass, The Production of Hindu-Muslim Violence, S. 6.

95 Jaffrelot, »Communal Riots in Gujarat«, S. 2, 8.

96 Meera Nanda, The God Market.

97 Shakuntala Banaji, »Vigilante Publics«, S. 338. Siehe auch Christophe Jaffrelot, Saffron Modernity in India; Edward Anderson und Arkotong Longkumer, »›Neo-Hindutva‹«.

98 Xinjiang (oder auch offiziell: Uigurisches Autonomes Gebiet Xinjiang) ist mit seinen etwa 22 Millionen Einwohner:innen die Heimat von 13 ethnischen Gruppen, wobei offiziell anerkannte ›ethnische Minderheiten‹ nur etwas über 60 Prozent der Bevölkerung in der Region ausmachen. Die vorwiegend muslimischen Uigur:innen sind mit einer Größe von etwas über 10 Millionen die zahlenstärkste dieser Gruppen. National Bureau of Statistics of China, »China Statistical Yearbook 2019«.

99 Adrian Zenz, »›Thoroughly Reforming Them Towards a Healthy Heart Attitude‹«.

100 ABC News, »China Imposes Forced Abortion«.

101 Mohamed Imtiyaz Abdul Razak, »Uyghurs«.

102 BBC, »Faith in Ruins«.

103 Luwei Rose Luqiu und Fan Yang, »Islamophobia in China«. Ying Miao, »Sinicisation vs. Arabisation«. Paul Mozur, »One Month, 500,000 Face Scans«.

104 Enze Han, »Boundaries«, S. 254. Siehe auch Blaine Kaltman, Under the Heel of the Dragon.

105 Han, »Boundaries«, S. 254, 251.

106 Hannah Theaker, »Wounds That Fester«. Mobashra Tazamal, »How 9/11 Spawned an Anti-Muslim Playbook«.

107 Dru Gladney, »Clashed Civilizations?«, S. 118. Siehe auch J. Lipman, Familiar Strangers. Dru Gladney, Dislocating China; Rachel Harris et al. (Hrsg.), Ethnographies of Islam in China.

108 Zitiert nach Hannah Beech, »If China is Anti-Islam«.

109 Gene Bunin, »Xinjiang's Hui Muslims«.

110 Muhammad, »Die letzte Predigt des Propheten Muhammad«.

111 David Kibble, »Dabiq, the Islamic State's Magazine«.

Kapitel 4

1 Partha Chatterjee, Nationalist Thought.

2 Japhy Wilson und Erik Swyngedouw (Hrsg.), The Post-Political; Craig Calhoun, Nation Matter.

3 Dieser Abschnitt stützt sich auf einen bereits veröffentlichten Beitrag von mir: Alastair Bonnett, »Communists Like Us«.

4 Kiernan, Erde und Blut, S. 54.

5 Weitz, A Century of Genocide, S. 78.

6 Ebd., S. 79.

7 Um nur ein Beispiel zu nennen: Die Vertreibung der Krimtartar:innen wurde 2015 von der ukrainischen Regierung und 2019 von Lettland, Litauen und Kanada als Genozid anerkannt.

8 Pavel Polian, Against Their Will.

9 Amir Weiner, »Nature, Nurture, and Memory«, S. 1121.

10 Alexander Bukh, »Nationality and Race in Post-revolutionary Russia«, S. 181.

11 Frank Furedi, The Silent War; H. Hodson, »Race Relations in the Commonwealth«.

12 Hélène Carrere d'Encausse, The End of the Soviet Empire; Karen Dawisha und Bruce Parrott, Russia and the New States of Eurasia; Yuri Slezkine, »Imperialism as the Highest Stage of Socialism«.

13 In Arbeiten zum sowjetischem Antisemitismus wurde sich auch mit dieser Frage auseinandergesetzt. Siehe dazu Yaacov Ro'i (Hrsg.), Jews and Jewish Life in Russia.

14 Zitiert nach Humbert-Droz, »Die Wendung der russischen Politik«, S. 130.

15 Zitiert nach M. Hauner, What Is Asia to Us?, S. 93.

16 Karl Marx, Karl Marx on Colonialism and Modernization.

17 Zitiert nach E. H. Carr, A History of Soviet Russia, S. 144.

18 Nadia Diuk und Adrian Karatnycky, New Nations Rising, S. 177.

19 Zitiert nach Francine Hirsch, »Towards an Empire of Nations«, S. 214. Siehe auch Francine Hirsch, Empire of Nations.

20 Josef Stalin, »Referat über die nächsten Aufgaben der Partei in der nationalen Frage«.

21 Yuri Slezkine, »The USSR as a Communal Apartment«, S. 210.

22 Law, Red Racism, S. 148.

23 Weitz, A Century of Genocide, S. 9, 15, 96. Zitate darin: Stephen Kotkin, Magnetic Mountain, S. 364; Weiner, »Nurture, and Memory«, S. 1114.

24 Stalin, »Zu den Fragen des Leninismus«.

25 Slezkine, »The USSR as a Communal Apartment«, S 221.

26 Leo Trotzki, Ergebnisse und Perspektiven.

27 Stalin, Works, S. 312. Lenin zitiert nach Leo Trotzki, The History of the Russian Revolution, S. 386.

28 Prawda zitiert nach Ben Fowkes, The Disintegration of the Soviet Union, S. 69. Joseph Stalin, »Speech at the Reception«, S. 287.

29 Zitiert nach Igor Golomstock, »Problems in the Study of Stalinist Culture«, S. 110.

30 Brian Myer, The Cleanest Race.

31 Aris Ananta et al., »A New Classification«. Ein gut lesbarer, neuerer Überblick findet sich bei Andreas Harsono, Race, Islam and Power.

32 Richard Robinson, Indonesia.

33 Jim Elmslie und Camellia Webb-Gannon, »A Slow-motion Genocide«.

34 Amy Chau, World of Fire, S. 31.

35 Jacques Bertrand, Nationalism, S. 66f.

36 Mary Somers Heidhues, »Anti-Chinese Violence in Java«.

37 Zitiert nach Keith Richburg, »For Southeast Asia's Chinese«.

38 Bertrand, Nationalism, S. 66.

39 Johanes Herlijanto, Old Stereotypes, S. 14.

40 Hillel Kieval, »Middleman Minorities and Blood«, S. 215f.

41 Robert Cribb und Charles Coppel, »A Genocide That Never Was«, S. 447.

42 Bertrand schreibt über die antikommunistischen Säuberungsaktionen in den 1960er Jahren in der Provinz Aceh: »10.000 fremde Chines:innen wurden aus der Provinz vertrieben. In West-Kalimantan wurden 5.000 fremde Chines:innen von der Grenze zu Sarawak weggebracht« und infolge der vom Militär provozierten Unruhen suchten »50.000 Chines:innen Zuflucht in der Küstenregion« von Kalimantan. Bertrand, Nationalism, S. 64.

43 Eugene K. B. Tan, »From Sojourners to Citizens«, S. 967.

44 Bertrand, Nationalism.

45 Charlotte Setijadi, »Anti-Chinese Sentiment«, S. 196.

46 Yen-Ling Tsai, »Spaces of Exclusion«.

47 Herlijanto, »Old Stereotypes«, S. 20.

48 M. Rakhmat und W. Aryansyah, »Rising Anti-Chinese Sentiment«.

49 Zitiert nach Bertrand, Nationalism, S. 145.

50 Der Name des Landes, das unter der Kolonialverwaltung als Niederländisch-Neuguinea bekannt war, bleibt bis heute umstritten. Der indonesische Staat nannte es zunächst Irian Barat und ab 1973 Irian Jaya; Anfang der 2000er Jahre war es bekannt als Papua, bis es schließlich in die zwei Provinzen Papua und Westpapua unterteilt wurde. Es wird davon berichtet, dass ›Westpapua‹ die bevorzugte Bezeichnung der Papua selbst sein soll, zudem findet diese international weiter Verwendung.

51 Camellia Webb-Gannon et al., »Fight for Freedom«.

52 James Elmslie, Irian Jaya Under the Gun; Paul Antonopoulos und Drew Cottle, »Forgotten Genocide in Indonesia«.

53 Carmel Budiardjo und Liem Soei Liong, West Papua, S. 48.

54 Johnny Blades, »West Papua«.

55 Zitiert nach ebd.

56 Johnny Blades, »Death Toll From Papua«.

57 Tracey Banivanua-Mar, »›A Thousand Miles of Cannibal Lands‹«, S. 591.

58 Mining Technology, »Grasberg Open Pit Copper Mine«.

59 Liam Downey et al., »Natural Resource Extraction«.
60 Alfian Kartono, »Rebel Leader Killed«.
61 Zitiert nach Banivanua-Mar, »›A Thousand Miles of Cannibal Lands‹«, S. 594.
62 Reuters, »West Papuan Separatists«.
63 Apriza Pinandita, »At UN Forum«.
64 Atsuko Ichijo, Nationalism and Multiple Modernities.
65 John Duncan, »Proto-nationalism in Pre-modern Korea«, S. 200f. Siehe auch Azar Gat, Nations.
66 Zitiert nach Frederik Holst, Ethnicization, S. 1.
67 Zitiert nach Verkaaik, Militants and Migrants, S. 20.
68 Gi-Wook Shin, Ethnic Nationalism, S. 2.
69 Ebd.
70 Ebd., S. 13.
71 Da-Sol Goh, »In Korea«.
72 Katrin Park, »South Korea«.
73 Timothy C. Lim, »›It's Not Just Talk‹«; Daum, »New Pledge of Allegiance«.
74 Vladimir Tikhonov, »The Race and Racism Discourses«, S. 31.
75 Shin, Ethnic Nationalism, S. 30, 29.
76 Tikhonov, »The Race and Racism Discourses«, S. 31.
77 Shin, Ethnic Nationalism, S. 45, 38, 98.
78 Vereinte Nationen, »Römisches Statut«.
79 Patrick Furlong, »The National Party of South Africa«, S. 74.
80 Edward Tiryakian, »Apartheid and Religion«, S. 392. Siehe auch André du Toit, »No Chosen People«.
81 Saul Dubow, »Afrikaner Nationalism«, S. 209.
82 Xavier Livermon, »Apartheid«, S. 18.
83 Martin Legassick und David Hemson, Foreign Investment, S. 1, 4. Siehe auch Michael Ralph und Maya Singhal, »Racial Capitalism«.
84 Walter Williams, »South Africa's War Against Capitalism«, S. 150. Siehe auch Christopher Lingle, »Apartheid as Racial Socialism«.
85 Deborah Posel, »Modernity and Measurement«, S. 13. Siehe auch Deborah Posel, The Making of Apartheid.

Kapitel 5

1 Zitiert nach Bonnett, White Identities, S. 75.
2 Marianne Bray, »Skin Deep«. Siehe auch Neha Mishra, »India and Colorism«.
3 Bolívar Echeverría, Modernity and ›Whiteness‹, S. 42, xxii.
4 Zitiert nach Furedi, The Silent War, S. 44.
5 Dagmar Rita Myslinska, »Racist Racism«, S. 15.

6 Hiroshi Wagatsuma, »The Social Perception of Skin Color«, S. 435.

7 Mikiko Ashikari, »Cultivating Japanese Whiteness«, S. 77, 82.

8 Zitiert nach John G. Russel, »Replicating the White Self«.

9 Myslinska, »Racist Racism«, S. 1, 14. Dieser Auszug verdeutlicht auch die Tatsache, dass das Wort für Ausländer:in, *gaijin* (wörtlich übersetzt: außenstehende Person), praktisch zum Synonym für ›*weiße* Person‹ geworden ist.

10 Zitiert nach Millie Creighton, ›Imagining the Other‹, S. 145.

11 Ebd., S. 137.

12 Chie Torigoe, »Whiteness Discourse in Japan«, S. 85.

13 Millie Creighton, »*Soto* Others«, S. 218.

14 Elisa Ivana Pellicanò, »The Everyday Consumption of ›Whiteness‹«.

15 Dieser Prozess kann auch transnational sein. In ihrer Diskussion des Aufstiegs des von ihnen sogenannten »pan-asiatischen Schönheitsideals« argumentieren Yip, Ainsworth und Hugh, dass dieses neue Ideal »zunehmend dazu genutzt [wird], ›das Gesicht Asiens‹ darzustellen, wobei es asiatische und westliche Merkmale umfasst«. »Pan-asiatische Schönheitsideale«, so führen sie weiter aus, sind keine »Nachahmungen westlicher Normen, sondern sie spiegeln stattdessen die ökonomischen und politischen Entwicklungen, die asiatische Moderne und die transnationalen Beziehungen in der Region wider. Das pan-asiatische Schönheitsideal preist ein spezifisch ›asiatisches‹ Aussehen, aber es führt auch dazu, dass *racial* Differenzen in der Region homogenisiert werden.« Jeaney Yip, Susan Ainsworth und Miles Hugh, »Beyond Whiteness«, S. 73.

16 Creighton, »*Soto* Others«, S. 228.

17 Terry Kawashima, »Seeing Faces, Making Races«.

18 Creighton, »Imagining the Other«, S. 149.

19 Bayle McNeil, »A Tale of Two Ads«. Siehe auch Ian Condry, Hip-Hop Japan.

20 Russel, »Replicating the White Self«, S. 44.

21 Chouki El Hamel, Black Morocco, S. 1.

22 Transkript eines Interviews mit Nuri al-Mismari mit dem Titel: »The Keeper of Gaddafi's Secrets«.

23 Zitiert nach Erin Pettigrew, »Histories of Race«.

24 Bernard Lewis, Race and Color in Islam; Race and Slavery in the Middle East.

25 Stephen King, Ending Denial.

26 Frantz Fanon, Die Verdammten dieser Erde, S. 139.

27 Zitiert nach Bruce Hall, A History of Race, S. 318.

28 Ebd.

29 ›Berber:innen‹ ist ein weitverbreiteter, aber zunehmend umstrittener Begriff für eine sehr heterogene indigene Bevölkerung. Das Wort stammt möglicherweise vom griechischen Wort für ›Barbar:innen‹ ab.

30 Helmi Sharawi, »The African in Arab Culture«, S. 92, 136. Siehe auch Maurita N. Poole, »›Brown Skin Is Half of Beauty‹«; Eve Troutt Powell, A Different Shade of Colonialism.

31 Muhammad Jalal Hashim, »The Policies of De-Nubianization«.

32 Sebabatso Manoeli, Sudan's ›Southern Problem‹, S. 18.

33 Ebd.

34 Joseph Oduho und William Deng, The Problem of Southern Sudan, S. 59. Siehe auch Jok Madut Jok, Sudan.

35 Hall, A History of Race, S. 2. Siehe auch Terence Walz und Kenneth Cuno (Hrsg.), Race and Slavery in the Middle East.

36 King, Ending Denial, S. 2.

37 El Hamel, Black Morocco, S. 4.

38 Ebd., S. 299.

39 Ebd., S. 10.

40 Ebd., S. 95.

41 Ebd., S. 62, 64.

42 Laura Menin, »›Anti-black Racism‹«, S. 3. Siehe auch Leslie Gross-Wyrtzen, »Contained and Abandoned in the ›Humane‹ Border«; Inka Stock, Time, Migration and Forced Immobility.

43 MarocHebdo, 2.–8. November 2012.

44 In dem Eingangszitat dieses Unterkapitels wird *'azzi* als »irgendwo zwischen ›Neger‹ und ›Nigger‹« übersetzt, doch ist diese Übersetzung nicht unumstritten. Eine Diskussion der verschiedenen Verwendungsarten findet sich bei Leila Chreitheh, »A Racism Without Race«.

45 Jeune Afrique, »›Ni esclave, ni nègre‹«.

46 Menin, »›Anti-black Racism‹«, S. 20.

47 Ahmed El Amraoui, »Gnawa Music«.

Fazit

1 Choi, »Mapping Japanese Imperialism«, S. 331.

2 Yoon Jung Park, »One Million Chinese in Africa«. Siehe Roberto Castillo, »›Race‹ and ›Racism‹ in Contemporary Africa-China Relations«.

3 Die Forschung zum Zusammenspiel von Rassismen in multikulturellen Städten hat sich bisher auf die Erfahrungen von ostasiatischen Studierenden in westlichen Städten konzentriert. Siehe Fran Martin, »Iphones and ›African Gangs‹«; Charlotte Foster und Krishna Bista, »Globalization of Racism«.

4 Edward Said, »Orientalism Reconsidered«, S. 17.

5 Yiu-Wai Chu, »The Importance of Being Chinese«, S. 183.

6 Cheng, Discourses of Race, S. 302.

7 Mohammed, The Saho of Eritrea, S. 28f.

8 Alastair Bonnett, Anti-racism.

9 Jacqueline Nelson und Kevin Dunn, »Neoliberal Anti-Racism«, S. 26.

Bibliografie

ABC News, »China Imposes Forced Abortion, Sterilisation on Uyghurs, Investigation Shows«, 30. Juni 2020, https://www.abc.net.au/news/2020-06-30/china-forces-birth-control-on-uyghurs-to-suppress-population/12404912 [zuletzt aufgerufen am 19.12.2023].

Abdul Razak, M. »Uyghurs: Chinesization, Violence and the Future«, IUP Journal of International Relations, 6, 1 (2012), 18–38.

Adorno, T. und Horkheimer, M. Die Dialektik der Aufklärung: Philosophische Fragmente (Frankfurt am Main: S. Fischer, 1989 [1944]).

Akturk, S. Regimes of Ethnicity and Nationhood in Germany, Russia, and Turkey (Cambridge: Cambridge University Press, 2012).

Al Jazeera, »Black is Blemish in India«, 7. Oktober 2003, https://www.aljazeera.com/news/2003/10/7/black-is-blemish-in-india [zuletzt aufgerufen am 19.12.2023].

al-Azmeh, A. Islams and Modernities (London: Verso, 1996).

Allport, G. Die Natur des Vorurteils (Köln: Kiepenheuer & Witsch, 1971 [1954]).

al-Mismari, N. »The Keeper of Gaddafi's Secrets«, https://www.thefreelibrary.com/The+keeper+of+Gaddafi%27s+secrets+reveals+the+oddities+of+a+leader+who...-a0296468006 [zuletzt aufgerufen am 19.12.2023]. Zuerst veröffentlicht in Dar Al Hayat, International edition, 14. Juli 2012.

Ambedkar, B. »Die Auslöschung des Kastensystems«, https://www.dalit.de/fileadmin/Inhalte/DSiD_informiert/Die_Ausloeschung_des_Kastensystems.pdf [zuletzt aufgerufen am 21.12.2023].

Amnesty International, Ethnic Cleansing on a Historic Scale: Islamic State's Systematic Targeting of Minorities in Northern Iraq (London: Amnesty International, 2014).

Amnesty International India, »Halt the Hate«, ohne Datum, https://sikhsiyasat.net/wp-content/uploads/2019/10/Halt-The-Hate-KeyFindings-Amnesty-International-India-1.pdf [zuletzt aufgerufen am 19.12.2023].

Ananta, A. et al. »A New Classification of Indonesia's Ethnic Groups«, ISEAS Working Paper, 1 (2014), https://www.iseas.edu.sg/images/pdf/iseas_working_papers_2014_1.pdf [zuletzt aufgerufen am 19.12.2023].

Anderson, E. und Longkumer, A. »›Neo-Hindutva‹: Evolving Forms, Spaces, and Expressions of Hindu Nationalism«, Contemporary South Asia, 26, 4 (2018), 371–7.

Anderson, K. Marx at the Margins: On Nationalism, Ethnicity, and Non-Western Societies (Chicago: University of Chicago Press, 2010).

Anonym, »You Shall Sing and Dance: Contested ›Safeguarding‹ of Uyghur Intangible Cultural Heritage«, Asian Ethnicity, 22, 1 (2021), 121–39.

Anthias, F. »Race and Class Revisited: Conceptualising Race and Racisms«, Sociological Review, 38, 1 (1990), 19–42.

Antonopoulos, P. und Cottle, D. »Forgotten Genocide in Indonesia«, in: Genocide and Mass Violence in Asia, Hrsg. F. Jacob (Berlin: Walter de Gruyter, 2019), 160–88.

Appadurai, A. »Dead Certainty: Ethnic Violence in the Era of Globalization«, Public Culture, 10, 2 (1998), 225–47.

Arnason, J. »Communism and Modernity«, Daedalus, 129, 1 (2000), 61–90.

Asgharzadeh, A. Iran and the Challenge of Diversity: Islamic Fundamentalism, Aryanist Racism and Democratic Struggles (New York: Palgrave, 2007).

Ashikari, M. »Cultivating Japanese Whiteness: The ›Whitening‹ Cosmetics Boom and the Japanese Identity«, Journal of Material Culture, 10, 1 (2005), 73–91.

Asia Research Institute, »New Racism and Migration: Beyond Colour and the ›West‹«, Konferenz, 16.–17. Januar (2020), National University of Singapore, https://ari.nus.edu.sg/events/racism-and-migration [zuletzt abgerufen am 19.12.2023].

Baber, Z. »›Race‹, Religion and Riots: The ›Racialization‹ of Communal Identity and Conflict in India«, Sociology, 38, 4 (2004), 701–18.

Bahá'í International Community, »The Bahá'í Question: Cultural Cleansing in Iran« (2008), http://dl.bahai.org/bwns/assets/documentlibrary/TheBahaiQuestion.pdf [zuletzt aufgerufen am 20.12.2023].

Baker, C. Race and the Yugoslav Region: Postsocialist, Post-conflict, Postcolonial? (Manchester: Manchester University Press, 2018).

Balibar, E. »Gibt es einen ›Neo-Rassismus‹?«, in É. Balibar und I. Wallerstein, Rasse, Klasse, Nation: Ambivalente Identitäten (Hamburg und Berlin: Argument Verlag, 1990).

Balram, D. »Violence Towards Africans in India has Roots in Anti-Blackness that has Existed for Centuries«, Media Diversified (2019), https://mediadiversified.org/2019/04/09/violence-towards-africans-in-india-has-roots-in-anti-blackness-that-has-existed-for-centuries [zuletzt aufgerufen am 21.12.2023].

Banaji, S. »Vigilante Publics: Orientalism, Modernity and Hindutva Fascism in India«, Javnost: The Public, 25, 4 (2018), 333–50.

Banivanua-Mar, T. »›A Thousand Miles of Cannibal Lands‹: Imagining Away Genocide in the Re-colonization of West Papua«, Journal of Genocide Research, 10, 4 (2008), 583–602.

Banton, M. »The Concept of Racism«, in: Race and Racialism, Hrsg. S. Zubaida (London: Tavistock, 1970), 17–34.

Banton, M. The Idea of Race (New York: Avalon, 1978).

Banton, M. Racial and Ethnic Competition (Cambridge: Cambridge University Press, 1983).

Banton, M. The International Politics of Race (Cambridge: Polity, 2002).

Bardakjian, K. Hitler and the Armenian Genocide (Cambridge, MA: Zoryan Institute, 1985).

Barker, M. The New Racism: Conservatives and the Ideology of the Tribe (London: Junction Books, 1981).

Barndt, J. Dismantling Racism: The Continuing Challenge to White America (Minneapolis: Augsburg, 1991).

Barrera, G. »The Construction of Racial Hierarchies in Colonial Eritrea«, in: A Place in the Sun: Africa in Italian Colonial Culture from Post-Unification to the Present, Hrsg. P. Palumbo (Berkeley: University of California Press, 2003), 81–117.

Barsoumian, N. »Banners Celebrating Genocide Displayed in Turkey«, The Armenian Weekly, 23 February 2015, https://armenianweekly.com/2015/02/23/celebrating-genocide [zuletzt aufgerufen am 21.12.2023].

Bart, D. »The Turkish Condition«, Kurdistan Observer, 26. Mai 2005, http://www.armeniandiaspora.com/showthread.php?28091-The-Turkish-Condition [zuletzt aufgerufen am 21.12.2023].

Barth, B. »Racism and Genocide«, in: Racism in the Modern World: Historical Perspectives on Cultural Transfer and Adaptation, Hrsg. M. Berg and S. Wendt (New York: Berghahn Books, 2011), 84–104.

Baruah, S. »A New Politics of Race: India and its North-east«, India International Centre Quarterly, 32 (2005), 165–76.

Barzan, J. Race: A Study in Modern Superstition (New York: Harcourt Brace, 1937).

Bauman, Z. Die Dialektik der Ordnung. Die Moderne und der Holocaust (Hamburg: Europäische Verlagsanstalt, 1992).

BBC, »Faith in Ruins«, 20. Juni 2019, https://www.bbc.co.uk/news/av/world-asia-china-48696184/faith-in-ruins-china-s-vanishing-beards-andmosques [zuletzt aufgerufen am 21.12.2023].

BBC, »Afghan Maternity Ward Attackers ›Came to Kill the Mothers‹«, 15. Mai 2020, https://www.bbc.co.uk/news/world-asia-52673563 [zuletzt aufgerufen am 21.12.2023].

BBC, »Amnesty International to Halt India Operations«, 29. September 2020, https://www.bbc.co.uk/news/world-asia-india-54277329 [zuletzt aufgerufen am 21.12.2023].

Beck, U. Der kosmopolitische Blick (Frankfurt am Main: Suhrkamp, 2004).

Beech, H. »If China Is Anti-Islam, Why Are These Chinese Muslims Enjoying a Faith Revival?«, Time, 12. August 2014.

Berg, M. und Wendt, S., Hrsg. Racism in the Modern World: Historical Perspectives on Cultural Transfer and Adaptation (New York: Berghahn Books, 2011).

Berman, J. »No Place like Home: Anti-Vietnamese Discrimination and Nationality in Cambodia«, California Law Review, 84, 3 (1996), 817–74.

Bertrand, J. Nationalism and Ethnic Conflict in Indonesia (Cambridge: Cambridge University Press, 2004).

Berween, M. »Non-Muslims in the Islamic State: Majority Rule and Minority Rights«, International Journal of Human Rights, 10, 2 (2006), 91–102.

Béteille, A. »Race and caste«, in: Caste, Race and Discrimination: Discourses in International Context, Hrsg. Umakant and S. Thorat (Jaipur: Rawat Publications, 2004), 49–52.

Bethencourt, F. Racisms: From the Crusades to the Twentieth Century (Princeton: Princeton University Press, 2013).

Bhambra, G. Rethinking Modernity: Postcolonialism and the Sociological Imagination (Basingstoke: Palgrave Macmillan, 2007).

Bhatt, C. und Mukta, P. »Hindutva in the West: Mapping the Antinomies of Diaspora Nationalism«, Ethnic and Racial Studies, 23, 3 (2000), 407–41.

Bhattacharyya, G. Rethinking Racial Capitalism: Questions of Reproduction and Survival (London: Rowman and Littlefield, 2018)

Bhimraj, M. »The ›Caste‹ as ›Discrimination Based on Work and Descent‹ in International Law: Convincing or Compromising?«, International Journal on Minority and Group Rights, 27, 4 (2020), 796–825.

Bhimraj, M. »›Caste‹ and ›Descent‹: A Curious Case of an International Legal Interpretation«, International Journal on Minority and Group Rights, 28, 2 (2021), 1–40.

Bjelić, D. »Toward a Genealogy of the Balkan Discourses on Race«, Interventions, 20, 6 (2018), 906–29.

Blades, J. »Death Toll from Papua 2019 Protest Month Put at 59«, Radio New Zealand, 6 March 2020, https://www.rnz.co.nz/international/pacific-news/411118/death-toll-from-papua-2019-protest-month-put-at-59 [zuletzt aufgerufen am 21.12.2023].

Blades, J. »West Papua: The Issue That Won't Go Away for Melanesia«, Lowy Institute, 1. Mai 2020, https://www.lowyinstitute.org/publications/west-papua-issue-won-t-go-away-melanesia [zuletzt aufgerufen am 21.12.2023].

Blumenberg, H. Die Legitimität der Neuzeit (Frankfurt am Main: Suhrkamp, 1996 [1966]).

Blyth, H. »Racialisation Processes in Iran«, CERS Working Paper, University of Leeds (2014), https://cers.leeds.ac.uk/wp-content/uploads/sites/97/2015/01/Racism-in-Iran-Harriet-Blyth-2014.pdf [zuletzt aufgerufen am 21.12.2023].

Bonilla-Silva, E. Racism without Racists: Color-Blind Racism and Racial Inequality in Contemporary America (Lanham, MD: Rowman and Littlefield, 2003).

Bonnett, A. Anti-racism (London: Routledge, 2000).

Bonnett, A. White Identities: Historical and International Perspectives (Harlow: Prentice Hall, 2000).

Bonnett, A. »Communists Like Us: Ethnicised Modernity and the Idea of ›the West‹ in the Soviet Union«, Ethnicities, 2, 4 (2002), 435–67.

Bonnett, A. The Idea of the West: Culture, Politics and History (London: Palgrave, 2004).

Bonnett, A. Left in the Past: Radicalism and the Politics of Nostalgia (London: Continuum, 2010).

Bonnett, A. »The Critical Traditionalism of Ashis Nandy: Occidentalism and the Dilemmas of Innocence«, Theory, Culture and Society, 29, 1 (2012), 138–57.

Bonnett, A. »Multiple Racialisations in a Multiply Modern World«, Ethnic and Racial Studies, 41, 7 (2018), 1199–216.

Bourdieu, P. und Wacquant, L. »On the Cunning of Imperialist Reason«, Theory, Culture and Society, 16, 1 (1999), 41–58.

Bowser, B., Hrsg. Racism and Anti-racism in World Perspective (Thousand Oaks: Sage, 1995).

Brass, P. The Production of Hindu-Muslim Violence in Contemporary India (Seattle: University of Washington Press, 2003).

Braude, B. »How Racism Arose in Europe and Why it Did Not in the Near East«, in: Racism in the Modern World: Historical Perspectives on Cultural Transfer and Adaptation, Hrsg. M. Berg und S. Wendt (New York: Berghahn Books, 2011), 41–64.

Bray, M. »Skin Deep: Dying to Be White«, Cable News Network, 15. Mai 2002, https://edition.cnn.com/2002/WORLD/asiapcf/east/05/13/asia.whitening/ [zuletzt aufgerufen am 21.12.2023].

Budiardjo, C. und Liong, L. West Papua: The Obliteration of a People (London: TAPOL, the Indonesia Human Rights Campaign, 1983).

Bukh, A. »Nationality and Race in Post-revolutionary Russia«, in: Race and Racism in Modern East Asia: Western and Eastern Constructions, Hrsg. R. Kowner und W. Demel (Leiden: Brill, 2014), 177–98.

Bullard, A. »From Colonization to Globalization: The Vicissitudes of Slavery in Mauritania«, Cahiers d'Etudes Africaines, 45, 179/180 (2005), 751–69.

Bullard, A. »Religion, Race, and Repression in Mauritania: The Ould Mkhaitir Apostasy Affair«, Jadaliyya (2014), https://www.jadaliyya.com/Details/30743 [zuletzt aufgerufen am 21.12.2023].

Bunin, G. »Xinjiang's Hui Muslims Were Swept into Camps Alongside Uighurs«, Foreign Policy, 10. Februar 2020, https://foreignpolicy.com/2020/02/10/internment-detention-xinjiang-hui-muslims-swept-intocamps-alongside-uighur [zuletzt aufgerufen am 21.12.2023].

Calhoun, C. Nations Matter: Culture, History and the Cosmopolitan Dream (London: Routledge, 2007).

Callahan, W. »Sino-speak: Chinese Exceptionalism and the Politics of History«, Journal of Asian Studies, 71, 1 (2012), 33–55.

Carr, E. A History of Soviet Russia: Socialism in One Country, 1924–1926, Bd. 1 (London: Macmillan, 1958).

Carrere d'Encausse, H. The End of the Soviet Empire: The Triumph of the Nations (New York: Basic Books, 1993).

Carrico, K. The Great Han: Race, Nationalism, and Tradition in China Today (Berkeley: University of California Press, 2017).

Castillo, R. »›Race‹ and ›Racism‹ in Contemporary Africa-China Relations Research: Approaches, Controversies and Reflections«, Inter-Asia Cultural Studies, 21, 3 (2020), 310–36.

CBC News, »Caste Riots in India Leave 39 Dead«, 27 Mai. 2008, www.cbc.ca/world/story/2008/05/27/india-protest.html [zuletzt aufgerufen am 21.12.2023].

Chadha, S. »Equating Racism in USA to Hindu-Muslim Conflict in India is Unjustified«, The Times of India, 2. Juni 2020, https://timesofindia.indiatimes.

com/blogs/blunt-frank/equating-racism-in-usa-to-hindu-muslim-conflict-in-india-is-unjustified [zuletzt aufgerufen am 21.12.2023].

Chairez-Garza, J. »B. R. Ambedkar, Franz Boas and the Rejection of Racial Theories of Untouchability«, South Asia: Journal of South Asian Studies, 41, 2 (2018), 281–96.

Chakrabarty, D. »Modernity and Ethnicity in India«, South Asia: Journal of South Asian Studies, 17, 1 (1994), 143–55.

Chakrabarty, D. Habitations of Modernity: Essays in the Wake of Subaltern Studies (Chicago: University of Chicago Press, 2002).

Chakrabarty, D. Provincializing Europe: Postcolonial Thought and Historical Difference (Princeton: Princeton University Press, 2009).

Chang, K-S. »The Second Modern Condition? Compressed Modernity as Internalized Reflexive Cosmopolitization«, British Journal of Sociology, 61 (2010), 444–64.

Chatterjee, P. Nationalist Thought and the Colonial World: A Derivative Discourse (London: Zed Books, 1986).

Chatterji, A. et al., Hrsg. Majoritarian State: How Hindu Nationalism is Changing India (London: Hurst, 2019).

Chatterji, S. »Bill to Crack Down on Communal Violence Languished in Parliament for 9 years«, Hindustan Times, 4. März 2020.

Chau, A. World on Fire: How Exporting Free Market Democracy Breeds Ethnic Hatred and Global Instability (London: William Heinemann, 2003).

Chen, Z. »›Climate's Moral Economy‹: Geography, Race, and the Han in Early Republican China«, in: Critical Han Studies, Hrsg. T. Mullaney et al. (Berkeley: University of California Press, 2012), 73–91.

Cheng, Y. Discourses of Race and Rising China (Basingstoke: Palgrave, 2019).

Cheterian, V. Open Wounds: Armenians, Turks and a Century of Genocide (Oxford: Oxford University Press, 2015).

Choi, J-B. »Mapping Japanese Imperialism onto Postcolonial Criticism«, Social Identities, 9, 3 (2003), 325–39.

Chreiteh, L. »A Racism Without Race: A Moroccan Case Study of Race Denial«, Independent Study Project Collection, 2517 (2016), https://digitalcollections.sit.edu/isp_collection/2517 [zuletzt aufgerufen am 21.12.2023].

Christian, M. »A Global Critical Race and Racism Framework: Racial Entanglements and Deep and Malleable Whiteness«, Sociology of Race and Ethnicity, 5, 2 (2018), 169–85.

Chu, Y-W. »The Importance of Being Chinese: Orientalism Reconfigured in the Age of Global Modernity«, boundary *2*, 35, 2 (2008), 183–206.

Clifford, B. »›Dalit Rights Are Human Rights‹«, Human Rights Quarterly 29, 1 (2007), 167–93.

Coakley, J. »›Primordialism‹ in Nationalism Studies: Theory or Ideology?«, Nations and Nationalism, 24, 2 (2018), 327–47.

Cohen, P. »Unter die Haut. Antisemitismus, Rassismus und Antirassismus im Vereinigten Königreich« in: Rassismus: Die Schwierigkeit, nicht rassistisch zu sein, Hrsg. A. Kalpaka et al. (Hamburg: Argument Verlag, 2017), 157–248.

Cole, S. und Parker, A., Hrsg. Beyond Black and White: Race, Ethnicity, and Gender in the U.S. South and Southwest (College Station: Texas A&M University Press, 2004).

Committee on the Elimination of Racial Discrimination, »4th Periodic Report of Pakistan Before the Committee« (1977), CERD/C/SR 322.

Committee on the Elimination of Racial Discrimination, »Report of the Committee on the Elimination of Racial Discrimination, Eightieth Session« (2012), Supplement 18 (A/67/18).

Condry, I. Hip-Hop Japan: Rap and the Paths of Cultural Globalization (Durham, NC: Duke University Press, 2006).

Contursi, J. »Political Theology: Text and Practice in a Dalit Panther Community«, Journal of Asian Studies, 52, 2 (1993), 320–39.

Cornwell, G. und Stoddard, E., Hrsg. Global Multiculturalism: Comparative Perspectives on Ethnicity, Race, and Nation (Lanham, MD: Rowman and Littlefield, 2001).

Cox, O. Caste, Class, and Race: A Study in Social Dynamics (New York: Monthly Review Press, 1948).

Creighton, M. »Imaging the Other in Japanese Advertising Campaigns«, in Occidentalism: Images of the West, Hrsg. J. Carrier (Oxford: Oxford University Press, 1995), 135–60.

Creighton, M. »Soto Others and Uchi Others: Imaging Racial Diversity, Imaging Homogeneous Japan«, in: Japan's Minorities: The Illusion of Homogeneity, Hrsg. M. Weiner (London: Routledge, 1997), 211–38.

Cribb, R. und Coppel, C. »A Genocide That Never Was: Explaining the Myth of Anti-Chinese Massacres in Indonesia, 1965–66«, Journal of Genocide Research, 11, 4 (2009), 447–65.

Crossley, P. »Thinking About Ethnicity in Early Modern China«, Late Imperial China, 11, 1 (1990), 1–35.

Crossley, P. A Translucent Mirror: History and Identity in Qing Imperial Ideology (Berkeley: University of California Press, 1999).

Cumming-Bruce, N. »U.N. Panel Confronts China Over Reports That It Holds a Million Uighurs in Camps«, The New York Times, 10. August 2018.

Dadrian, V. The History of the Armenian Genocide (New York: Berghahn Books, 2003).

Dalit Voice, »Dalit Voice: A New Experiment in Indian Journalism« (ohne Datum), https://web.archive.org/web/20060205103148/http://dalitvoice.org/about.htm [zuletzt aufgerufen am 21.12.2023].

Daniel, E. Charred Lullabies: Chapters in an Anthropography of Violence (Princeton: Princeton University Press, 1996).

Datta, P. »›Dying Hindus‹: Production of Hindu Communal Common Sense in Early 20th Century Bengal«, Economic and Political Weekly, 28, 25 (1993), 1305–19.

Daum, »New Pledge of Allegiance to Reflect Growing Multiculturalism«, Daum, 13. Juni 2012, http://m.blog.daum.net/ceta21/15634469 [zuletzt aufgerufen am 18. November 2020].

Dawisha, K. und Parrott, B. Russia and the New States of Eurasia: The Politics of Upheaval (Cambridge: Cambridge University Press, 1994).

Dayal, D., Hrsg. Complexion Based Discriminations: Global Insights (Chennai: Notion Press, 2018).

Del Re, E. »The Yazidi and the Islamic State«, Politics and Religion Journal, 9, 2 (2015), 269–92.

Deliovsky, K. und Kitossa, T. »Beyond Black and White: When Going Beyond May Take Us Out of Bounds«, Journal of Black Studies, 44, 2 (2013), 158–81.

DeLoughrey, E. Routes and Roots: Navigating Caribbean and Pacific Island Literatures (Honolulu: University of Hawai'i Press, 2009).

Desai, M. »What B. R. Ambedkar Wrote to W. E. B. Du Bois«, South Asian American Digital Archive, 22. April 2014, https://www.saada.org/tides/article/ambedkar-du-bois [zuletzt aufgerufen am 21.12.2023].

Deutsch, J-G. et al., Hrsg. African Modernities: Entangled Meanings in Current Debate (Oxford: James Currey, 2002).

Devji, F. Muslim Zion: Pakistan as a Political Idea (London: Hurst, 2013).

Dharampal-Frick, G. und Götzen, K. »Interrogating Caste and Race in South Asia«, in: Racism in the Modern World: Historical Perspectives on Cultural Transfer and Adaptation, Hrsg. M. Berg und S. Wendt (New York: Berghahn Books, 2011), 192–212.

Dike, V. The Osu Caste System in Igboland: Discrimination Based on Descent (London: International Dalit Solidarity Network, 2002).

Dikötter, F. The Discourse of Race in Modern China (London: Hurst, 1992).

Dikötter, F. Sex, Culture and Modernity in China (London: Hurst, 1995).

Dikötter, F. »Introduction«, in: The Construction of Racial Identities in China and Japan: Historical and Contemporary Perspectives, Hrsg. F. Dikötter (London: Hurst, 1997), 1–11.

Dikötter, F., Hrsg. The Construction of Racial Identities in China and Japan: Historical and Contemporary Perspectives (London: Hurst, 1997).

Dikötter, F. Exotic Commodities: Modern Objects and Everyday Life in China (New York: Columbia University Press, 2006).

Dikötter, F. »The Racialization of the Globe: An Interactive Interpretation«, Ethnic and Racial Studies, 31, 8 (2008), 1478–96.

Dikötter, F. The Discourse of Race in Modern China: Second Edition (London: Hurst, 2015).

Dirlik, A. »Modernity as History: Post-revolutionary China, Globalization and the Question of Modernity«, Social History, 27, 1 (2002), 16–39.

Diuk, N. und Karatnycky, A. New Nations Rising: The Fall of the Soviets and the Challenge of Independence (New York: John Wiley, 1993).

Doná, G. »Interconnected Modernities, Ethnic Relations and Violence«, Current Sociology, 61, 2 (2013), 226–43.

Donohue, W. »The Identity Trap: The Language of Genocide«, Journal of Language and Social Psychology, 31, 1 (2012), 13–29.

Downey, L. et al. »Natural Resource Extraction, Armed Violence, and Environmental Degradation«, Organization & Environment, 23, 4 (2010), 417–45.

du Toit, A. »No Chosen People: The Myth of the Calvinist Origin of Afrikaner Nationalism and Racial Ideology«, American Historical Review, 88 (1983), 920–52.

Duara, P. Rescuing History from the Nation: Questioning Narratives of Modern China (Chicago: University of Chicago Press, 1996).

Duara, P. The Crisis of Global Modernity: Asian Traditions and a Sustainable Future (Cambridge: Cambridge University Press, 2015).

Dubow, S. »Afrikaner Nationalism, Apartheid and the Conceptualization of ›Race‹«, Journal of African History, 33, 2 (1992), 209–37.

Dunaway, W. und Clelland, D. »Moving Toward Theory for the 21st Century: The Centrality of Nonwestern Semiperipheries to World Ethnic/Racial Inequality«, Journal of World-Systems Research, 23, 2 (2017), 399–464.

Duncan, J. »Proto-nationalism in Pre-modern Korea«, in: Perspectives on Korea, Hrsg. S. Lee und D. Park (Sydney: Wild Peony Press, 1998), 198–221.

Dutta, S. »Dalits, Lynchings and Democracy«, Youth Ki Awaaz, 4. Juni 2019, https://www.youthkiawaaz.com/2019/06/dalits-lynchings-and-democracy [zuletzt aufgerufen am 21.12.2023].

Echeverría, B. Modernity and ›Whiteness‹ (Cambridge: Polity, 2019).

Economist, The. »Apartheid with Chinese Characteristics«, 31. Mai 2018.

Eddo-Lodge, R. Why I'm No Longer Talking to White People About Race (London: Bloomsbury, 2017).

Eisenstadt, S. Fundamentalism, Sectarianism, and Revolution: The Jacobin Dimension of Modernity (Cambridge: Cambridge University Press, 1999).

Eisenstadt, S. »Multiple Modernities«, Daedalus, 129, 1 (2000), 1–29.

Eisenstadt, S. Comparative Civilizations and Multiple Modernities: Volume Two (Leiden: Brill, 2003).

Eissenstat, H. »Metaphors of Race and Discourse of Nation«, in: Race and Nation, Hrsg. P. Spickard (New York: Routledge, 2005), 239–56.

El Amraoui, A. »Gnawa Music: From Slavery to Prominence«, Al Jazeera, 3. Dezember 2015, https://www.aljazeera.com/features/2015/12/03/gnawa-music-from-slavery-to-prominence [zuletzt aufgerufen am 21.12.2023].

El Hamel, C. Black Morocco: A History of Slavery, Race, and Islam (Cambridge: Cambridge University Press, 2013).

Elling, R. Minorities in Iran: Nationalism and Ethnicity after Khomeini (New York: Palgrave, 2013).

Elmslie, J. Irian Jaya Under the Gun: Indonesian Economic Development Versus West Papuan Nationalism (Adelaide: Crawford House Publishing, 2002).

Elmslie, J. und Webb-Gannon, C. »A Slow-motion Genocide: Indonesian Rule in West Papua«, Griffith Journal of Law and Human Dignity, 1, 2 (2013), 142–66.

Englund, H. und Leach, J. »Ethnography and the Meta-narratives of Modernity«, Current Anthropology, 41, 2 (2000) 225–39.

Ergin, M. ›Is the Turk a White Man?‹ Race and Modernity in the Making of Turkish Identity (Leiden: Brill, 2017).

Ermagan, N. »›Wer redet heute noch von der Vernichtung der Armenier?‹«, Cicero: Magazin für politische Kultur, 24. April 2021, https://www.cicero.de/innenpolitik/jahrestags-des-genozids-wer-redet-heute-noch-von-der-vernichtung-der-armenier- [zuletzt aufgerufen am 22.12.2023].

Fairbank, J. et al. East Asia: Tradition and Transformation (New York: Houghton Mifflin, 1978).

Fan, R. »Introduction«, in: The Renaissance of Confucianism in Contemporary China, Hrsg. R. Fan (Dordrecht: Springer, 2011), 1–16.

Fanon, F. Die Verdammten dieser Erde (Frankfurt am Main: Suhrkamp, 2015 [1961]).

Fanon, F. Black Skin, White Masks (London: Pluto, 1986).

Featherstone, M. Undoing Culture: Globalization, Postmodernism and Identity (London: Sage, 1995).

Ferguson, N. »We Must Understand Why Racist Belief Systems Persist«, The Guardian, 11. Juli 2006.

Fernandes, D. Modernity, Modernization and the Genocide of Kurds and Others (Stockholm: Apec, 2010).

Finot, J. Das Rassenvorurteil (Berlin: Hüpeden & Merzyn, 1906).

Foster, C. und Bista, K. »Globalization of Racism: Chinese, Japanese, and Korean International Students' Racial Stereotypes and Experiences with Cross-Racial Interactions«, in: Exploring the Social and Academic Experiences of International Students in Higher Education Institutions, Hrsg. Z. Ritter (Hershey: IGI Global, 2016), 132–55.

Fowkes, B. The Disintegration of the Soviet Union: A Study in the Rise and Triumph of Nationalism (Basingstoke: Macmillan, 1997).

Frank, A. ReOrient: Global Economy in the Asian Age (Berkeley: University of California Press, 1998).

Fraser, N. »From Exploitation to Expropriation: Historic Geographies of Racialized Capitalism«, Economic Geography, 94, 1 (2018), 1–17.

Frewer, T. »Cambodia's Anti-Vietnam Obsession«, The Diplomat, 6. September 2016.

Friedman, J. »Modernity and Other Traditions«, in: Critically Modern, Hrsg. B. Knauft (Bloomington: Indiana University Press, 2002), 287–313.

Friend, J. und Thayer, B. How China Sees the World: Han-centrism and the Balance of Power in International Politics (Lincoln, NE: Potomac Books, 2018).

Furedi, F. The Silent War: Imperialism and the Changing Perception of Race (London: Pluto, 1998).

Furlong, P. »The National Party of South Africa: A Transnational Perspective«, in: New Perspectives on the Transnational Right, Hrsg. Martin Durham und Margaret Power (New York: Palgrave Macmillan, 2010), 67–84.

Furnivall, J. Colonial Policy and Practice: A Comparative Study of Burma and Netherlands India (New York: Cambridge University Press, 1948).

Fuss, D. Essentially Speaking: Feminism, Nature and Difference (New York: Routledge, 1989).

Gandhi, P. »Rashtriya Swayamsewak Sangh«, DNA (2014), https://www.dnaindia.com/analysis/standpoint-rashtriya-swayamsewak-sangh-how-the-world-s-largest-ngo-has-changed-the-face-of-indian-democracy-1988636 [zuletzt aufgerufen am 21.12.2023].

Gat, A. Nations: The Long History and Deep Roots of Political Ethnicity and Nationalism (Cambridge: Cambridge University Press, 2013).

Gazdar, H. »Class, Caste or Race: Veils over Social Oppression in Pakistan«, Economic and Political Weekly, 42, 2 (2007), 86–8.

Geertz, C. »The Integrative Revolution: Primordial Sentiments and Civil Politics in the New State«, in: Old Societies and New States: The Quest for Modernity in Asia and Africa, Hrsg. C. Geertz (New York: The Free Press, 1963), 105–57.

Geulen, C. »Culture's Shadow: ›Race‹ and Postnational Belonging in the Twentieth Century«, Racism in the Modern World: Historical Perspectives on Cultural Transfer and Adaptation, Hrsg. M. Berg und S. Wendt (New York: Berghahn Books, 2011), 65–83.

Ghassem-Fachandi, P. Pogrom in Gujarat: Hindu Nationalism and Anti-Muslim Violence in India (Princeton: Princeton University Press, 2012).

Gilroy, P. The Black Atlantic: Modernity and Double Consciousness (London: Verso, 1993).

Gladney, D. »Clashed Civilizations? Muslim and Chinese Identities in the P.R.C.«, in: Making Majorities, Hrsg. D. Gladney (Stanford: Stanford University Press, 1998), 106–34.

Gladney, D. Dislocating China: Muslims, Minorities, and Other Subaltern Subjects (London: Hurst, 2004).

Goh, D-S. »In Korea, Double Standards on Racism«, Asia Times, 24. März 2020, https://asiatimes.com/2020/03/in-korea-double-standards-on-racism [zuletzt aufgerufen am 22.12.2023].

Goldberg, D. »Introduction«, in: Anatomy of Racism, Hrsg. D. Goldberg (Minneapolis: University of Minnesota Press, 1990), xi–xxiii.

Goldberg, D. Racist Culture: Philosophy and the Politics of Meaning (Oxford: Blackwell, 1993).

Goldberg, D. »Racial Comparisons, Relational Racisms«, Ethnic and Racial Studies, 32, 7 (2009), 1271–82.

Golomstock, I. »Problems in the Study of Stalinist Culture«, in: The Culture of the Stalin Period, Hrsg. H. Gunther (Basingstoke: Macmillan, 1990), 110–21.

Graham-Harrison, E. »China Has Built 380 Internment Camps in Xinjiang, Study Finds«, The Guardian, 24. September 2020.

Green Belt and Road Initiative Center, »Countries of the Belt and Road Initiative«, https://greenfdc.org/countries-of-the-belt-and-road-initiative-bri/ [zuletzt aufgerufen am 22.12.2023].

Gross-Wyrtzen, L. »Contained and Abandoned in the ›Humane‹ Border: Black Migrants' Immobility and Survival in Moroccan Urban Space«, Environment and Planning D: Society and Space, 38, 5 (2020), 887–90.

Habecker, S. »Not Black, But Habasha: Ethiopian and Eritrean Immigrants in American Society«, Ethnic and Racial Studies, 35, 7 (2012), 1200–19.

Habermas, J. Die postnationale Konstellation: Politische Essay (Frankfurt am Main: Suhrkamp, 1998).

Hall, B. A History of Race in Muslim West Africa, 1600–1960 (Cambridge: Cambridge University Press, 2011).

Hall, S. Hrsg. Representation, Cultural Representations and Signifying Practices (Milton Keynes: Open University Press, 1997).

Hall, S. Das verhängnisvolle Dreieck: Rasse, Ethnie, Nation (Berlin: Suhrkamp, 2018).

Han, E. »Boundaries, Discrimination, and Interethnic Conflict in Xinjiang, China«, International Journal of Conflict and Violence, 4, 2 (2010), 244–56.

Handayani, F. »Racial Discrimination Towards the Hazaras as Reflected in Khaled Hosseini's The Kite Runner«, Lantern, 5, 4, https://www.neliti.com/publications/145437/racial-discrimination-towards-the-hazaras-as-reflected-in-khaled-hosseinis-the-k#cite [zuletzt aufgerufen am 22.12.2023].

Hanish, S. »The Islamic State Effect on Minorities in Iraq«, Review of Arts and Humanities, 4, 1 (2015), 7–11.

Hannaford, I. Race: The History of an Idea in the West (Baltimore: Johns Hopkins University Press, 1996)

Hansen, T. Wages of Violence: Naming and Identity in Postcolonial Bombay (Princeton: Princeton University Press, 2018).

Haqqani, H. »›Weeding Out the Heretics‹: Sectarianism in Pakistan«, Hudson Institute (2006), https://www.hudson.org/research/9769-weeding-out-the-heretics-sectarianism-in-pakistan [zuletzt aufgerufen am 22.12.2023].

Haqqani, H. Reimagining Pakistan: Transforming a Dysfunctional Nuclear State (New Delhi: HarperCollins India, 2018).

Harris, R. et al., Hrsg. Ethnographies of Islam in China (Honolulu: University of Hawai'i Press, 2021).

Harsono, A. Race, Islam and Power: Ethnic and Religious Violence in Post-Suharto Indonesia (Clayton, Victoria: Monash University Publishing, 2019).

Harootunian, H. Overcome by Modernity: History, Culture, and Community in Interwar Japan (Princeton: Princeton University Press, 2000).

Hart, G. »Geography and Development: Development/s Beyond Neoliberalism?«, Progress in Human Geography, 26, 6 (2002), 812–22.

Hashim, M. »The Policies of De-Nubianization in Egypt and Sudan«, RESPECT, the Sudanese Journal for Human Rights' Culture and Issues of Cultural Diversity, 6 (2007), 1–27.

Hauner, M. What Is Asia to Us? Russia's Asian Heartland Yesterday and Today (Boston, MA: Unwin Hyman, 1990).

Hay, S. Asian Ideas of East and West: Tagore and His Critics in Japan, China, and India (Cambridge, MA: Harvard University Press, 1970).

Heidhues, M. »Anti-Chinese Violence in Java During the Indonesian Revolution, 1945–49«, Journal of Genocide Research, 14, 3–4 (2012), 381–401.

Heng, G. The Invention of Race in the European Middle Ages (Cambridge: Cambridge University Press, 2018).

Hepner, T. »Pride, Prejudice, and the Ethnicization of the Eritrean Nation«, Ufahamu: A Journal of African Studies, 28, 2–3 (2000), 87–103.

Herlijanto, J. Old Stereotypes, New Convictions: Pribumi Perceptions of Ethnic Chinese in Indonesia Today (Singapore: ISEAS-Yusof Ishak Institute, 2017).

Hesse, B. »Racialized Modernity: An Analytics of White Mythologies«, Ethnic and Racial Studies, 30, 4, 643–63.

Hinton, A. »The Dark Side of Modernity: Toward an Anthropology of Genocide«, in: Annihilating Difference, Hrsg. A. Hinton (Berkeley: University of California Press, 2002), 1–40.

Hirsch, F. »Towards an Empire of Nations: Border-making and the Formation of Soviet National Identities«, Russian Review, 59, 2 (2000), 201–26.

Hirsch, F. Empire of Nations: Ethnographic Knowledge and the Making of the Soviet Union (Ithaca: Cornell University Press, 2005).

Hobson, J. The Eastern Origins of Western Civilisation (Cambridge: Cambridge University Press, 2004).

Hodson, H. »Race Relations in the Commonwealth«, International Affairs, 26 (1950), 303–15.

Holst, F. Ethnicization and Identity Construction in Malaysia (London: Routledge, 2012).

Hostetler, L. Qing Colonial Enterprise: Ethnography and Cartography in Early Modern China (Chicago: Chicago University Press, 2001).

Human Rights Watch, »Broken People: Caste Violence Against India's ›Untouchables‹« (1999), https://www.refworld.org/docid/3ae6a83f0.html [zuletzt aufgerufen am 22.12.2023].

Human Rights Watch, »Mauritania: Blogger in ›Blasphemy‹ Case Freed After 5 Years« (2019), https://www.hrw.org/news/2019/07/30/mauritania-blogger-blasphemy-case-freed-after-5-years [zuletzt aufgerufen am 22.12.2023].

Humbert-Droz, J. »Die Wendung der russischen Politik«, Rote Revue: Sozialistische Monatsschrift, 35, 5-6 (1956), 117–136.

Hunter, G. South-East Asia: Race, Culture, and Nation (Oxford: Oxford University Press, 1966).

Hussain, G. »›Dalits are in India, Not in Pakistan‹«, Journal of Asian and African Studies, 55, 1 (2020), 17–43.

Huxley, J. et al. We Europeans: A Survey of ›Racial‹ Problems (Harmondsworth: Penguin, 1939).

Ichijo, A. Nationalism and Multiple Modernities: Europe and Beyond (Basingstoke: Palgrave, 2013).

International Campaign for Tibet. Jampa: The Story of Racism in Tibet (Amsterdam: ICT, 2000).

International Dalit Solidarity Network. Discrimination Based on Descent in Africa (London: International Dalit Solidarity Network, ohne Datum).

IRIN, Minorities Under Siege: Pygmies Today in Africa (2006), https://www.yumpu.com/en/document/read/23510308/minorities-under-siege-pygmies-today-in-africa-irin [zuletzt aufgerufen am 22.12.2023].

Isaac, B. »Racism: A Rationalization of Prejudice in Greece and Rome«, in: The Origins of Racism in the West, Hrsg. M. Eliav-Feldon et al. (Cambridge: Cambridge University Press, 2009), 32–56.

Isaacs, H. Idols of the Tribe: Group Identity and Political Change (Cambridge, MA: Harvard University Press, 1997).

Jaffrelot, C. The Hindu Nationalist Movement in India (New York: Columbia University Press, 1996).

Jaffrelot, C. »Communal Riots in Gujarat: The State at Risk?«, Heidelberg Papers in South Asian and Comparative Politics, Working Paper 17 (Heidelberg: University of Heidelberg, 2003).

Jaffrelot, C., Hrsg. Pakistan: Nation, Nationalism and the State (New Delhi: Lordson Publishers, 2005).

Jaffrelot, C. Saffron Modernity in India: Narendra Modi and his Experiment with Gujarat (London: Hurst, 2005).

Jaffrelot, C. »Vers une desethnicisation de la politique en Inde? La persistence du vote de caste«, Critique International, 51 (2011), 57–73.

Jaffrelot, C. The Pakistan Paradox: Instability and Resilience (London: Hurst, 2015).

Jalabi, R. »Who are the Yazidis and Why is Isis Hunting Them?«, The Guardian, 11. August 2014.

Jalata, A. Contending Nationalisms of Oromia and Ethiopia (Binghamton: Global Academic Publishing, 2010).

Jennings, E. »Conservative Confluences, ›Nativist‹ Synergy«, French Historical Studies, 27, 3 (2004), 601–35.

Jennings, E. »L'Indochine de l'Amiral Decoux«, in: L'Empire colonial sous Vichy, Hrsg. E. Jennings und J. Cantier (Paris: Odile Jacob, 2004), 29–49.

Jeune Afrique, »›Ni esclave, ni negre‹: coup d'envoi de la premiere campagne transmaghrebine contre le racisme«, Jeune Afrique, 4. März 2016, https://www.jeuneafrique.com/313144/politique/ni-esclave-ni-negre-coup-denvoi-de-la-premiere-campagne-transmaghrebine-contre-le-racisme [zuletzt aufgerufen am 22.12.2023].

Jok, J. M. Sudan: Race, Religion, and Violence (Oxford: Oneworld, 2007).

Kaltman, B. Under the Heel of the Dragon: Islam, Racism, Crime, and the Uighur in China (Athens: Ohio University Press, 2007).

Kartono, A. »Rebel Leader Killed in Clash in Indonesia's Papua Region«, ABC News, 17. August 2020, https://abcnews.go.com/International/wireStory/rebel-leader-killed-clash-indonesias-papua-region-72418852 [zuletzt aufgerufen am 16.11.2020].

Kassa, T. »Ethiopia: Why Habeshas Must Stop Racism«, The African Executive, 19. Februar 2019, https://africanexecutive.com/article/read/10055 [zuletzt aufgerufen am 22.12.2023].

Kawashima, T. »Seeing Faces, Making Races: Challenging Visual Tropes of Racial Difference«, Meridians 3, 1 (2002), 161–90.

Keith, A. Ethnos or the Problem of Race Considered from a New Point of View (London: Kegan Paul, Trench and Trubner, 1931).

Keith, K. »Racialisation and China«, CERS Working Paper (2012), https://cers.leeds.ac.uk/wp-content/uploads/sites/97/2013/05/Racialisation_and_China_Flavia_Keith.pdf [zuletzt aufgerufen am 05.01.2024].

Kelly, J. »Alternative Modernities or an Alternative to ›Modernity‹«, in: Critically Modern, Hrsg. B. Knauft (Bloomington: Indiana University Press, 2002), 258–86.

Kibble, D. »*Dabiq*, the Islamic State's Magazine: A Critical Analysis«, Middle East Policy Council Journal, 23, 3 (2016), https://mepc.org/journal/dabiq-islamic-states-magazine-critical-analysis [zuletzt aufgerufen am 05.01.2024].

Kiernan, B. Blood and Soil: A World History of Genocide and Extermination from Sparta to Darfur (New Haven: Yale University Press, 2007).

Kiernan, B. The Pol Pot Regime: Race, Power, and Genocide in Cambodia under the Khmer Rouge, 1975–79 (New Haven: Yale University Press, 1996).

Kiernan, B. Erde und Blut: Völkermord und Vernichtung von der Antike bis heute (München: Deutsche Verlags-Anstalt, 2009).

Kieser, H. »From ›Patriotism‹ to Mass Murder: Dr. Mehmed Reşid (1873–1919)«, in: A Question of Genocide: Armenians and Turks at the End of the Ottoman Empire, Hrsg. R. Suny und F. Gocek (Oxford: Oxford University Press, 2011), 126–48.

Kieval, H. »Middleman Minorities and Blood«, in: Essential Outsiders: Chinese and Jews in the Modern Transformation of Southeast Asia and Central Europe, Hrsg. D. Chirot und A. Reid (Seattle: University of Washington Press, 1997), 208–33.

King, S. Ending Denial: Anti-Black Racism in Morocco, Arab Reform Initiative (2020), https://www.arab-reform.net/publication/ending-denial-anti-black-racism-in-morocco [zuletzt aufgerufen am 05.01.2024].

Köhler, G. »Global Apartheid«, Alternatives, 4, 2 (1978), 263–75.

Kotkin, S. Magnetic Mountain: Stalinism and a Civilization (Berkeley: University of California Press, 1995).

Kowner, R. und Demel, W., Hrsg. Race and Racism in Modern East Asia: Western and Eastern Constructions (Leiden: Brill, 2014).

Kowner, R. und Demel, W. »Modern East Asia and the Rise of Racial Thought«, in: Race and Racism in Modern East Asia: Western and Eastern Constructions, Hrsg. R. Kowner und W. Demel (Leiden: Brill, 2014), 1–37.

Kowner, R. und Demel, W., Hrsg. Race and Racism in Modern East Asia: Vol. II: Interactions, Nationalism, Gender and Lineage (Leiden: Brill, 2015).

Kymlicka, W. und Pfostl, E., Hrsg. Multiculturalism and Minority Rights in the Arab World (Oxford: Oxford University Press, 2014).

Lai, S. »Racial Discourse and Utopian Visions in Nineteenth-Century China«, in: Race and Racism in Modern East Asia: Western and Eastern Constructions, Hrsg. R. Kowner und W. Demel (Leiden: Brill, 2014), 327–49.

Lake, D. und Rothchild, D. The International Spread of Ethnic Conflict: Fear, Diffusion, and Escalation (Princeton: Princeton University Press, 1998).

Laurie, N. und Bonnett, A. »Adjusting to Equity: The Contradictions of Neoliberalism and the Search for Racial Equality in Peru«, Antipode, 34, 1 (2002), 28–53.

Law, I. Red Racisms: Racism in Communist and Post-communist Contexts (Basingstoke: Palgrave, 2012).

Law, I. Racism and Ethnicity: Global Debates, Dilemmas, Directions (Abingdon: Routledge, 2013).

Law, I. Mediterranean Racisms: Connections and Complexities in the Racialization of the Mediterranean Region (Basingstoke: Palgrave Macmillan, 2014).

Law, I. »Racialisation, Polyracism and Global Racism«, in: The Wiley Blackwell Companion to Race, Ethnicity, and Nationalism, Hrsg. J. Stone et al. (Oxford: Wiley, 2020), 97–118.

Law, I. und Zakharov, N. »Race and Racism in Eastern Europe: Becoming White, Becoming Western«, in: Relating Worlds of Racism: Dehumanisation, Belonging, and the Normativity of European Whiteness, Hrsg. P. Essed et al. (Cham: Palgrave Macmillan, 2019), 113–40.

Legassick, M. und Hemson, D. Foreign Investment and the Reproduction of Racial Capitalism in South Africa (London: Anti-Apartheid Movement, 1976).

Leibold, J. Configuring Chinese Nationalism: How the Qing Frontier and its Indigenes Became Chinese (Basingstoke: Palgrave Macmillan, 2007).

Leibold, J. »Searching for Han«, in: Critical Han Studies, Hrsg. T. Mullaney et al. (Berkeley: University of California Press, 2012), 210–33.

Leonard, B. »Theology for Racism: Southern Fundamentalists and the Civil Rights Movement«, Baptist History and Heritage, 34, 1, 49–68.

Lewis, B. Race and Color in Islam (New York: Harper and Row, 1971).

Lewis, B. Race and Slavery in the Middle East: An Historical Inquiry (Oxford: Oxford University Press, 1990).

Lim, T. »›It's Not Just Talk‹: Ideas, Discourse, and the Prospects for Transformational Change in a Homogenous Nation-state«, Asian Ethnicity, 21, 3 (2020), 348–72.

Lingle, C. »Apartheid as Racial Socialism«, KYKLOS, 43, 2 (1990), 229–47.

Lipman, J. Familiar Strangers: A History of Muslims in Northwest China (Hong Kong: Hong Kong University Press, 1998).

Livermon, X. »Apartheid«, in: Keywords for African American Studies, Hrsg. E. R. Edwards et al. (New York: New York University, 2018), 15–18.

Longman, T. »Identity Cards, Ethnic Self-perception and Genocide in Rwanda«, in: Documenting Individual Identity: The Development of State Practices in the Modern World, Hrsg. J. Caplan und J. Torpey (Princeton: Princeton University Press, 2001).

Luqiu, L. und Yang, F. »Islamophobia in China: News Coverage, Stereotypes, and Chinese Muslims' Perceptions of Themselves and Islam«, Asian Journal of Communication, 28, 6 (2018), 598–619.

McDowall, D. A Modern History of the Kurds (London: I. B. Tauris, 1996).

McDuie-Ra, D. Debating Race in Contemporary India (Basingstoke: Palgrave Macmillan, 2015).

McNeil, B. »A Tale of Two Ads (and Two Different Sets of Eyes)«, The Japan Times, 15. Mai 2019, https://www.japantimes.co.jp/community/2019/05/15/our-lives/tale-two-ads-two-different-sets-eyes [zuletzt aufgerufen am 05.01.2024].

Mahmood, M. »Recent Delhi Anti-Muslim Violence; India's Kristallnacht?«, South Asian Journal Blog (2020), http://southasiajournal.net/recent-delhi-anti-muslim-violence-indias-kristallnacht [zuletzt aufgerufen am 05.01.2024].

Majumdar, S. »Challenging the Master Frame Through Dalit Organizing in the United States«, in: Living Our Religions: Hindu and Muslim South Asian American Women Narrate their Experiences, Hrsg. A. Narayan und B. Purkayastha (Sterling, VA: Kumarian Press, 2009), 265–80.

Maksudyan, N. »The *Turkish Review of Anthropology* and the Racist Face of Turkish Nationalism«, Cultural Dynamics, 17, 3 (2005), 291–322.

Malkki, L. Purity and Exile: Violence, Memory, and National Cosmology among Hutu Refugees in Tanzania (Chicago: University of Chicago Press, 1995).

Mallon, R. »Sources of Racialism«, Journal of Social Philosophy, 41, 3 (2010), 272–92.

Mallon, R. »Was Race Thinking Invented in the Modern West?«, Studies in History and Philosophy of Science, 44 (2013), 77–88.

Mamdani, M. When Victims Become Killers: Colonialism, Nativism, and the Genocide in Rwanda (Princeton: Princeton University Press, 2001).

Manoeli, S. Sudan's ›Southern Problem‹: Race, Rhetoric and International Relations, 1961–1991 (Cham: Palgrave Macmillan, 2019).

Marcel, M. »There's No Escaping Racism in India«, New Internationalist, 3. Juni 2011, https://newint.org/blog/majority/2011/06/03/racism-xenophobia-india-migrants [zuletzt aufgerufen am 05.01.2024].

MarocHebdo, 998, 2.–8. November 2012.

Martin, F. »Iphones and ›African Gangs‹: Everyday Racism and Ethnotransnational Media in Melbourne's Chinese Student World«, Ethnic and Racial Studies, 43, 5 (2020), 892–910.

Marx, K. und Engels F. Irland: Insel in Aufruhr (Berlin: Dietz Verlag, 1975).

Marx, K. Karl Marx on Colonialism and Modernization (New York: Anchor Books, 1969).

Mason, P. Patterns of Dominance (Oxford: Oxford University Press, 1970).

Melson, R. Revolution and Genocide: On the Origins of the Armenian Genocide and the Holocaust (Chicago: University of Chicago Press, 1992).

Menin, L. »›Anti-black Racism‹: Debating Racial Prejudices and the Legacies of Slavery in Morocco«, SWAB-WPS, 2 (2016), https://boa.unimib.it/retrieve/handle/10281/151821/216046/SWAB-WPS_2016-2_Anti_black_racism_ debating_racial_prejudices_and_the_legacies_of_slavery_in_Morocco.pdf [zuletzt aufgerufen am 05.01.2024].

MEW 23: Marx, K. Das Kapital: Kritik der politischen Ökonomie (Berlin: Karl Dietz Verlag, 2023).

Miao, Y. »Sinicisation vs. Arabisation: Online Narratives of Islamophobia in China«, Journal of Contemporary China, 29, 125 (2020), 748–62.

Miles, R. Racism (London: Routledge, 1989).

Mining Technology, »Grasberg Open Pit Copper Mine, Tembagapura, Irian Jaya, Indonesia«, https://www.mining-technology.com/projects/grasbergopenpit [zuletzt aufgerufen am 05.01.2024].

Mishima, K. »Some Reflections on Multiple, Selective and Entangled Modernities«, Vortrag gehalten bei der Konferenz »Globalization and Modernity in East Asia«, Pusan National University, 10.–11. November 2006, https://repository.tku.ac.jp/dspace/bitstream/11150/663/1/keizai259-22.pdf [zuletzt aufgerufen am 05.01.2024].

Mishra, N. »India and Colorism: The Finer Nuances«, Washington University Global Studies Law Review, 14, 4 (2015), 725–50.

Mocombe, P. et al. The African-Americanization of the Black Diaspora in Globalization or the Contemporary Capitalist World-System (Lanham, MD: University Press of America, 2017).

Mohammed, A. The Saho of Eritrea: Ethnic Identity and National Consciousness (Zürich: LIT Verlag, 2010).

Moore, B. Social Origins of Dictatorship and Democracy (Boston: Beacon Press, 1966).

Morning, A. »Ethnic Classification in Global Perspective: A Cross-National Survey of the 2000 Census Round«, Population Research and Policy Review, 27, 2 (2015), 239–72.

Mozur, P. »One Month, 500,000 Face Scans: How China Is Using A.I. to Profile a Minority«, The New York Times, 14. April 2019.

Mughal, F. »Anti-Ahmadi Hate Crime Has Gone Unchecked for Too Long«, The Independent, 11. Oktober 2016.

Muhammad, »Die letzte Predigt des Propheten Muhammad«, https://www.islamreligion.com/de/articles/523/die-letzte-predigt-des-propheten-muhammad [zuletzt aufgerufen am 22.12.2023].

Mukherji, U. Hindus: A Dying Race (Calcutta: M. Bannerjee, 1909).

Mullaney, T. et al., Hrsg. Critical Han Studies: The History, Representation, and Identity of China's Majority (Berkeley: University of California Press, 2012).

Murad, N. »Nadia Murad Delivers Nobel Lecture, December 10, 2018«, in: Historic Documents of 2018, Hrsg. H. Kerrigan (Thousand Oaks: Sage, 2019), 689–93.

Muslim Association of Britain, »Innocent Civilians Killed as Racist Mobs Attack Peaceful Protests in India«, Muslim Association of Britain (2020), https://www.mabonline.net/innocent-civilians-killed-as-racist-mobs-attack-peaceful-protests-in-india-2 [zuletzt aufgerufen am 1. Dezember 2020].

Myer, B. The Cleanest Race: How North Koreans See Themselves and Why it Matters (New York: Melville House, 2010).

Myslinska, D. »Racist Racism: Complicating Whiteness through the Privilege and Discrimination of Westerners in Japan«, UMKC Law Review, 83, 1 (2014), 1–56.

Nanda, M. The God Market: How Globalization is Making India More Hindu (New Delhi: Random House, 2009).

Nandy, A. »An Anti-secularist Manifesto«, India International Centre Quarterly, 22, 1 (1995), 35–64.

Nandy, A. Time Warps: The Insistent Politics of Silent and Evasive Pasts (London: Hurst, 2002).

Nandy, A. The Romance of the State and the Fate of Dissent in the Tropics (New Delhi: Oxford University Press, 2003).

Nasr, S. Islamic Leviathan: The Making of State Power (Oxford: Oxford University Press, 2001).

National Bureau of Statistics of China, »China Statistical Yearbook 2019« (2019), https://www.stats.gov.cn/sj/ndsj/2019/indexeh.htm [zuletzt aufgerufen am 05.01.2024].

Nayyar, A. »Insensitivity of Pakistani School Education to Religious Diversity of the Nation«, Asia-Pacific Human Rights Information Centre (2004), https://www.hurights.or.jp/archives/human_rights_education_in_asian_schools/section2/2004/03/insensitivity-of-pakistani-school-education-to-religious-diversity-of-the-nation.html [zuletzt aufgerufen am 05.01.2024].

Nayyar, A. »Dissecting the Single National Curriculum«, Eqbal Ahmad Centre for Public Education (2020), http://eacpe.org/dissecting-the-single-national-curriculum [zuletzt aufgerufen am 05.01.2024].

Nelson, J. und Dunn, K. »Neoliberal Anti-Racism: Responding to ›Everywhere but Different‹ Racism«, Progress in Human Geography, 41, 1 (2017), 26–43.

Nigam, A. »Secularism, Modernity, Nation: Epistemology of the Dalit Critique«, Economic and Political Weekly, 35, 48 (2000), 4256–68.

Nirenberg, D. »Was There Race Before Modernity?«, in: The Origins of Racism in the West, Hrsg. M. Eliav-Feldon et al. (Cambridge: Cambridge University Press, 2009), 232–64.

Nwaka, G. »The Civil Rights Movement in Colonial Igboland«, International Journal of African Historical Studies, 18, 3 (1985), 473–85.

Oduho, J. und Deng, W. The Problem of Southern Sudan (Oxford: Oxford University Press. 1963).

OHCHR, »International Convention on the Elimination of All Forms of Racial Discrimination« (1965), https://www.ohchr.org/en/professionalinterest/pages/cerd.aspx [zuletzt aufgerufen am 05.01.2024].

Okakura, T. The Awakening of Japan (New York: The Century Company, 1904).

Okakura, T. »The Awakening of the East«, in: Collected English Writings (Tokyo: Heibonsha, 1984).

Ong, A. »›A Momentary Glow of Fraternity‹: Narratives of Chinese Nationalism and Capitalism«, Identities, 3, 3 (1997), 331–66.

Ouassini, A. und Ouassini, N. »›Kill 3 Million and the Rest Will Eat of Our Hands‹: Genocide, Rape, and the Bangladeshi War of Liberation«, in: Genocide and Mass Violence in Asia, Hrsg. F. Jacob (Berlin: de Gruyter, 2019), 40–58.

Özkırımlı, U. Theories of Nationalism: A Critical Introduction (London: Palgrave, 2017).

Pandey, G. Hindus and Others: The Question of Identity in India Today (New Delhi: Viking, 1993).

Parel, A. Gandhi's Philosophy and the Quest for Harmony (Cambridge: Cambridge University Press, 2006).

Park, K. »South Korea Struggles to Confront its Own Racial Prejudices«, Foreign Policy, 17. November 2020.

Park, Y. »One Million Chinese in Africa«, Perspectives, 12. Mai 2016, http://www.saisperspectives.com/2016issue/2016/5/12/n947s9csa0ik6kmkm0bzb0hy584sfo [zuletzt aufgerufen am 05.01.2024].

Pathak, A. Indian Modernity: Contradictions, Paradoxes and Possibilities (New Delhi: Gyan Publishing House, 1998).

Pellicanò, E. »The Everyday Consumption of ›Whiteness‹: The *Gaikokujin-fū* (Foreign-like) Hair Trend in Japan«, Zapruder World: An International Journal for the History of Social Conflict, 4 (2017), http://zapruderworld.org/journal/past-volumes/volume-4/the-everyday-consumption-of-whiteness-the-gaikokujin-fu-foreign-like-hair-trend-in-japan [zuletzt aufgerufen am 05.01.2024].

Pettigrew, E. »Histories of Race, Slavery, and Emancipation in the Middle East«, Mediterranean Politics, 25, 4 (2020), 528–36.

Philpott, S. »This Stillness, This Lack of Incident: Making Conflict Visible in West Papua«, Critical Asian Studies, 50, 2 (2018), 259–77.

Pinandita, A. »At UN Forum, Indonesia Calls for Greater Action Against Racism as Issues Persist at Home«, The Jakarta Post, 20. Juni 2020, https://www.thejakartapost.com/news/2020/06/19/at-un-forum-indonesia-calls-for-greater-action-against-racism-as-issues-persist-at-home.html [zuletzt aufgerufen am 05.01.2024].

Pistotnik, S. und Brown, D. »Race in the Balkans: The Case of Erased Residents of Slovenia«, Interventions, 20, 6 (2018), 832–52.

Polian, P. Against Their Will: The History and Geography of Forced Migrations in the USSR (Budapest: Central European University Press, 2004).

Poole, M. »›Brown Skin Is Half of Beauty‹: Representations of Beauty and the Construction of Race in Contemporary Cairo«, unveröffentlichte Dissertation, Emory University (2011).

Posel, D. The Making of Apartheid, 1948–1961: Conflict and Compromise (Oxford: Oxford University Press, 1991).

Posel, D. »Modernity and Measurement: Further Thoughts on the Apartheid State«, Seminar Paper, University of the Witwatersrand, 19. August 1996, http://wiredspace.wits.ac.za/bitstream/handle/10539/9602/ISS-352.pdf?sequence=1 [zuletzt abgerufen am 05.01.2024].

Powell, E. A Different Shade of Colonialism: Egypt, Great Britain, and the Mastery of the Sudan (Berkeley: University of California Press, 2003).

Prasad, C. Dalit Diary: 1999–2003: Reflections on Apartheid in India (Pondicherry: Navayana Publishing, 2004).

PRS Legislative Research, Prevention of Communal and Targeted Violence (Access to Justice and Reparations) Bill (2011), https://prsindia.org/theprsblog/the-nac-communal-violence-bill-prevention-of-communal-and-targeted-violence?page=9&per-page=1 [zuletzt aufgerufen am 05.01.2024].

Prunier, G. The Rwanda Crisis: History of a Genocide (London: Hurst, 1995).

Pulla, V. et al., Hrsg. Discrimination, Challenge and Response: People of North East India (Cham: Palgrave Macmillan, 2020).

Purushotham, P. und Margaret, P. »Dalits and Non-Dalits: A Study of Anantapur District of Andhra Pradesh«, Voice of Dalit, 4, 1 (2011), 19–28.

Quijano, A. »Coloniality of Power, Eurocentrism, and Latin America«, Nepantla, 1, 3 (2000), 533–80.

Rais, R. Islam, Ethnicity, and Power Politics: Constructing Pakistan's National Identity (Karachi: Oxford University Press, 2018).

Raja, I. »Is India Sleepwalking Toward a Muslim Holocaust?«, Daily Sabah, 28. Februar 2020, https://www.dailysabah.com/opinion/op-ed/is-india-sleepwalking-toward-a-muslim-holocaust [zuletzt aufgerufen am 05.01.2024].

Rajshekar, V. Dalit: The Black Untouchables of India: Third Edition (Atlanta: Clarity Press, 1995).

Rakhmat, M. und Aryansyah, W. »Rising Anti-Chinese Sentiment in Indonesia«, The ASEAN Post, 4. Juli 2020, https://theaseanpost.com/article/rising-anti-chinese-sentiment-indonesia [zuletzt aufgerufen am 05.01.2024].

Ralph, M. und Singhal, M. »Racial Capitalism«, Theory and Society, 28 (2019), 851–81.

Rao, A. The Caste Question: Dalits and the Politics of Modern India (Berkeley: University of California Press, 2009).

Rasool, S. »Education Reform«, The Nation, 5. Januar 2020.

Rat der Europäischen Union, »Rahmenbeschluss 2008/913/JI des Rates zur strafrechtlichen Bekämpfung bestimmter Formen und Ausdrucksweisen von Rassismus und Fremdenfeindlichkeit«, 28. November 2008.

Rawat, M. »Riots in India are Decreasing But Becoming More Intense«, India Today, 22. Oktober 2019, https://www.indiatoday.in/india/story/ncrb-crime-in-india-2017-report-rioting-cases-data-1611821-2019-10-22 [zuletzt aufgerufen am 05.01.2024].

Ray, L. »›Fundamentalism‹, Modernity and the New Jacobins«, Economy and Society, 28, 2 (1999), 198–221.

Rehman, J. The Weaknesses in the International Protection of Minority Rights (The Hague: Kluwer Law International, 2000).

Reilly, K. et al., Hrsg. Racism: A Global Reader (Armonk: M. E. Sharpe, 2003).

Reuters, »West Papuan Separatists Hand Petition to U.N. Human Rights Chief«, 27. Januar 2019, https://www.reuters.com/article/uk-indonesia-papua-un-idUKKCN1PL0KN/ [zuletzt aufgerufen am 08.01.2024].

Richburg, K. »For Southeast Asia's Chinese, Success Breeds Discrimination«, The Washington Post, 20. März 1988.

Riemenschnitter, A. »New Historicism and Chinese Modernity«, in: Delimiting Modernities: Conceptual Challenges and Regional Responses, Hrsg. S. Trakulhun und R. Weber (Lanham, MD: Lexington Books, 2015), 179–98.

Robb, P., Hrsg. The Concept of Race in South Asia (Delhi: Oxford University Press, 1997).

Robinson, J. Ordinary Cities: Between Modernity and Development (London: Routledge, 2006).

Robison, R. Indonesia: The Rise of Capital (Singapore: Equinox, 2009).

Roediger, D. Class, Race, and Marxism (London: Verso, 2017).

Ro'i, Y., Hrsg. Jews and Jewish Life in Russia and the Soviet Union (London: Routledge, 1995).

Roulleau-Berger, L. Post-Western Revolution in Sociology from China to Europe (Leiden: Brill, 2016).

Rudling, P. »Eugenics and Racial Biology in Sweden and the USSR«, Canadian Bulletin of Medical History 31, 1 (2014), 41–75.

Russell, J. »Replicating the White Self and Other: Skin Color, Racelessness, Gynoids and the Construction of Whiteness in Japan«, Japanese Studies, 37, 1 (2017), 23–48.

Said, E. Orientalism (New York: Pantheon Books, 1978).

Said, E. »Orientalism Reconsidered«, in: Europe and Its Others, Hrsg. Francis Barker et al. (Colchester: University of Essex, 1985), 14–27.

Sansone, L. Blackness Without Ethnicity: Constructing Race in Brazil (Basingstoke: Palgrave, 2003).

Sautman, B. »Myths of Descent, Racial Nationalism and Ethnic Minorities In the People's Republic of China«, in: The Construction of Racial Identities in China and Japan: Historical and Contemporary Perspectives, Hrsg. F. Dikötter (London: C. Hurst, 1997), 75–95.

Sautman, B. »Preferential Policies for Ethnic Minorities in China: The Case of Xinjiang«, Nationalism and Ethnic Politics, 4, 1–2 (1998), 86–118.

Sautman, B. »Peking Man and the Politics of Paleoanthropological Nationalism in China«, Journal of Asian Studies, 60, 1 (2001), 95–124.

Savage, R. »›Disease Incarnate‹: Biopolitical Discourse and Genocidal Dehumanisation in the Age of Modernity«, Journal of Historical Sociology, 20 (2007), 404–40.

Savarkar, V. Hindutva: Who Is a Hindu? (Bombay: Veer Savarkar Prakashan, 1969).

Schmidt, V., Hrsg. Modernity at the Beginning of the 21st Century (Newcastle: Cambridge Scholars Publishing, 2007).

Schmidt, V. »What's Wrong with the Concept of Multiple Modernities?«, Working Paper Series of the Research Network 1989: Working Paper 6 (2008), https://www.ssoar.info/ssoar/handle/document/1636 [zuletzt aufgerufen am 08.01.2024].

Scholars at Risk Network, »Rahile Dawut, China«, https://www.scholarsatrisk.org/actions/rahile-dawut-china/#Case%20Information [zuletzt aufgerufen am 08.01.2024].

Setalvad, T. »Hidden Apartheid«, in: Caste, Race and Discrimination: Discourses in International Context, Hrsg. Umakant and S. Thorat (Jaipur: Rawat Publications, 2004), 133–41.

Setijadi, C. »Anti-Chinese Sentiment and the ›Return‹ of the Pribumi Discourse«, in: Contentious Belonging: The Place of Minorities in Indonesia, Hrsg. G. Fealy und R. Ricci (Singapore: ISEAS-Yusof Ishak Institute, 2019), 194–213.

Sexton, J. »Abolition Terminable and Interminable«, in: Revisiting Slavery and Antislavery, Hrsg. L. Brace und J. Davidson (Cham: Palgrave Macmillan, 2018), 305–26.

Shah, A. et al. Ground Down by Growth: Tribe, Caste, Class and Inequality in Twenty-first Century India (London: Pluto, 2018).

Shah, J. »The Status of Multiculturalism in Pakistan«, Journal of Global Peace and Security Studies, 1, 1 (2020), 15–31.

Shahid, K. »After the Junaid Hafeez Verdict, Time to Face the Truth About Pakistan's Blasphemy Law«, The Diplomat, 24. Dezember 2019.

Sharawi, H. »The African in Arab Culture: Dynamics of Inclusion and Exclusion«, in: Imagining the Arab Other: How Arabs and Non-Arabs View Each Other, Hrsg. T. Djedidi (London: I. B. Tauris, 2008), 92–156.

Shepherd, K. »Why Dalit Lives Do Not Matter?«, Countercurrents.org, 22. Juni 2020, https://countercurrents.org/2020/06/why-dalit-lives-do-not-matter [zuletzt aufgerufen am 08.01.2024].

Shin, G-W. Ethnic Nationalism in Korea: Genealogy, Politics, and Legacy (Stanford: Stanford University Press, 2006).

Shoemaker, N. »How Indians Got to Be Red«, American Historical Review, 102 (1997), 625–44.

Shraddhananda, S. Hindu Sangathan: Saviour of the Dying Race (Delhi: Shraddhananda Sanyasi, 1926).

Singh, S. »Black Lives Matter Should Be a Wake-Up Call for India«, The Diplomat, 17. Juni 2020.

Sivan, E. »The Islamic Resurgence: Civil Society Strikes Back«, Journal of Contemporary History, 25, 2/3 (1989), 353–62.

Slezkine, Y. »The USSR as a Communal Apartment, or How a Socialist State Promoted Ethnic Particularism«, in: Becoming National: A Reader, Hrsg. G. Eley und R. Suny (New York: Oxford University Press, 1996), 203–38.

Slezkine, Y. »Imperialism as the Highest Stage of Socialism«, Russian Review, 59 (2000), 227–34.

Smith, A. Nationalism and Modernism: A Critical Survey of Recent Theories of Nations (London: Routledge, 1998).

Solomos, J., Hrsg. Routledge International Handbook of Contemporary Racisms (London: Routledge, 2020).

Soper, E. Racism: A World Issue (New York: Abingdon-Cokesbury Press, 1947).

Sorenson, J. »Learning to be Oromo: Nationalist Discourse in the Diaspora«, Social Identities, 2, 3 (1996), 439–68.

Spender, S. The Struggle of the Modern (Berkeley: University of California Press, 1963).

Spengler, O. Der Untergang des Abendlandes. Umrisse einer Morphologie der Weltgeschichte (München: C. H. Beck, 1923).

Spickard, P. »Race and Nation, Identity and Power«, in: Race and Nation: Ethnic Systems in the Modern World, Hrsg. P. Spickard (New York: Routledge, 2005), 1–29.

Stalin, J. Marxism and the National Question (New York: International, 1942).

Stalin, J. Collected Works, Vol. 10: August–December 1927 (Moscow: Foreign Languages Publishing House, 1954).

Stalin, J. »Referat über die nächsten Aufgaben der Partei in der nationalen Frage«, Rede zum 10. Parteitag der KPR, https://web.archive.org/web/20050502084237/http://stalinwerke.de/band05/b05-006.html [zuletzt aufgerufen am 22.12.2023].

Stalin, J. »Speech at the Reception in the Kremlin in Honour of the Commanders of the Red Army Troops, 24 May 1945«, in: The Rise and Fall of the Soviet Union, 1917–1991, Hrsg. R. Sakwa (London: Routledge, 1999), 287–8.

Stalin, J. »Zu den Fragen des Leninismus«, (1926) https://www.marxists.org/deutsch/referenz/stalin/1926/fragen/kap04.htm [zuletzt aufgerufen am 22.12.2023].

Stock, I. Time, Migration and Forced Immobility: Sub-Saharan African Migrants in Morocco (Bristol: Bristol University Press, 2019).

Stone, J. und Dennis, R., Hrsg. Race and Ethnicity: Comparative and Theoretical Approaches (Oxford: Blackwell, 2003).

Strauss, H. »Hostages of ›World Jewry‹: On the Origin of the Idea of Genocide in German History«, Holocaust and Genocide Studies, 3, 2 (1998), 125–36.

Stuenkel, O. Post-Western World: How Emerging Powers Are Remaking Global Order (Cambridge: Polity, 2016).

Suzuki, K. »A Critical Assessment of Comparative Sociology of Race and Ethnicity«, Sociology of Race and Ethnicity, 3, 3 (2017), 287–300.

Takezawa, Y. »Translating and Transforming ›Race‹: Early Meiji Period Textbooks«, Japanese Studies, 35, 1 (2015), 5–21.

Tan, E. »From Sojourners to Citizens: Managing the Ethnic Chinese Minority in Indonesia and Malaysia«, Ethnic and Racial Studies, 24, 6 (2001), 949–78.

Tang, X. Global Space and the Nationalist Discourse of Modernity (Stanford: Stanford University Press, 1996).

Taylor, P. »Thesis on Labour Imperialism«, Political Geography, 30 (2011), 175–7.

Tazamal, M. »How 9/11 Spawned an Anti-Muslim Playbook Being Weaponised in India and China«, The New Arab, 5. März 2020, https://english.alaraby.co.uk/opinion/911-spawned-anti-muslim-playbook-being-weaponised-india-china [zuletzt aufgerufen am 08.01.2024].

Theaker, H. »Wounds that Fester: Histories of Chinese Islamophobia«, University of Nottingham Asia Research Centre (2019), https://theasiadialogue.

com/2019/08/02/wounds-that-fester-histories-of-chinese-islamophobia [zuletzt aufgerufen am 08.01.2024].

Thorat, S. und Umakant, »Introduction«, in: Caste, Race and Discrimination: Discourses in International Context, Hrsg. Umakant und S. Thorat (Jaipur: Rawat Publications, 2004), xiii–xxxv.

Tikhonov, V. »The Race and Racism Discourses in Modern Korea, 1890s–1910«, Korean Studies, 36 (2012), 31–57.

Tiryakian, E. »Apartheid and Religion«, Theology Today, 14, 3 (1957), 385–400.

Torigoe, C. »Whiteness Discourse in Japan: The Construction of Ideal Beauty and Racial Others in Cosmetic Surgery Advertisements«, Studies in English Language and Literature, 52, 3 (2012), 71–94.

Travis, H. Genocide in the Middle East: The Ottoman Empire, Iraq, and Sudan (Durham, NC: Carolina Academic Press, 2010).

Trotzki, L. Ergebnisse und Perspektiven, https://www.marxists.org/deutsch/archiv/trotzki/1906/erg-pers/4-revopr.htm [zuletzt aufgerufen am 22.12.2023].

Trotzki, L. The History of the Russian Revolution (New York: Pathfinder, 1980).

Troy, G. Moynihan's Moment: America's Fight Against Zionism as Racism (Oxford: Oxford University Press, 2013).

Tsai, Y. »Spaces of Exclusion, Walls of Intimacy: Rethinking ›Chinese Exclusivity‹ in Indonesia«, Indonesia, 92 (2011), 125–55.

Tsutsui, K. »How Do Global Human Rights Expand? A Case of Japan's Burakumin Going Global«, in: Expanding Human Rights: 21st Century Norms and Governance, Hrsg. A. Brysk und M. Stohl (Cheltenham: Edward Elgar, 2017), 35–54.

Tu, W. »Confucian Traditions in East Asian Modernity«, Bulletin of the American Academy of Arts and Sciences, 50, 2 (1996), 12–39.

TurkeyPurge, »Turkish Academic Enters Prison for Signing 2016 Peace Petition«, 9. Mai 2019, https://turkeypurge.com/turkish-academic-enters-prison-for-signing-2016-peace-petition [zuletzt aufgerufen am 1. April 2021].

Tzanelli, R. »Mediating Cosmopolitanism: Crafting an Allegorical Imperative through Beijing 2008«, International Review of Sociology, 20, 2 (2010), 215–41.

Ucarlar, N. Between Majority Power and Minority Resistance: Kurdish Linguistic Rights in Turkey (Lund: Lund University, 2009).

Umakant und Thorat, S., Hrsg. Caste, Race and Discrimination: Discourses in International Context (Jaipur: Rawat Publications, 2004).

UN Human Rights Council, »›They Came to Destroy‹: ISIS Crimes Against the Yazidis«, 15. Juni 2016, A/HRC/32/CRP.2, https://www.refworld.org/docid/57679c324.html [zuletzt aufgerufen am 08.01.2024].

UNESCO, The Race Concept: Results of an Inquiry (Paris: UNESCO, 1952).

UNESCO, »Racism«, https://wayback.archive-it.org/10611/20171126022501/http://www.unesco.org/new/en/social-and-human-sciences/themes/international-migration/glossary/racism [zuletzt aufgerufen am 08.01.2024].

Unger, J. Using the Past to Serve the Present: Historiography and Politics in Contemporary China (Armonk: M. E. Sharpe, 1993).

Üngör, U. »Seeing Like a Nation-state: Young Turk Social Engineering in Eastern Turkey, 1913–50«, Journal of Genocide Research 10, 1 (2008), 15–39.

United Nations, Office of the High Commissioner for Human Rights, »Indonesia: UN Experts Condemn Racism and Police Violence Against Papuans« (2019), https://www.ohchr.org/en/NewsEvents/Pages/DisplayNews.aspx?NewsID=24187&LangID=E [zuletzt aufgerufen am 08.01.2024].

Unker, P. »Kurds in Turkey Increasingly Subject to Violent Hate Crimes«, DW.com, 22. Oktober 2019, https://www.dw.com/en/kurds-in-turkey-increasingly-subject-to-violent-hate-crimes/a-50940046 [zuletzt aufgerufen am 08.01.2024].

van den Berghe, P. Race and Racism: A Comparative Perspective (New York: John Wiley, 1967).

van Dijk, T. »Interview with Teun van Dijk«, in: Academics Responding to Discourses of Crisis in Higher Education and Research, Hrsg. Z. Pinto-Coelho und A. Carvalho (Braga: Universidade do Minho, 2003), 73–9.

Vanaik, A. The Furies of Indian Communalism: Religion, Modernity, and Secularization (London: Verso, 1997).

Varagur, K. »Black Lives Matter in Indonesia, Too«, Foreign Policy, 16. Juni 2020.

Vartija, D. »Racism and Modernity«, International Journal for History, Culture and Modernity, 7 (2019), 1–15.

Velayutham, S. »Everyday Racism in Singapore«, in: Everyday Multiculturalism, Hrsg. A. Wise und S. Velayutham (Basingstoke: Palgrave Macmillan, 2009), 255–73.

Vereinte Nationen, »Römisches Status des Internationalen Strafgerichtshofs«, Teil 2, Artikel 7, https://www.un.org/depts/german/internatrecht/roemstat1.html#T27 [zuletzt aufgerufen am 21.12.2023].

Verkaaik, O. Migrants and Militants: Fun and Urban Violence in Pakistan (Princeton: Princeton University Press, 2004).

Wagatsuma, H. »The Social Perception of Skin Color in Japan«, Daedalus, 96, 2 (1967), 407–43.

Walz, T. und Cuno, K., Hrsg. Race and Slavery in the Middle East (Kairo: The American University in Cairo Press, 2010).

Wang, H., »Chinese Thought and the Question of Modernity«, Social Text, 55 (1998), 9–44.

Wang, H. »The Politics of Imagining Asia«, Inter-Asia Cultural Studies, 8, 1 (2007), 1–33.

Watts, M. »Alternative Modern: Development as Cultural Geography«, in: Handbook of Cultural Geography, Hrsg. K. Anderson et al. (London: Sage, 2003), 433–52.

Webb-Gannon, C. et al. »Fight for Freedom: New Research to Map Violence in the Forgotten Conflict in West Papua«, The Conversation, 14. Mai 2020, https://tinyurl.com/y29fa8yb [zuletzt aufgerufen am 08.01.2024].

Weiner, A. »Nature, Nurture, and Memory in a Socialist Utopia: Delineating the Soviet Socio-Ethnic Body in the Age of Socialism«, American Historical Review, 104, 4 (1999), 1114–55.

Weitz, E. A Century of Genocide: Utopias of Race and Nation (Princeton: Princeton University Press, 2003).

Wieviorka, M. »Racism in Europe«, in: Racism, Modernity and Identity, Hrsg. A. Rattansi und S. Westwood (Cambridge: Polity, 1994), 173–88.

Williams, W. South Africa's War Against Capitalism (New York: Praeger, 1989).

Wilson, J. und Swyngedouw, E., Hrsg. The Post-Political and its Discontents: Spaces of Depoliticisation, Spectres of Radical Politics (Edinburgh: Edinburgh University Press, 2014).

Winterdyk, J. und Antonopoulos, G., Hrsg. Racist Victimization: International Reflections and Perspectives (London: Routledge, 2008).

Wodon, Q. et al. »Indigenous Peoples in Central Africa: The Case of the Pygmies«, in: Indigenous Peoples, Poverty, and Development, Hrsg. G. Hall und H. Patrinos (Cambridge: Cambridge University Press, 2012), 118–48.

Woldemikael, T. »Eritrea's Identity as a Cultural Crossroads«, in: Race and Nation: Ethnic Systems in the Modern World, Hrsg. P. Spickard (New York: Routledge, 2005), 337–54.

Woodside, A. Lost Modernities: China, Vietnam, Korea and the Hazards of World History (Cambridge, MA: Harvard University Press, 2006).

World Population Review, »Middle Income Countries 2020«, https://worldpopulationreview.com/country-rankings/middle-income-countries [zuletzt aufgerufen am 08.01.2024].

Yarkin, G. »Fighting Racism in Turkey: Kurdish Homeownership as an Anti-racist Practice«, Ethnic and Racial Studies, 43, 15 (2020), 2705–23.

Yip, J., Ainsworth, S. und Hugh, M. »Beyond Whiteness: Perspectives on the Rise of the Pan-Asian Beauty Ideal«, in: Race in the Marketplace, Hrsg. G. Johnson et al. (Cham: Palgrave Macmillan, 2019), 73–85.

Young, L. »Rethinking Race for Manchukuo«, in: The Construction of Racial Identities in China and Japan: Historical and Contemporary Perspectives, Hrsg. F. Dikötter (London: Hurst, 1997), 158–76.

Yü, Y. The Religious Ethic and Mercantile Spirit in Early Modern China (New York: Columbia University Press, 2021).

Zakharov, N. Race and Racism in Russia (Basingstoke: Palgrave, 2015).

Zenz, A. »›Thoroughly Reforming Them Towards a Healthy Heart Attitude‹: China's Political Re-education Campaign in Xinjiang«, Central Asian Survey, 38, 1 (2019), 102–28.

Zhu, Y. »The Confucian Tradition and Chinese Television Today«, The New York Times, College (ohne Datum), http://www.nytimes.com/ref/college/coll-china-media-003.html [zuletzt aufgerufen am 08.01.2024].

Zia-Ebrahimi, R. The Emergence of Iranian Nationalism: Race and the Politics of Dislocation (New York: Columbia University Press, 2016).

Zurndorfer, H. »China and ›Modernity‹: The Uses of the Study of Chinese History in the Past and the Present«, Journal of the Economic and Social History of the Orient, 40, 4 (1997), 461–85.